**채용과 면접
교과서**

채용과 면접 교과서

김영기 김치상 양석균 전현주
조은희 김용국 한모성 김경숙
최여명 김학운 이범오 차연신
조차란 송봉연 경현호 이은상

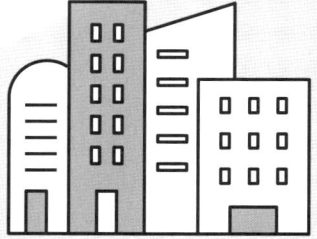

BRAIN PLATFORM

들어가는 말

이번 책은 KCA집단지성성공책쓰기 '공공기관 채용 및 면접'과 관련된 6번째 책이다. 첫 번째 책은 『공공기관 합격 로드맵』으로 2019년 3월, 21명의 저자가 집필했다. 두 번째 책이 『공공기관·대기업 면접의 정석』으로 2020년 2월, 21명의 저자가 집필, 세 번째 책은 『공공기관 합격 노하우』로 2020년 9월, 21명의 저자가 집필하였다.

네 번째 책은 『공공기관 채용의 모든 것』으로 2021년 2월, 21명의 저자가 집필, 다섯 번째 책은 『공공기관 채용과 면접의 기술』로 2022년 2월, 20명의 저자가 집필하여 브레인플랫폼(주)과 렛츠북 출판사를 통해 김영기 대표저자의 주관하에 출간하였다. 그리고 여섯 번째로 『채용과 면접 교과서』가 2023년 시작에 출간되는 것이다.

이 책은 국내에서 면접관을 가장 많이 보유하고 있는 KCA브레인플랫폼의 공공기관 면접관 교육과정 공식 교재로 활용될 계획으로 집필되었음을 미리 알린다. KCA한국컨설턴트사관학교는 2018년부터 현재까지 공공기관 면접관 1~38기 약 1,300명을 배출했다. 대한민국 최대의 면접관 풀(Pool)을 보유한 기관이다.

"사람을 뽑을 땐 신중히, 일단 뽑았으면 대담하게 일을 맡겨라."

'의인물용, 용인물의(疑人勿用, 用人勿疑)'를 2014년 3월 10일 매일신문 최경철 기자가 쓴 「[세 거인(巨人)에게 길을 묻다] 제2부 호암 이병철 2)믿음의 리더십」이라는 기사에서 발췌하여 소개하고자 한다.

"의인물용, 용인물의(疑人勿用, 用人勿疑), 의심이 가거든 사람을 고용하지 마라. 의심하면서 사람을 부리면 그 사람의 장점을 살릴 수 없다. 그리고 고용된 사람도 결코 제 역량을 발휘할 수 없다. 사람을 채용할 때는 신중을 기하라. 그리고 일단 채용했으면 대담하게 일을 맡겨라."

대구에서 삼성상회의 문을 연 호암 이병철 회장은 창업 한 달 만에 와세다대 유학 시절 친구인 이순근을 지배인으로 영입, 경영 전반을 일임했다. 물론 주위의 만류가 줄을 이었다. 호암은 뜻을 굽히지 않았다. 이순근을 믿었던 것이다. 그리고 만류하는 사람들에게 '의인물용, 용인물의'를 얘기했다.

삼성상회 창업 초기부터 호암은 '사람'이 사업을 좌우한다고 확신했다. 그의 확신은 창업 초기부터 실제로 들어맞았고, 호암은 기업 규모를 키워나가면서 '인재제일'의 경영이념을 더욱 큰 폭으로 실천해나갔다.

"내 일생을 통하여 80%는 인재를 모으고 교육시키는 데 시간을 보냈다. 1년의 계(計)는 곡물을 심는 데 있고, 10년의 계는 나무를 심는 데 있으며, 100년의 계는 사람을 심는 데 있다."(삼성 50년사 중에서)

호암은 1957년 당시 국내 기업으로써는 처음으로 사원공채를 했다. 영하 15℃의 강추위가 몰아닥친 그해 1월 30일, 서울 성북구 종암동에 있던 서울대 상과대학 강당에서 삼성의 사원공채 첫 시험이 있었다. 2천여 명의 응시생이 몰렸다. 호암은 신입사원 채용면접에 직접 참여했고 이때 공채된 제1기생 27명 중 5명이 전문경영자로서 삼성 계열사 사장직까지 올랐다.

> 일자리가 턱없이 모자라던 시절, 공채 과정에서 친인척 등 수많은 채용청탁이 있었지만 그는 외면했다. 그는 훗날 언론 인터뷰(1985년 4월 22일)를 통해 "친척들 중에 자리 하나 주지 않는다고 불평하는 사람이 있었다. 친척 잔뜩 들여놓은 회사치고 변변한 곳은 없다. 이때부터 혈연, 지연, 학연을 배제하고 능력 위주로 사람을 쓴다는 방침을 정했다"고 했다.
>
> 호암은 여러 언론과의 인터뷰에서 "특출한 사람보다는 성실한 사람이 좋다"고 했다. 그는 성실한 사람을 뽑기 위해 노력했고 성실한 사람으로 키워내기 위해 직원들의 교육을 특히 강조했다. 1977년 1월 국내 처음으로 연수원 문을 연 것은 호암의 '직원교육'에 대한 열망을 고스란히 반영하고 있다.
>
> "아무리 유능한 사원을 채용해도 입사 후에 지도가 나쁘면 소용이 없다. 가지고 있는 능력에 상응하는 장소에서 일할 수 있는 기회를 주지 않으면 어느 사이엔가 진취의 기상을 잃고 무능 사원의 길로 떨어지고 만다. 입사 때는 그만한 재능을 갖고 있는 것으로 보이지 않더라도 적절한 지도와 적소를 얻으면 훌륭한 인재가 되는 경우가 많다."(1977년 6월 17일 삼성중공업 창원공장에서)

출처: 최경철 기자, 「[세 거인(巨人)에게 길을 묻다] 제2부 호암 이병철 2)믿음의 리더십」 매일신문, 2014.3.10.

호암은 세상을 뜨기 전 자신의 묘비에 "자기보다 현명한 인재를 모아들이고자 노력했던 사나이가 여기 잠들다"는 글이 기록되기를 바란다고 말하기도 했다. 삼성의 창업주 이병철 회장의 인재제일주의 경영철학은 국가의 기관인 공공기관에서도 예외는 없다.

이 책의 구성은 총 16개 장으로 구성되어있다.

우리 KCA집단지성이 던지는 이 화두(話頭)가 대한민국에서 공공기관 및 기업 채용을 준비하는 지원자와 채용전문가들에게 도움되는 지침서가 되기를 기대한다.

　4차 산업혁명 시대와 100세 시대를 맞이하여 이 땅의 취업준비생들과 채용전문가들의 삶이 좀 더 나아지기를 소망하면서 채용현장 경험과 노하우 중심인 이 책을 부디 요긴하게 활용하시길 바란다.

　"행운이란 준비가 기회를 만드는 것"이라는 로마의 철학자 세네카의 명언을 인용하면서 미래를 준비하고 올바른 로드맵을 제시하려는 이 책의 철학을 대한민국의 취업준비생과 채용전문가들에게 바친다.

2023.1.10.
대표저자 김영기 등 16명 dream

목차

들어가는 말 004

1장 김영기
채용과 면접의 원칙과 실무 프로세스

1. 채용의 원칙과 실무 프로세스 014 ㅣ 2. 면접의 원칙과 실무 프로세스 040

2장 김치상
NCS 면접기법 및 취업성공가이드

1. 채용트렌드의 변화 062 ㅣ 2. 국내 채용시장 분석 064 ㅣ 3. NCS 국가직무능력표준의 이해 066 ㅣ 4. NCS 블라인드 채용면접의 유형 076 ㅣ 5. 취업성공의 조건 085 ㅣ 6. 공공기관 취업과 사회적 기여 086

3장 양석균
역량기반 면접기법

1. 들어가며 092 ㅣ 2. 역량의 이해 093 ㅣ 3. 역량 모델링 방법 098 ㅣ 4. 역량기반 면접기법 105 ㅣ 5. 마무리하며 108

4장 전현주
면접은 전투의 한 장르
– 오감(五感)을 활용한 회복탄력성의 전략훈련

1. 전투의 상식 114 ǀ 2. 회복탄력성 훈련 125

5장 조은희
자기소개서 작성에서 구직자에게 필요한 역량

1. 관점 역량 136 ǀ 2. 스토리텔링 역량 141 ǀ 3. 취업에 대한 유연한 사고 152

6장 김용국
마이스(MICE)산업계의 채용과 면접

1. 들어가며 158 ǀ 2. 마이스산업이란? 159 ǀ 3. 마이스 분야의 NCS(국가직무능력표준) 166 ǀ 4. 마이스산업에 필요한 역량 170 ǀ 5. 마이스업계의 면접 노하우 177 ǀ 6. 맺음말 182

7장 한모성
면접! 대화의 기술(The art of conversation)

1. 면접은 순발력 있는 대화 188 ǀ 2. 면접! 노하우(Knowhow) 189 ǀ 3. 면접에 임하는 마음가짐 192 ǀ 4. 나의 위기 극복 면접의 이야기 195 ǀ 5. 순발력 있고 재치

있는 면접자 198 I 6. 인사 만사(人事 萬事) 200 I 7. 면접에서 나올만한 예상질문 202

8장 김경숙
경찰·공공기관 채용면접 핵심을 잡다

1. 선배 면접관의 경찰스토리 208 I 2. 경찰관 채용면접 핵심 210 I 3. 경찰 관련 기초 지식을 알아두기 216 I 4. 공공기관 채용면접 대비 마음가짐 223

9장 최여명
품질관리담당자의
직무전망, 필요역량, 핵심면접질문 예시

1. 품질경영의 개념과 중요성 230 I 2. 품질관리담당자 직무전망과 필요역량 234

10장 김학운
공정하고 객관적인 면접관 역량

1. 면접의 이해 246 I 2. 대인지각과 인상형성 253 I 3. 대인지각과 면접관의 오류 261 I 4. 면접위원이 범하기 쉬운 오류와 방지책 262 I 5. 면접관의 대인지각 오류 수정 연습 266

11장 이범오
공공기관 토론(집단)면접 해결전략

1. 토론(집단)면접의 정의 274 ㅣ 2. 면접자의 전략 275 ㅣ 3. 피면접자의 전략 283 ㅣ 4. 맺음말 286

12장 차연신
영어면접의 성공전략과 합격의 비밀

1. 영어면접의 이해 292 ㅣ 2. 기업의 영어면접 방식 293 ㅣ 3. 실제 영어면접 사례 295 ㅣ 4. 성공적인 영어면접 준비전략 297 ㅣ 5. 영어면접에 자주 나오는 질문과 답변전략 304

13장 조차란
채용과 면접의 핵심, NCS와 블라인드

1. NCS 기반의 블라인드 채용 이해 312 ㅣ 2. 블라인드 채용프로세스 321 ㅣ 3. 면접평가의 원칙과 핵심 323

14장 송봉연
공정 채용과 블라인드 채용

1. 공정 채용, 인사혁신처 공정 채용 가이드북 338 ㅣ 2. 블라인드 채용 340

15장 경현호
구조화면접

1. 서문 362 I 2. 비구조화면접과 구조화면접의 정의 363 I 3. 비구조화면접과 구조화면접의 비교 364 I 4. 구조화면접의 프로세스 및 구성요소 366 I 5. 구조화면접의 평가 방법 368 I 6. 구조화면접의 대표 예시 370 I 7. 구조화면접 대비 방법 및 주의사항 373 I 8. 맺음말 378

16장 이은상
공공기관 채용프로세스 점검과 컨설팅 감사

1. 개요 382 I 2. 공공기관 채용프로세스 점검 382 I 3. 채용적합성 컨설팅 감사 실시 388 I 4. 맺음말 396

1장

채용과 면접의 원칙과 실무 프로세스

김영기

1. 채용의 원칙과 실무 프로세스

채용의 원칙과 실무 프로세스는 고용노동부에서 2018년 1월 발간한 「블라인드 채용 가이드북」의 내용을 중심으로 채용현장에서 실제 진행되고 있는 사례를 추가하였다.

1) 채용설계

(1) 채용계획 수립

첫째, 채용인원, 일정, 비용 계획을 수립한다. 각 기업 또는 공공기관마다 채용을 위한 채용인원, 일정, 비용 계획 등을 수립한다. 채용인원은 부서별 채용수요 조사 등을 통해 채용 직무와 인원을 확정하고 퇴직예정자 등 자연결원 인원을 조사, 신규 충원을 고려한다.

채용일정은 채용준비 일정과 실제 선발기간을 고려하여 결정하는데 통상적으로 준비기간 2~3개월, 선발기간 8~10주 소요된다.

채용에 들어가는 소요비용은 기업과 공공기관의 여건에 맞게 적정 예산을 편성해야 하며 기업의 경우 대부분 자체 인사팀에서 진행하지만 공공기관의 경우 채용대행 전문기관을 활용하여 채용업무 중 외부에 위탁하는 부문은 미리 정리하여 전문업체를 확보하고 그에 따른 예산을 편성한다.

출처: 김용수, 『KCA면접관 교재』, 브레인플랫폼, 2021.

둘째, 전형방법, 전형절차, 전형일정과 전형별 인원을 결정한다. 전형방법과 절차는 전형별 평가도구의 비용, 특성을 고려하여 결정하여야 하며 비용과 도구의 타당도 등을 고려했을 때 가장 일반적으로 적용되는 전형절차는 서류전형-필기전형-면접전형이다.

면접은 1차 실무 면접, 2차 임원 면접 또는 인성면접, 직무면접, 경험면접, 상황면접, 역량면접, PT발표면접, GD토론면접 등으로 나눠서 하기도 하고 채용시간과 비용을 고려하여 필요에 따라 통합하고 단순화해서 면접전형을 보기도 한다. 채용프로세스 설계는 채용의 효율성 및 효과성을 고려하여 결정해야 한다.

(2) 직무내용 및 직무능력 정의

채용대상 직무내용과 직무능력을 도출하여 정의한다. 기업이 보유하고 있는 내부자료(직무기술서, 직무명세서, 역량사전)와 국가직무능력표준(NCS) 등을 이용하여 채용할 '직무내용'과 '직무능력'을 도출하고 정의할 수 있다.

- 국가직무능력표준(NCS) 활용
· 산업현장 전문가가 참여하여 만든 897개 직무분석 자료를 활용하여 채용 직무의 내용과 직무능력을 정의하는 방법(www.ncs.go.kr)

- 직무분석
· 직무전문가와의 인터뷰 또는 기업 내부 자료들을 활용하여 직무기술서 및 직무명세서를 작성하는 체계적인 방법

- 역량모델링
· 해당 직무에서의 우수성과자들의 공통된 행동특성을 중심으로 직무수행에 필요한 인적요건을 구체화하는 방법

정의된 직무내용과 직무능력을 정리하여 '직무설명자료(직무기술서)'를 개발하고 공개하며 직무설명자료에는 채용직무, 세부 수행직무, 업무내용, 직무를 수행하기 위한 요건으로 지식, 기술, 인성, 경험(경력), 자격 등이 기재된다.

직무설명자료는 채용공고문에 포함하거나 또는 별첨 자료로 제시

한다. 지원자는 직무설명자료를 보고 채용직무와 업무내용을 알 수 있고, 취업을 위해 준비해야 할 사항이 무엇인지 파악할 수 있다.

(3) 전형설계

채용대상 직무에 필요한 직무능력이 결정되면, 인사담당자는 직무능력 평가에 적합한 기법을 결정하고 전형별 평가를 설계한다. 여기서 결정된 '직무능력(평가항목) × 평가기법' 매트릭스는 서류, 필기, 면접전형의 평가와 평가도구 개발의 기준이 된다.

채용전형 설계 단계에서는 첫째, 어떤 전형과 평가요소를 선정할 것인지? 둘째, 어떤 순서로 전형을 배치할 것인지? 셋째, 전형별 일정과 대상 인원은 어떻게 할 것인지를 결정한다.

직무수행에 필요한 요건을 토대로 사전에 평가기준을 설정한다.

- **최소자격 평가기준**
  · 직무수행에 필요한 최소자격 요건과 적격, 부적격기준을 설정한다.
- **서류 평가기준**
  · 직무 관련 교육사항, 경험 및 경력사항, 자격사항, 자기소개서 등 입사지원 항목에 대한 평가기준을 설정한다.
- **필기 평가기준**
  · 인성·적성, 지식·기술 등 필기전형 평가항목별 평가기준을 설정한다.

- 면접 평가기준

· 역량과 경험, 경력 등 면접전형 평가항목별 평가기준을 설정한다.

직무능력 × 평가기법 매트릭스 (예시)

경영기획 직무 - 평가기법 설계 Matrix

경영기획 직무의 직무능력		서류전형			필기전형			면접전형			
		입사지원서	경험·경력기술서	자기소개서	인성검사	직무적성검사	직무지식검사	경험면접	상황면접	발표면접	토론면접
지식·기술	경영학, 경제학	●					●				
	무역학	●					●				
	인사 및 조직 관리	●					●				
	재무, 세무, 회계학	●					●				
자격사항	경영관리직무 관련 자격증	●									
역량	기획력			●		●				●	
	계획력			●	●			●			
	창의력			●		●					●
	고객지향			●	●				●	●	●
	의사소통			●		●		●	●	●	●
경력·경험	경영 업무지원 경험		●					●			
	영업활동·영업관리 경험		●								
	조직 구성원 관리 경험		●					●			
	회계, 예산 관리 경험		●					●			

출처: 고용노동부 외, 「블라인드 채용 가이드북」 2018.1.

(4) 블라인드 설계 고려사항

① 차별적 요소 도출 및 정의

채용설계단계에서는 입사지원서에서 직무와 무관한 편견요소를 정의하고, 채용단계별로 편견이 개입된 요인을 검토하여 제외한다.

- 입사지원서에서 편견요소 도출 및 정의
- 채용단계별로 편견이 개입되는 요인 검토 및 정리

편견요소 여부는 현행법, 채용직무에 필수적인 조건 여부, 사업상의 필요성 등을 고려하여 결정한다. 각 전형별로 배제해야 할 평가요소, 유의사항 등을 도출하고, 적용할 수 있는 계획을 수립한다.

② 직무내용 및 직무능력 정의

채용대상 직무의 내용 및 직무수행에 필요한 능력을 도출·정의한다. 블라인드 채용에서 편견을 배제하고 직무중심으로 평가하기 위해서는 반드시 거쳐야 하는 과정이다. 여기서 도출된 직무내용과 직무능력이 지원자를 평가할 직무능력의 평가항목 및 기준이 된다. 지원자가 이해하기 쉬운 형태로 직무설명자료를 제작하여 공개한다. 사회적 관점에서 차별 없는 균등기회의 제공, 직무중심의 채용 등을 고려하여 채용을 설계한다. 지원자 관점에서 '차별 없이 투명하고, 사생활을 존중하며 배려하는 채용'을 고려한다.

2) 모집

(1) 모집 및 채용홍보

모집(Recruitment)은 조직이 필요로 하는 인재를 유인하는 과정으로, 적합한 인재를 지원하도록 하는 것이 가장 중요하다.

성공적인 모집을 위해 첫째, 조직이 요구하는 인재상을 명확하게 제시해야 한다. 둘째, 입사 후에 수행하게 될 업무의 특성 및 업무수행을 위한 요건에 대하여 제시해야 한다. 셋째, 다양한 홍보채널을 통해 지원자의 채용정보 접근성을 확대해야 한다.

(2) 채용공고문의 이해

채용공고문(모집공고문)은 기업이 지원자에게 직무내용, 필요 직무능력, 채용절차, 근무조건 등을 안내하는 것이다. 지원자들은 채용공고문을 확인하여 채용준비 및 지원에 활용한다.

일반적인 채용공고문은 채용계획 및 채용전형에 대한 내용으로 구성되어있다. 일반적인 채용계획과 지원방법을 알리는 것을 목적으로 한다.

일반적인 채용공고문 vs 직무중심 채용공고문 vs 블라인드 채용공고문

구분	기존 채용공고문	직무능력 중심 채용공고문	블라인드 채용 공고문
목적	일반적인 채용계획 및 지원방법을 알림	지원자가 직무를 이해하고 자신의 적합성 판단에 도움	지원자에겐 공정한 채용기회, 기업엔 적합한 인재를 선발하는데 도움
내용	채용계획 및 지원방법 - 채용분야, 채용인원 - 응시자격 - 우대사항 - 채용절차 및 추진일정 - 기타 유의사항 등	채용계획 및 지원방법 (기존 채용공고문)에서 「채용분야의 직무내용 직무수행 요건(직무능력)」을 추가	직무능력 중심 채용공고문에서 편견적 요소(출신지, 연령, 성별 등)를 배제함

출처: 고용노동부 외, 「블라인드 채용 가이드북」 2018.1.

일반적인 채용공고문 항목

구분	항목
기업소개	비전·미션, 조직문화, 인재상
채용분야	채용분야(직무), 채용직급, 채용형태, 채용인원, 응시자격, 근무지역
전형절차 및 일정	전형절차, 전형일정, 선발방법, 장소 등
우대사항 및 제출서류	취업지원대상자, 장애인, 지역인재, 자격증 등
기타	채용일정, 복리후생, 결격사유, 문의처

출처: 고용노동부 외, 「블라인드 채용 가이드북」 2018.1.

(3) 직무중심 채용공고문

직무능력중심 채용공고문은 채용계획과 지원방법에 더해서, 채용분야별 수행직무 및 세부 업무내용, 직무능력(지식, 기술, 인성(태도) 등)에 대해 상세히 명시되어있다. 직무중심 채용공고문은 지원자가 수행하게 될 직무와 관련된 정보들을 구체적으로 제시한다.

- **직무중심 채용공고문의 효과**
❶ 채용공고문에 직무수행 요건을 평가할 것이라는 안내는 지원자로 하여금 지원 직무에 대해 준비하여 지원해야겠다는 인식을 고취시킨다.
❷ 지원자가 채용전형을 통과하고, 입사 후 직무를 성공적으로 수행하기 위해 자신이 갖추고 있는 능력과 부족한 능력들을 스스로 점검해봄으로써 지원자 스스로 직무적합도에 대한 판단을 내릴 수 있다.
❸ 지원자가 사전에 직무능력에 대한 준비를 할 수 있도록 도우며, 이를 통해 기업은 적합한 인재를 모집할 수 있다.

3) 선발

(1) 서류전형

서류전형은 지원자가 제출한 입사지원서, 자기소개서를 평가하여 조직 및 직무에 적합한 인재를 선발하는 과정이다.

① 평가대상 직무능력
서류전형에서 평가할 직무능력은 채용계획 단계에서 설계한 '직무능력 × 평가기법' 중 '서류전형'으로 평가하는 부분이다.

② 평가도구

서류전형에서 주로 사용하는 평가도구는 입사지원서, 자기소개서, 경험기술서, 경력기술서, 포트폴리오 등이 있다.

경영기획 직무 – 서류전형 설계 Matrix

경영기획 직무의 직무능력		서류전형		
		입사지원서	경험·경력 기술서	자기소개서
지식·기술	경영학, 경제학	●		
	무역학	●		
	인사 및 조직관리	●		
	재무, 세무, 회계학	●		
자격사항	경영관리직무 관련 자격증	●		
역량	기획력			●
	계획력			●
	창의력			●
	고객지향			●
	의사소통			●
경력·경험	경영 업무지원 경험		●	
	영업활동·영업 관리 경험		●	
	조직 구성원 관리 경험		●	
	회계, 예산 관리 경험		●	

※ Matrix에서 '●'으로 표기된 항목은 그에 맞는 선발 도구로 평가가능하며 선택적으로도 활용 가능함

직무중심채용 평가도구 특징

평가도구	주요 내용
입사지원서	• 기업이 지원자를 평가할 목적으로 직무관련 사항을 기재토록 하는 지원서 • 인적사항, 교육사항, 경력사항, 자격사항 및 직무관련 사항
자기소개서	• 기업의 핵심가치, 인재상과 관련된 사항을 확인할 수 있도록 구체적으로 설계된 지원자 소개서
경험기술서	• 입사지원서에 기재한 경험사항을 보다 상세하게 기술한 기술서 • 직무와 관련하여 지원자가 살아오면서 경험한 내용을 기술
경력기술서	• 입사지원서에 기재한 경력사항을 보다 상세하게 기술한 기술서 • 직무와 관련된 업무수행 경력을 기술
포트폴리오	• 지원자의 직무관련 특정 역량을 확인할 수 있는 대표적인 산출물 • 논문, 홈페이지, 디자인 시안, 음원 등

출처: 고용노동부 외, 「블라인드 채용 가이드북」, 2018.1.

③ 입사지원서 구성

기업의 직무분석, 역량모델링 등 내부자료와 국가직무능력표준(NCS) 등의 외부자료를 활용하여 입사지원서를 작성할 수 있다.

내부자료를 활용한 입사지원서 개발 프로세스

프로세스	내용
1단계. 입사지원서 항목 도출 및 초안 개발	• 채용 직무의 내용(Job description), 고용 형태(정규·계약), 경력 구분(경력·신입) 등의 사항을 검토 • 반드시 수집해야 하는 최소한의 인적사항을 구성 • 직무 관련 정보들(직무명세서, 업무분장표 등)을 기반으로 채용 직무의 필수 요건 및 선발요건(지식, 기술, 인성(태도)) 설계 • 직무 특성에 따라 포트폴리오 첨부 양식 개발
2단계. 입사지원서 항목 타당성 검증	• 입사지원서 초안의 적절성을 검토하기 위한 해당 업무 관련 SME* 의견 수렴 → 수렴 방법 : 인터뷰, 서베이 등 • 관련 부서의 수요에 따라 항목과 평가기준을 수정하여 확정 * SME(Subject Matter Expert: 주제/직무 전문가) : 해당 직무 또는 과제 관련 내용에 대해 전문적 지식과 경험을 가지고 있는 사람
3단계. 입사지원서 평가 기준 설계	• 입사지원서 항목과 직무 수행 간 관련성 분석 • 차별적 요소 및 평가에 편견을 유발할 수 있는 항목 유무 검토 및 제외 • 주요 항목별 가중치 도출 • SME를 통한 타당성 검증
4단계. 입사지원서 최종본 개발	• 입사지원서 최종본 확정

출처: 고용노동부 외, 「블라인드 채용 가이드북」 2018.1.

④ 서류전형 운영 방안

서류전형은 지원자에게 요구한 정보, 수집된 정보의 양, 정보를 평가에 활용하는 방식에 따라 다양한 형태로 운영할 수 있다.

서류전형 운영 방안

구분	주요 내용
유형1	• 교육·훈련사항, 자격사항, 자기소개서, 경력 및 경험소개서, 포트폴리오 등을 평가함 • 구체적인 평가기준을 수립하고, 평가자들에 대한 교육을 실시함
유형2	• 지원자 정보를 최소한으로 수집함 • 서류전형 평가를 실시하지 않으며, 최소 요건을 충족한 모든 지원자 전원을 다음 전형 대상자로 선정함

출처: 고용노동부 외, 「블라인드 채용 가이드북」 2018.1.

⑤ 서류전형의 평가 방법

정량적 평가는 수집된 정보를 사전에 정해진 방법과 규칙에 따라 계산한다. 기본 가중치는 직무 특성상 각 항목이 모두 동일한 중요도를 가지고 있다고 판단될 경우 적용한다. 변별 가중치는 직무 특성상 일부 평가항목이 상대적으로 중요하다고 판단될 경우 적용한다.

서류전형 평가 프로세스

구분	내용
지원자격 확인	• 채용 모집 시 공고한 지원자격 요건을 지원자가 충족하는지 여부를 확인 • 지원자들이 입력한 내용이 중복이나 잘못 기입된 것이 없는 지 검토
정량적 평가	• 지원서 항목별 평가기준(평가요소, 점수기준, 가중치 등)을 설계하여 정량적 수치에 의해 평가
정성적 평가	• 자기소개서, 경력기술서 등에 대해 정성적으로 평가
가점부여 및 지원자 순위도출	• 채용 관련 법규 및 지침에서 규정하고 있는 우대사항을 확인하고 가점을 부여 • 가점 부여 후 서류전형 평가결과에 따라 지원자의 순위를 부여
평가결과 검토	• 서류전형과 관련하여 지원자가 제출한 서류 내용의 사실여부를 검토한 후, 이상이 없으면 결과를 확정
신형 결과 발표	• 결과 확정 후 전형결과를 메일, 문자 등의 수단을 통해 안내

출처: 고용노동부 외, 「블라인드 채용 가이드북」 2018.1.

정성적 평가는 자기소개서, 경험 및 경력기술서, 포트폴리오 등 정량적인 평가가 곤란한 비양적(서술적) 정보에 대해 기준과 척도에 따라 평가한다.

⑥ 블라인드 서류전형 유의사항

블라인드 서류전형을 준비할 때 가장 중요하게 고려해야 할 점은 입사지원서에서 편견이 개입되는 요소를 검토하여 제외하는 것이다.

- 블라인드 지원서 작성 원칙
· 편견에 의해 차별이 유발되거나, 직무와 무관한 항목은 입사지원서에서 제외한다.
· 최소한의 인적정보(이름, 연락처)와 직무능력을 평가할 수 있는 교육사항, 자격사항, 경험사항, 경력사항 중심으로 구성한다.
· 차별적 요소임에도 직무에 반드시 필요한 조건인 경우에는 그 항목을 요구하는 사유를 기재한다.
· 입사지원서의 항목들은 해당 정보를 반드시 수집해야 할 사유가 없다면 제외하는 것을 원칙으로 한다.
· 지원자 정보의 수집 목적과 수집 범위는 전체 채용프로세스에서의 평가 방안을 고려하여 최소한으로 결정한다.

- 블라인드 입사지원서 항목 결정 방법(권장)
❶ 출신 지역(본적), 가족관계는 모든 단계에서 제외
❷ 사진은 서류전형 이후 필기 또는 면접 단계에서 본인 확인을 위해 필요한 경우 요구

❸ 성별, 신앙, 연령, 신체조건, 사회적 신분, 학력, 출신학교 등은 '직무에 필수적인 조건' 여부를 기준으로 채용단계에 포함 여부 결정

❹ 채용직무 수행에 필요한 사항 기재(교육사항, 경험사항, 경력사항, 자격사항, 기타 직무 관련 사항) 요구

입사지원서 요구 항목 (권장사항)

항목		세부항목	기재
신상정보	I	성명, 연락처, 이메일	○
	II	성별, 연령, 주소지	△
	III	본적, 출생지, 결혼관련, 흡연여부, 음주량, 취미, 운동, 특기, 주거상황, 재산정도	×
신체조건		사진, 신장, 체중, 시력, 혈액형 등	△
가족사항		관계, 성명, 연령, 생년월일, 최종학력, 근무처, 직위 등	×
학력사항		출신학교, 전공, 학점, 소재지, 졸업여부, 논문 등	△
교육사항		과정명, 주관기관, 교육기간 등	○
자격사항		자격명, 자격유형, 등급, 취득일자, 유효기간 등	○
경험사항		직무관련 교내외 경험, 직무관련 기타 경험	○
경력사항		조직명, 근무기간, 담당업무, 직급 등	○
기타사항		외국어능력, 컴퓨터능력, 수상내역 등	△

※ ○ : 기재 요구, × : 기재 불요구, △ : 직무상 필요시 기재

출처: 고용노동부 외, 「블라인드 채용 가이드북」 2018.1.

⑦ 표준양식을 활용한 블라인드 지원서 구성

기업은 필요에 따라 다양한 형식의 블라인드 지원서를 활용할 수 있는데, 그중 「'공공기관 표준 입사지원서(관계부처 합동발표, 2017.7.5.)」'를 기반으로 기업의 입사지원서를 구성할 수 있다. 기업에서는 이를 그대로 활용하거나 기업별로 직무에 필요한 추가적인 항목을 구성할 수 있다

공공기관 표준 입사지원서

1. 인적 사항

지원구분	신입 ( ) 경력 ( )	지원직무		접수번호	
성명	(한글)				
현주소	* 필요시				
연락처	(본인휴대폰)	전자우편			
	(비상연락처)				
추가항목(예시)		☐ 장애대상	☐ 보훈대상	☐ 지역인재	

2. 교육 사항

* 지원직무 관련 과목 및 교육과정을 이수한 경우 그 내용을 기입해 주십시오.

교육구분	과목명 및 교육과정	교육시간
☐ 학교교육 ☐ 직업훈련 ☐ 기타		

직무관련 주요내용

3. 자격 사항

* 지원직무 관련 국가기술/전문자격, 국가공인민간자격을 기입해 주십시오.

자격증명	발급기관	취득일자	자격증명	발급기관	취득일자

4. 경험 혹은 경력사항

* 지원직무 관련 경험 혹은 경력사항을 기입해 주십시오.

구분	소속조직	역할	활동기간	활동내용
☐ 경험 ☐ 경력				

*직무활동, 동아리/동호회, 팀 프로젝트, 연구회, 재능기부 등 직무와 관련된 주요 활동을 서술하여 주십시오.

위 사항은 사실과 다름이 없음을 확인합니다.

년   월   일

지원자 : _____ (인)

출처: 고용노동부 외, 「블라인드 채용 가이드북」 2018.1.

(2) 필기전형

① 필기전형의 이해

필기전형은 채용 직무에 필요한 직무능력을 지필 형태로 평가하는 전형이며, 서류전형과 면접전형 사이에 진행하는 것이 일반적이다.

② 평가대상 직무능력

필기전형에서 평가할 직무능력은 채용설계 단계에서 도출한 '직무능력 × 기법' 매트릭스 중 필기전형에 해당하는 부분이다.

경영기획직무 – 필기전형 설계 Matrix					
경영기획 직무의 직무능력			필기전형		
^		인성검사	직무적성검사	직무지식 검사	
지식·기술	경영학, 경제학			●
	무역학			●
	인사 및 조직관리			●
	재무, 세무, 회계학			●
자격사항	경영관리직무 관련 자격증			
역량	기획력		●	
	계획력	●		
	창의력		●	
	고객지향	●		
	의사소통		●	
경력·경험	경영 업무지원 경험			
	영업활동·영업 관리 경험			
	조직 구성원 관리 경험			
	회계, 예산 관리 경험			

※ Matrix에서 '●'으로 표기된 항목은 그에 맞는 선발도구로 평가 가능하며 선택적으로 활용 가능함

출처: 고용노동부 외, 「블라인드 채용 가이드북」 2018.1.

③ 필기전형의 실시

　필기전형은 모든 지원자를 편견 없이 공정하게 평가할 수 있는 블라인드 채용방법의 하나다. 필기전형은 신입직원 선발 시에 반드시 포함시켜야 하는 것은 아니며, 모집인원, 경쟁률, 비용 등을 고려하여 기업의 여건에 맞게 실시할 수 있다. 신규로 필기검사를 개발하거나, 기존 검사를 활용하는 경우에는 채용·직무 수행에 필요한 직무능력을 제대로 측정할 수 있는지를 검토하여 보완해야 한다. 필기전형이 확정되면 채용공고문에 필기시험 개요, 평가과목 등을 공지하여 지원자들이 사전에 준비할 수 있도록 한다.

④ 필기전형의 유형

　기업과 공공기관 신입직원 선발을 위한 필기시험은 인성검사, 직무적성검사, 직업기초능력평가, 직무지식검사(전공, 외국어, 논술 등)가 대표적이다.

필기전형별 특징

구분	주요 내용
인성검사 (성격검사)	• 조직 적합성, 직무수행 관련 성격적인 역량을 주로 진단하는 검사 • 인재상과의 부합성, 직무관련 성격, 태도, 가치관 등 측정 • LG WayFit Test, SKCT 심층역량검사 등
직무적성검사 (능력검사)	• 직무수행에 영향을 미치는 인지능력 수준을 진단하는 검사 • 직무수행 관련 언어능력, 수리능력, 추리능력, 지각능력 등 측정 • GSAT, PSAT, HMAT, CJCAT, L-TAB 등
직무지식검사	• 직무수행에 필요한 지식을 평가하는 검사 • 전공시험, 경영·경제지식, 외국어, 논술 등

출처: 고용노동부 외, 「블라인드 채용 가이드북」, 2018.1.

· 기업: 인성검사, 직무적성검사, 직무지식검사를 주로 실시

· 공공기관: 직업기초능력평가, 직무지식검사를 주로 실시

기업의 필기시험(인·적성검사) 현황

기업	검사 명칭	인성 검사	직무적성검사				
			언어능력	수리능력	추리능력	지각능력	기타
삼성	GSAT	○	언어논리	수리논리	추리	시각적사고	상식
현대차	HMAT	○	언어이해	자료해석, 정보추론	논리판단, 도식이해	공간지각	
SK	SKCT	○	언어능력	수리력	직무능력		직무능력, 한국사
LG	LGWayfit	○	언어이해	수리력	언어추리, 도형추리		인문역량 (한국사,한자)
롯데	L-TAB	○	언어이해	자료해석, 수리공간			
포스코	PAT	○	언어	수리	도식	공간	상식
GS		○	판단력, 언어유추력, 언어연상력	응용수리력, 판단력(자료해석)	언어추리력, 수추리력	공간지각력 지각정확력	한국사
현대중공업	HATCH	○	언어(독해)	수리,분석	언어추리	공간	종합상식
KT		○	단어연상력 판단력	응용계산력, 판단력(자료해석)	언어추리력, 수추리력, 도식추리력	지각정확력	
두산	DCAT	○	어휘유창성, 언어논리 (독해,어법)	수리자료분석	언어논리 (언어추리)	공간추리	
CJ	CJCAT	○	언어능력	수리능력	추리능력	공간지각	상식
LS	LSAT	○	언어이해 문제해결	자료해석		집중력	상식
금호아시아나	K-SAT	○	언어능력	수리능력	추리능력, 분석판단능력	사무지각능력	직무상식능력
S-OIL		○	언어력	수리력(자료해석, 창의수리)	도형추리력, 수리력(수추리)		
효성		○	언어유추력, 판단력(독해)	응용계산력, 판단력(자료해석)	언어추리력, 수추리력	공간지각력 지각정확력	
이랜드	ESAT	○	언어비평	수리비평			
농협	NHAT	○	언어, 이해력	수리	상황판단		
동부		○	언어능력	수리능력			
아모레퍼시픽	APAT	○	언어유추력, 언어추리, 판단력	응용계산력, 수추리		공간지각, 지각정 확성	한국사, 창의력 (1문항)

※ 조사 시점, 회사 방침 변경 등으로 기업별 실제 실사채용과 차이가 있을 수 있음. 구직자의 경우 기업 채용공고문을 기준으로 필기시험 준비 요망.
※ 국내 기업의 약 28.6%가 인·적성검사를 실시하고 있음. 기업 규모가 클수록 지원자가 많고 경쟁률이 높아 실시비율이 높음. (대한상공회의소, 기업채용실태조사, 2015.7)
* 출처: 기업 홈페이지, 에듀스 및 취업간연 자료

출처: 고용노동부 외, 「블라인드 채용 가이드북」 2018.1.

⑤ 필기전형 결과 평가

필기전형 결과 점수 산출방식은 평가역량에 대한 지원자 간 수준 비교가 용이하도록 규준점수(Normative Score)를 일반적으로 활용한다.

필기전형 결과 적용방식은 기업의 상황에 따라 다양한 방법으로 활용되지만, 일반적으로는 단계별 허들식 방법을 주로 사용한다.

❶ 인성검사에 부적합 판정을 받은 인원을 선별한다.
❷ 직무적성검사, 직업기초능력평가, 직무지식검사의 순위로 필기전형 합격자를 선정한다.

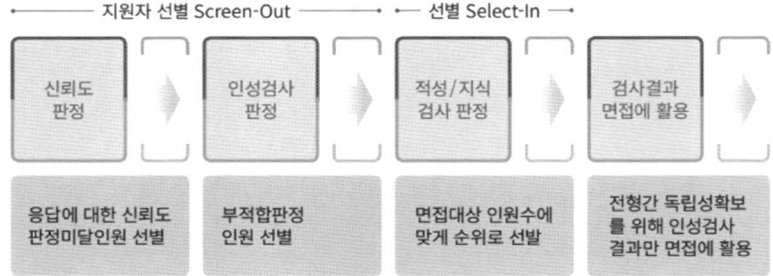

※ 선별(Screen-Out) : 기준에 미달되는 지원자를 탈락시키는 방식
※ 선발(Select-In) : 더 역량있는 지원자를 선발하는 방식

출처: 고용노동부 외, 「블라인드 채용 가이드북」 2018.1.

⑥ 블라인드 필기전형 고려사항

블라인드 필기전형 고려사항은 다음과 같다.

- 채용 시 직무수행에 반드시 필요한 직무능력(지식, 기술, 인성(태도))을 평가하는 필기시험을 구성하여 실시한다.
- 필기 응시원서에 차별을 유발할 수 있는 응시조건을 요구하지 않는다.
- 필기전형의 공정성 확보를 위해 사전에 평가과목을 공개한다.
- 출제 문항 중 차별로 인식될 수 있는 주제(e.g. 성차별, 지역차별) 또는 문항, 문구는 제외한다.

(3) 면접전형

① 면접전형이란?

면접전형은 면접위원이 지원자에게 질의하거나 지원자의 발표와 토론을 관찰하여 조직 및 직무적합성을 평가하는 방식이다. 면접에서는 심층적인 질의응답 또는 지원자 간 상호작용을 통하여 직무수행에 필요한 인성적·능력적 차원의 역량을 검증할 수 있다.

② 평가대상 직무능력

면접에서 평가해야 할 지식, 기술, 인성(태도), 경험·경력 등 평가요소를 결정해야 한다. 이때, 채용계획 단계에서 설계한 '직무능력 × 평가기법'을 적용한다.

경영기획 직무의 직무능력		면접전형			
		경험면접	상황면접	발표면접	토론면접
지식·기술	경영학, 경제학				
	무역학				
	인사 및 조직관리				
	재무, 세무, 회계학				
자격사항	경영관리직무 관련 자격증				
역량	기획력			●	
	계획력	●			
	창의력				●
	고객지향		●	●	●
	의사소통	●	●	●	●
경력·경험	경영 업무지원 경험	●			
	영업활동·영업 관리 경험	●			
	조직 구성원 관리 경험	●			
	회계, 예산 관리 경험	●			

※ Matrix에서 '●'으로 표기된 항목은 그에 맞는 선발도구로 평가 가능하며 선택적으로 활용 가능함

출처: 고용노동부 외, 「블라인드 채용 가이드북」 2018.1.

③ 평가요소(기준) 도출 시 유의사항

면접 시 평가해야 하는 요소들은 직무와 관련되어야 하며, 서류전형, 필기전형 등 면접 외 전형에서 평가한 요소들을 고려하여 결정한다. 서류전형 또는 필기전형에서 평가한 항목이라도 중요한 평가요소로 판단되는 경우, 면접전형에서 반복 측정할 필요가 있다.

면접의 특성상 제한된 시간 동안 지원자들을 평가해야 하기 때문에 지나치게 많은 요소들을 평가하기보다는 소수의 평가요소들을 심층적으로 평가한다는 접근을 취하는 것이 바람직하다.

면접 시 평가하려는 요소들이 주어진 시간에 비하여 많은 경우, 이들 요소 중 상대적 중요도 등을 고려하여 일부를 면접 평가요소로 선정하는 것이 적절하다.

④ 면접기법

구조화면접이 비구조화면접에 비해 평가 타당도와 공정성면에서 우수하다.

비구조화면접 vs 구조화면접

특징	비구조화면접	구조화면접
방법	평가할 직무능력(역량), 질문이 정해져 있지 않고 면접위원이 자유로운 방식으로 진행하는 면접방식	사전에 평가하고자 하는 직무능력(역량), 질문, 절차, 평가기준이 정해져 있는 면접방식
면접위원 역할	자유롭게 질문하고 평가	정해진 질문과 평가기준을 통해 평가
대표적 유형	전통적 면접	경험, 상황, 발표, 토론면접 등
장·단점	면접위원의 재량에 따라 면접의 공정성 및 타당도에 차이가 발생	평가 공정성이 높음, 타당도가 높음

※ 구조화 면접의 종류 : 경험, 상황, 발표, 토론면접 등

출처: 고용노동부 외, 「블라인드 채용 가이드북」, 2018.1.

각 면접 방식의 특성과 비용 및 운영 측면을 고려하여 면접기법을 선택한다.

구술면접 vs 시뮬레이션면접

구분	구술면접	시뮬레이션면접
방법	질의 응답을 통해 개인의 성격, 태도, 동기, 가치 등의 특성을 평가	과제를 부여한 후, 지원자들이 과제를 수행하는 과정과 결과를 관찰하여 평가
면접위원 역할	해당 역량이 드러날 수 있는 적절한 시작(main)질문과 심층화(probing) 질문을 하여 평가	평가하고자 하는 역량을 판단할 수 있는 행동들을 정확히 관찰, 기록하고 평가
대표적 유형	경험면접, 상황면접 등	발표면접, 토론면접, 역할연기, 서류함기법(In-Basket) 등
장점	개인의 다양한 인성과 능력평가에 적합	개인의 능력적 요소를 평가하는데 적합

출처: 고용노동부 외, 「블라인드 채용 가이드북」 2018.1.

⑤ 면접결과 산정방식

면접결과 산정방식은 합산방식과 과락방식이 있다. 합산방식은 지원자들의 면접 평가 점수를 평가요소별 및 평가기법별로(가중 또는 단순) 합산하여 상위 점수를 받은 순서에 따라 합격자를 결정한다.

- 경험면접 점수와 발표면접 점수의 합산
- 1차 실무진면접 점수와 2차 임원면접 점수의 합산

합산방식은 다수의 지원자들 중 소수의 합격자를 선발해야 할 때 주로 활용된다.

과락방식은 지원자들의 면접 평가 점수 중 평가요소별 또는 평가기법별 최소 기준을 충족하지 못하는 경우, 불합격시키는 방식이다.

· 평가하는 요소 다섯 개, 그중 두 개에서 기준 점수 미만인 경우 과락 적용

과락방식은 지원자가 최종합격 인원 대비 많지 않은 경우에 주로 활용될 수 있다.

⑥ 면접위원 선정

면접위원은 내부 면접위원(실무자, 임원, 대표)과 외부 면접위원을 활용할 수 있다.

구분	내부 면접위원	외부 면접위원
내용	기업 내부의 실무자 또는 임원이 평가	기업 외부의 전문가가 평가
특징	- 낮은 비용 - 면접스킬 부족 - 조직/직무에 대한 높은 이해도	- 높은 비용 - 면접 스킬 높음 - 조직/직무에 대한 낮은 이해도

출처: 고용노동부 외, 「블라인드 채용 가이드북」 2018.1.

⑦ 면접위원 유의사항

면접위원의 바람직한 행동과 바람직하지 않은 행동은 다음과 같다.

- 면접위원의 바람직한 행동

· 무엇을 평가할 것인지, 즉 평가요소를 사전에 명확히 이해한다.

· 면접에 활용할 질문들을 사전에 준비하고 숙지한다.

· 공정하고 편견 없이 모든 응시자를 대한다.

· 면접 동안 응시자에게 주의를 집중하고 의미 있는 행동 단서를 최대한 관

찰한다.
· 감각이나 느낌, 예단이 아니라 관찰한 행동과 답변 내용에 초점을 맞춘다.
· 평가의 근거가 되는 것들은 즉시 메모한다.
· 관찰, 기록(메모)에 근거하여 평가한다.
· 평가요소, 평가기준, 평가척도에 따라 점수를 부여한다.

- 면접위원의 바람직하지 않은 행동

· 지원자를 존중하지 않거나 무시하는 태도나 말투를 사용한다.
· 차별적인 발언(예, 성별, 출신, 외모 등)을 한다.
· 특정인 또는 특정집단을 혐오·비하하는 발언을 한다.
· 지원자의 사생활(가족관계, 부모님 직업, 이성관계 등) 관련된 질문을 한다.
· 면접 평가요소와 관련 없는 질문(연예인, 취미 등)을 한다.
· 지원자의 말을 갑자기 끊거나 일방적으로 발언한다.

면접 운영 프로세스

구분	내용
운영 인원 확보	- 면접 설계에 따라 필요 인원 결정, 내부 또는 외부 인원을 가용 가능 - 외부 인원 활용 시, 위탁 업체와 논의
면접관 교육 진행	- 면접에 대비해 면접위원 및 예비 면접위원을 대상으로 면접관 교육을 실시
면접 전 사전 점검사항	- 면접 전형 시 필요 자료 프린트 및 제본 (면접질문지, 평가표, 입사지원서 사본, 조별 인원 배치 명단) - 면접 장소 안내지 - 명찰 준비(면접지원자, 면접위원, 그 외 관계자) - 간식 및 음료 준비 (선택)
(면접 당일) 면접 시작 전	- 면접장소 안내 자료 부착 - 면접기법 준비 및 배치 - 지원자 참석 인원 확인 - 면접위원 참석 확인 및 연락 - 대기실 좌석 및 면접위원 좌석 및 배치 확인 - 보안서약서 작성 안내 (선택)
면접 중	- 면접 오리엔테이션 - 지원자 대상 면접준비실 및 면접대기실, 면접실 안내 - 면접위원 대상 면접실 안내 - 면접기법 배포 및 회수, 면접 준비실 내 감독
면접 후	- 면접장소 안내 자료 제거 - 면접기법 수거 매수 확인 및 평가표 회수(보안) - 면접비 수령 안내

출처: 고용노동부 외, 「블라인드 채용 가이드북」 2018.1.

4) 합격자 결정 및 발표

면접전형 평가결과가 결정되었다면 지원자들에게 합격·불합격 통보를 해야 한다. 합격·불합격 통보는 지원자들에게 면접전형의 공정성을 인식시킬 뿐만 아니라, 기업의 이미지, 채용 브랜드 등을 높이는 데 도움이 된다.

2. 면접의 원칙과 실무 프로세스

면접의 원칙과 실무 프로세스는 면접관 양성 전문회사 한국컨설턴트사관학교(KCA) 및 한국생산성본부(kpc)산하 한국사회능력개발원이 면접관 실무 교육교재로 사용하는 내용을 중심으로 정리했다.

1) 인재 선발의 중요성

1. 인재선발의 중요성과 인적자원의 핵심º

인재선발의 중요성과 인적자원의 핵심역량

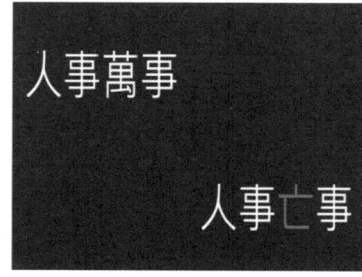
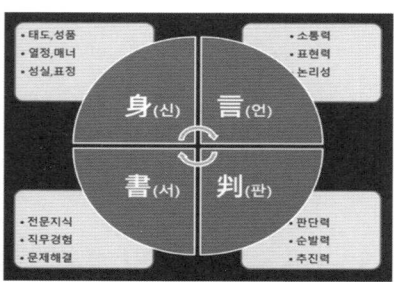

[출처: 박종현, KCA면접관 교재(2021), 브레인플랫폼_한국컨설턴트사관학교]

기업에서 원하는 인재상의 변화

20C형 인재상: 근면, 성실하며 회사에 충성하는 인재

초반21C형 인재상: 자신의 영역에서 최고의 지식과 전문성을 갖춘 인재상

최근 시대 특징 및 상황:
Volatility(변동성), Uncertainty(불확실성), Complexity(복잡성), Ambiguity(모호성)

4차 산업혁명시대 인재상: 여러분야에서 지식과 경험이 풍부하고 그것을 통합하고 융합하여 새로운 가치를 창출해내는 창의력을 가진 인재 ➔ 직관능력과 콘텐츠 제작 능력 및 컨트롤 능력을 가진 인재

2) 채용트렌드의 변화

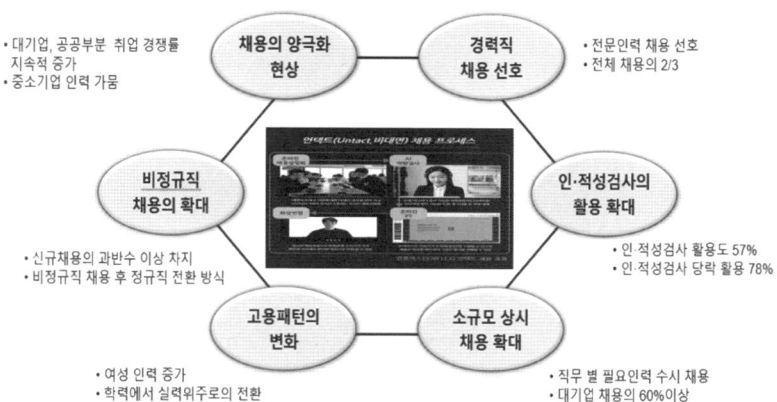

- 대기업, 공공부분 취업 경쟁률 지속적 증가
- 중소기업 인력 가뭄

채용의 양극화 현상

경력직 채용 선호
- 전문인력 채용 선호
- 전체 채용의 2/3

비정규직 채용의 확대
- 신규채용의 과반수 이상 차지
- 비정규직 채용 후 정규직 전환 방식

인·적성검사의 활용 확대
- 인·적성검사 활용도 57%
- 인·적성검사 당락 활용 78%

고용패턴의 변화
- 여성 인력 증가
- 학력에서 실력위주로의 전환

소규모 상시 채용 확대
- 직무 별 필요인력 수시 채용
- 대기업 채용의 60%이상

3) 피면접자에 대한 이해

1. 피면접자의 성향

양적인 성향과 음적인 성향

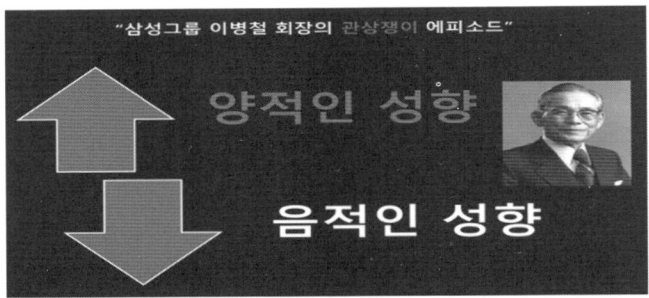

2. 선발해야 할 역량있는 피면접자 이해

선발해야 할 역량있는 피면접자 이해

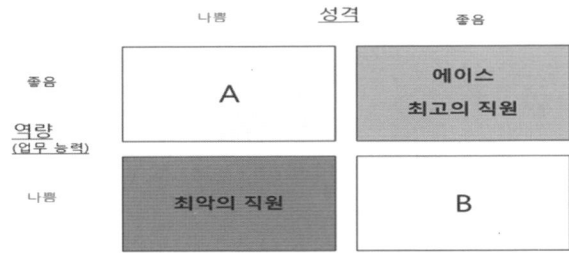

4) 면접관의 철학과 태도

1. 면접관은 누구인가?

▍면접관의 전문성과 신뢰성

※ 기업이해, 채용이해, 시간준수, 용모&복장, 명함, 질문준비, 목소리, 피면접자 배려, 전문가다운 행동
= "신뢰성"

[출처: 박종현, KCA면접관 교재(2020), 브레인플랫폼_한국컨설턴트사관학교]

2. 면접관의 철학

▍면접관은 사람 보는 안목이 최고의 철학

사람에 대한 이해(안목) + 채용이론 + 면접기술 + 면접경험 + 통찰력 + 관상학 + 심리학 + @

"사람 보는 안목을 기르는 것이 좋은 인재를 선택"

5) 면접전형 프로세스

1. 채용프로세스 전반 이해

[출처: 김용수, KCA면접관 교재(2021), 브레인플랫폼_한국컨설턴트사관학교]

2. 면접전형 Process

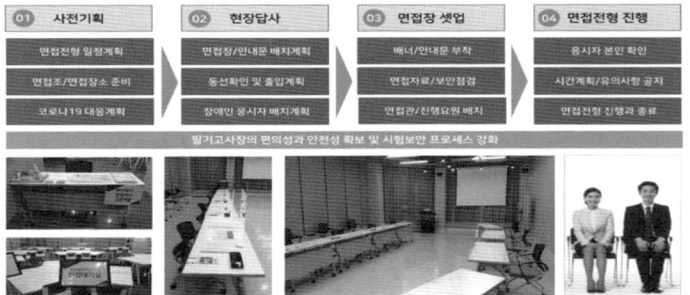

[출처: 김용수, KCA면접관 교재(2021), 브레인플랫폼_한국컨설턴트사관학교]

6) 면접전형 진행방법

1. 면접 진행 방법 및 면접위원(장) 역할

면접 진행 방법

[출처: 조재익, KCA면접관 교재(2021), 브레인플랫폼_한국컨설턴트사관학교]

1. 면접 진행 방법 및 면접위원(장) 역할

면접 진행 방법

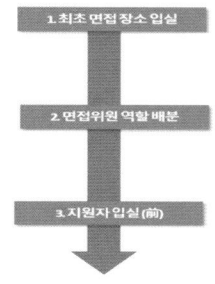

1. 최초 면접장소 입실
- 채용직무 및 면접방법 확인
- 총지원자 및 합격 T/O 확인
- 평가요소 및 배점(과락) 확인

2. 면접위원 역할 배분
- 면접위원장 선임
- 평가요소 별 질문순서/시간 배정
- 평정협의 시행여부 및 시기

3. 지원자 입실(前)
- 지원자 서류 검토
  - 입사지원서류/자기소개서/인성검사 등

[출처: 조재익, KCA면접관 교재(2021), 브레인플랫폼_한국컨설턴트사관학교]

1. 면접 진행 방법 및 면접위원(장) 역할

면접 진행 방법

- **Opening(위원장)**
  - 우리공사 면접에 참여해주셔서 감사합니다.
    지원자 번호 확인하겠습니다.
    많이 긴장되실 텐데 편안하게 답변해주세요.
    (라포형성 멘트 하지마세요 시간 없습니다)

  - 시간은 20분간 진행합니다. 답변은 1분내 입니다.
    본 면접은 블라인드 면접으로 개인정보를 유추
    할 수 있는 답변은 감점요인이 될 수 있습니다.
    시간이 제한되어 있으므로 답변이 길어지면
    중단하고 추가질문을 할 수 있습니다.
    괜찮으시죠?(레벨링 반드시 확인)

  - 혹시 면접관 중에 친인척 또는 교수였거나,
    아시는 분이 계신가요?(마스크 벗고 확인)
    그럼 시작하겠습니다.

[출처: 조재익, KCA면접관 교재(2021), 브레인플랫폼_한국컨설턴트사관학교]

1. 면접 진행 방법 및 면접위원(장) 역할

면접 진행 방법

- **Closing(위원장)**
  - 성실한 답변 감사합니다.
    면접 중 회피/기피 대상자가 있으셨나요?
    끝으로 저희 회사에 하고 싶은 말이나
    준비한 내용 중에 하지 못한 부분이 있으면
    말씀해주세요.
    수고하셨습니다.

- 평가
  - 개별적 평가 및 평가 근거 작성
  - 점수 최종 확정

[출처: 조재익, KCA면접관 교재(2021), 브레인플랫폼_한국컨설턴트사관학교]

7) 면접관의 기본스킬

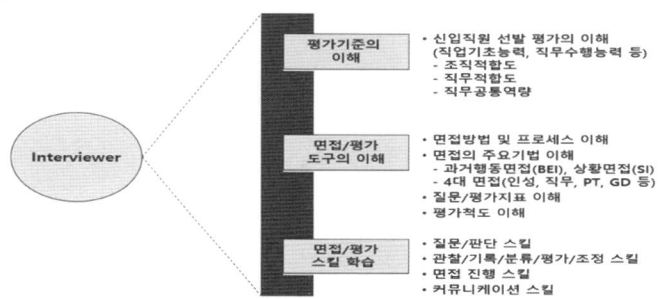

1. 면접관 커뮤니케이션과 매너

2. 유효한 질문기법

8) 면접의 기법 및 특징

1. 경험행동면접(BEI)

경험행동면접(BEI)

B.E.I.(경험행동면접 : Behavioral Event Interview)

- 과거의 행동은 미래의 행동을 타당하게 예측할 수 있다는 전제가 있음
- 개인의 성격, 특성은 쉽게 변하지 않는다는 전제가 필요함
- 따라서, 역량중심 면접의 질문 내용은 과거에 수행했던 내용들을 중심으로 접근하게 됨

과거 성과　　　　　　　미래 성과
Past Performance　　　Future Performance

[출처: 한국인재평가연구소(이승철), KCA면접관 교재(2019), 브레인플랫폼_한국컨설턴트사관학교]

2. 스타(STAR) 질문기법

스타(STAR) 질문기법

S 당신이 처해 있던 상황에 대해서 말씀해 보십시오
(Situation)

T 당신이 수행한 과제/과업은 무엇이었습니까?
(Task)

A 어떻게 대응했습니까? 취한 행동에 대해서 말씀해 보십시오
(Action)

R 그 행동의 결과는 어땠습니까?
(Result)

Probing으로 활용

[출처: 한국인재평가연구소(이승철), KCA면접관 교재(2019), 브레인플랫폼_한국컨설턴트사관학교]

3. 상황면접(SI)

상황면접(SI)

상황면접(SI : Situational Interview)
- 사람들의 행동은 상황에 대한 인식과 행동의도를 통해 잘 예측됨
- 주어진 상황에서의 지원자 판단, 판단의 이유, 행동의도 등을 질문하는 방식
- 지원자가 역량과 관련한 경험이 있을 경우 유용하게 사용될 수 있음

[출처: 한국인재평가연구소(이승철), KCA면접관 교재(2019), 브레인플랫폼_한국컨설턴트사관학교]

4. 전통적면접과 역량중심면접 비교

역량 중심 행동 사례 면접

전제 조건

1) 미래의 성과나 행동을 예측하는 최선의 지표는 과거의 성과나 행동에서 나온다.
2) 성과나 행동이 보다 최근의 것일수록 해당 성과는 (일관되게)반복 될 가능성이 높다.

최근 추세

역량 중심(Competency-base)의 행동 사례 면접(BEI, Behavioral Event Interview)은 우수인재선별을 위한 역량 중심의 행동 사례 면접으로 구조화되고, Process화하고 있다.

[출처: 박선철, KCA면접관 교재(2020), 브레인플랫폼_한국컨설턴트사관학교]

9) 면접의 유형

(1) 인성면접

1. 인성면접의 특징

▍인성면접의 특징

일반적으로 인성면접은 평가하고자 하는 역량이 잘 드러나는 과거 행동 경험에 대해 구조화된 질문(상황-과제-행동-결과)과 이에 대한 답변을 통해 지원자의 역량수준을 평가하는 과정이다.

[출처: 조재익, KCA면접관 교재(2021), 브레인플랫폼_한국컨설턴트사관학교]

1. 인성면접의 특징

▍인성면접의 특징

- 첫째, 조직에서의 적응 능력을 평가하기 위해, 조직의 문화나 가치를 이해하고 책임감 있게 행동하는지를 관찰한다.
- 둘째, 대인관계에서의 능력을 평가하기 위해, 관계를 형성하고 관리함에 있어 타인을 배려하고 존중하며, 구성원과의 화합을 이루며 공동의 목표를 위해 헌신할 수 있는지를 관찰한다.
- 셋째, 지원자의 자기조절 능력을 평가하기 위해, 어려운 상황에서도 긍정적이고 적극적으로 문제의 원인을 파악하고 문제를 해결하려고 하고 스스로 동기부여를 하며 스트레스를 효과적으로 관리하는 능력을 관찰한다.

[출처: 조재익, KCA면접관 교재(2021), 브레인플랫폼_한국컨설턴트사관학교]

(2) 직무면접

> 1. 직무면접의 특징

직무면접의 특징(직무기술서 근거)

직무면접도 인성면접과 유사한 측면이 있으며, 주 질문과 심층질문을 통해 지원자의 직무역량 수준을 평가한다. 지원자의 답변에 대한 맥락을 고려하여 후속 질문을 통해 심도 있게 평가한다.

[출처: 조재익, KCA면접관 교재(2021), 브레인플랫폼_한국컨설턴트사관학교]

> 1. 직무면접의 특징

직무면접의 특징(직무기술서 근거)

- **첫째**, 태도와 기본자세를 평가하기 위해, 주어진 역할 수행을 함에 있어 면접과정에서의 성실성과 책임감을 주의 깊게 관찰한다.
- **둘째**, 문제해결에 대한 적극성을 평가하기 위해, 문제의식을 느끼며 솔선수범의 자세로 문제를 해결하는 능력을 관찰한다.
- **셋째**, 창의성과 도전정신을 평가하기 위해, 자발적으로 차별적인 목표를 세우고 이를 달성하기 위해 지속적으로 노력하는 모습을 관찰한다.
- **넷째**, 해당 직무의 지식(Knowledge), 기술(Skill), 태도(Attitude)를 직무기술서에 근거하여 확인한다.

[출처: 조재익, KCA면접관 교재(2021), 브레인플랫폼_한국컨설턴트사관학교]

(3) PT발표면접

PT발표면접의 특징

1. PT발표면접의 특징

발표면접은 지원자에게 업무 또는 사회적 이슈와 관련된 과제를 제시한 후, 이에 대한 정책 추진이나 문제해결 방안을 발표하게 하고, **발표 내용에 대해 질문 후 답변을 통하여 관찰과 함께 평가한다.**

[출처: 김영기, KCA면접관 교재(2021), 브레인플랫폼_한국컨설턴트사관학교]

PT발표면접의 특징

1. PT발표면접의 특징

- **첫째**, 주어진 주제와 문제를 명확히 파악하고 있는지를 평가하기 위해, 주제와 관련된 배경지식의 정도와 문제해결에 대한 새로운 접근 및 학습의지 정도를 관찰한다.
- **둘째**, 주어진 주제에 대한 개인적인 발표력을 평가하기 위해, 문제인식이나 질문의 핵심을 이해하고 논리적이고 설득력 있게 발표하는 능력을 관찰한다.
- **셋째**, 문제해결 과정에서 창의적인 해결능력을 평가하기 위해, 참신하거나 혁신적인 방법으로 아이디어를 구체화하여 실행계획으로 옮기는 능력을 관찰한다.

[출처: 김영기, KCA면접관 교재(2021), 브레인플랫폼_한국컨설턴트사관학교]

(4) GD토론면접

GD토론면접의 특징

일반적으로 주어진 주제에 대하여 찬성과 반대로 팀을 나누어 토의를 하거나 아니면 A안과 B안으로 팀을 둘로 나누어 토론을 한다. 기본적으로 의사소통 능력, 문제해결 능력, 대인관계 능력, 조직이해 능력을 관찰과 함께 평가한다.

[출처: 김영기, KCA면접관 교재(2021), 브레인플랫폼_한국컨설턴트사관학교]

GD토론면접의 특징

- **첫째**, 설득력의 정도를 평가하기 위해, **발표과정에서 주어진 문제나 상대방의 질문을 잘 이해하고 합리적인 내용 전달과 논리적인 설득과정**을 관찰한다.
- **둘째**, 토의과정에서의 참여도를 평가하기 위해, 주어진 문제에 대한 자발적이고 적극적인 발언과 문제해결을 위해 끈기 있게 해결방법이나 의견을 제시하는 정도를 관찰한다.
- **셋째**, 토의과정에서의 협력도를 평가하기 위해, 문제와 목표의식을 공유하고 함께 협력함으로써 팀웍을 이루어 성과를 만들어 나가는 과정을 관찰한다.

[출처: 김영기, KCA면접관 교재(2021), 브레인플랫폼_한국컨설턴트사관학교]

10) 질문의 유형 및 개발

1. 면접 질문 개발

면접 질문 개발

 Worksheet: 면접질문 만들기
면접질문 및 평가표를 만들어 봅시다.

직무능력	조직생활	성장환경	의지력
경험질문			

✓ 전문지식
✓ 전문스킬
✓ 직무수행태도
  예) 소통과 협력, 자기개발
  → 경험질문으로 연결
✓ 직업관/국가관
	✓ 학점
	✓ 팀웍(교우관계)
	✓ 성실성
	✓ 책임감
	✓ 윤리성
	✓ 규범성
		✓ 물리적 환경
		✓ 가족관계
		✓ 지역/종교 등
		✓ 안정적 성장이라면…
		  예) 부모님으로부터 배운 것
		  가훈과 적용 사례
		✓ 스트레스 내성(고난극복)
		  예) 가장 힘들었던 일, 극복했던 일
		  일상생활에서 스트레스 해소방안
		  취미생활 등
			✓ 의지 사례
			✓ 어려움을 이겨난 사례

[출처: 한국인재평가연구소(이승철), KCA면접관 교재(2019), 브레인플랫폼_한국컨설턴트사관학교]

1. 면접 질문 개발

면접 질문 개발

 Worksheet: 면접질문 만들기
면접질문 및 평가표를 만들어 봅시다.

평가요소	세부 역량	정의	행동지표	하위요소 (keywords)
직무능력	소통과 협력			
	자기개발			
조직생활	책임감			
	규범성			
성장환경	스트레스 내성			
의지력	의지력			

[출처: 한국인재평가연구소(이승철), KCA면접관 교재(2019), 브레인플랫폼_한국컨설턴트사관학교]

11) 면접관의 주요오류 및 해결방안

1. 면접관 오류

면접관 오류

평가성향 진단과 평가결과 분석하여 면접관으로서의 적합성을 파악할 수 있을 뿐 아니라, 개인별 피드백을 통해 면접관들의 평가역량을 증진하고 평가오류를 개선할 수 있음

평가 성향 자기 진단

- 면접관의 평가성향(기본적 귀인오류, 행위자 관찰자 편향, 첫인상 평가 등)을 사전에 평가하여 피드백 함으로써 평가자의 강약점을 인식하고 개선하도록 함
  → 평가자 평가성향 진단
  (Bias Disposition Inventory; BDI)

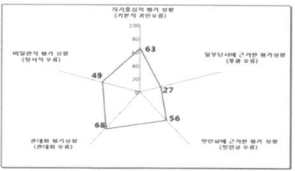

진단결과 의미

평가성향	이론적 근거	의미
자기 중심적 평가 성향	기본적 귀인오류	자기 자신의 기준에 근거하여 사람들을 평가하려는 경향
일부 단서에 근거한 평가 성향	후광오류	일부 특정적 장점, 단점만으로 전체를 평가하려는 경향
첫인상에 근거한 평가 성향	첫인상 효과	사람의 초기 첫인상에 근거, 전체를 평가하려는 경향
관대화 평가 성향	관대화 오류	사람들에 대해 일반적으로 좋게 평가하려는 경향
비일관적 평가 성향	정서적 오류	개인 정서상태나 상황에 따라 판단의 기준이나 평가가 달라지는 경향
해석 기준		· 70점 이상 : 해당 성향이 매우 높음 · 50~70점 : 해당 성향이 있음 · 30~50점 : 해당 성향이 약함 · 30점 미만 : 해당 성향이 거의 없음

[출처: 한국인재평가연구소(이승철), KCA면접관 교재(2019), 브레인플랫폼_한국컨설턴트사관학교]

2. 면접관 오류

면접관 오류

■ 평가 오류의 극복방안

유형	특징	대응 방법
최근효과	· 면접 종료에 가까운 시점의 정보에 대한 인상이 과대하게 영향을 미침	· 역량의 근거들을 있는 그대로 최대한 메모한다. · 관찰이나 질문이 다 끝난 뒤, 기록된 근거에 의해서만 평가한다.
초기효과	· 면접 초반의 정보가 그 이후의 정보에 비해 지나치게 영향을 미침	
선택적 지각	· 자신의 성격 이론이나 인간관, 조직관 등에 따라 정보를 선택적으로 인식, 수용하는 경향(자신이 관심 있는 것에 초점을 두는 경향)	· 평가해야 할 역량이 무엇인지 평가관련 자료들 통해 명확하게 확인하고, 역량을 하나씩 평가한다.
후광효과	· 면접자가 지원자의 어느 한가지 장점이나 또는 단점을 기준으로 다른 것까지 함께 평가하는 경향	· 관찰하고 기록하여 평가한다. · 전반적 인상을 규정짓지 않는다.
유사성 효과	· 자신과 유사한 사고나 행동을 나타내는 반응 내용이나 근거에 대해 긍정적/공감적인 자세로 해석, 판단하는 경향	· 해당 질문의 목표가 되는 역량의 정의와 행동지표, 평가포인트 만을 중심으로 생각하고 판단한다.
중심화 경향	· 지원자간 평가 결과의 차이를 극소화하려는 경향 · 면접자의 리스크를 최소화하려는 소극적 동기 · 면접자로서의 자신감 부족	· 평가해야 할 역량과 판단기준을 명확히 정의하고 학습한다. · 각 점수에 해당하는 역량수준을 중심으로 생각한다. · 자신의 평가능력/기술에 대한 의심을 피하고 자신감을 갖는다.
비교경향	· 두드러지게 높거나 낮은 특정 지원자에 대한 평가 결과가 다른 지원자의 평가시에 작용하여, 객관적 기준에서 벗어나게 되고 과도한 영향을 미침	· 선발을 위한 평가이므로 개인간의 의미 있는 차이는 반드시 반영되어야 한다는 점, 그리고 지원자 개개인의 개성과 특징이 절답 근거상에 반영되어 있다는 점을 상기한다.
관대화 경향	· 사실 근거와 관계없이 지원자 모두에게 극단적으로 긍정적 관점을 적용하여 평가함 · 프로세스나 기준보다는 인식의 틀이 문제임	· 개인의 관대화 경향성과 관대화의 정도를 인식하고, 이러한 경향을 항상 유의(점수 조정)를 통한 문제 해결)

[출처: 한국인재평가연구소(이승철), KCA면접관 교재(2021), 브레인플랫폼_한국컨설턴트사관학교]

참고문헌

· 정부의 NCS 통합 센터(www.ncs.go.kr)
· 고용노동부 외, 「블라인드 채용 가이드」 2018.1.
· 김영기 외 21인, 『공공기관 합격 로드맵』 렛츠북, 2019.
· 김영기 외 20인, 『공공기관 대기업 면접의 정석』 브레인플랫폼, 2020.
· 김영기 외 20인, 『공공기관 합격 노하우』 브레인플랫폼, 2020.
· 김영기 외 20인, 『공공기관 채용의 모든 것』 브레인플랫폼, 2021.
· 김영기 외 19인, 『공공기관 채용과 면접의 기술』 브레인플랫폼, 2022.
· 이승철, 『블라인드 채용 평가매뉴얼』 한국표준협회미디어, 2020.
· 기획재정부, 「공공기관 채용프로세스별 표준 매뉴얼」 2018.6.
· 시너지컨설팅, 「2017년 민간자격(SPI·PI) 취득을 위한 전문면접관 양성과정」 2017.2.
· 한국인재평가연구소, 「직무전문 면접관 양성 기본교재」 2018.10.
· KCA한국컨설턴트사관학교, 「공공기관면접관 교육 교재」 2021.11.

저자소개

김영기 KIM YOUNG GI

학력

· 영어영문학 학사·사회복지학 학사 졸업
· 신문방송학 석사·고령친화산업학 석사 수료
· 부동산경영학 박사·사회복지상담학 박사 수료

경력

· 미국 캐롤라인대학교 경영학과 교수
· KCA한국컨설턴트사관학교 총괄교수
· KBS면접관/kpc부설 '한국사회능력개발원' 면접관 교육 총괄교수
· 정보통신산업진흥원 등 10여 개 기관 심사평가위원
· 소상공인시장진흥공단 소상공인컨설턴트
· 중소기업중앙회 노란우산 경영지원단 전문위원
· 서울시·중앙대·남서울대·경남신보 창업전문강사
· 중앙대·경기대·세종대·강남대·한국산업기술대 강사 역임

자격

· 채용면접관1급 자격증
· 경영지도사·국제공인경영컨설턴트(ICMCI CMC)
· 사회적기업코칭컨설턴트·협동조합코칭컨설턴트

- 창직컨설턴트1급·창업지도사1급·브레인컨설턴트·국가공인브레인트레이너
- HR전문면접관1급 자격증·ISO국제선임심사원(ISO9001, ISO14001, ISO27001)

저서

- 『부동산경매사전』, 일신출판사, 2009.(공저)
- 『부동산용어사전』, 일신출판사, 2009.(공저)
- 『부동산경영론연구』, 아이피알커뮤니케이션, 2010.(김영기)
- 『성공을 위한 리허설』, 도서출판행복에너지, 2012.(김영기 외 20인)
- 『억대 연봉 컨설턴트 프로젝트』, 시니어파트너즈, 2013.(김영기)
- 『경영지도사 로드맵』, 시니어파트너즈, 2014.(김영기)
- 『메타 인지 학습: 브레인 컨설턴트』, e경영연구원, 2015.(김영기)
- 『메타 인지 학습: 진짜 공부 혁명』, e경영연구원, 2015.(공저)
- 『창업과 경영의 이해』, 도서출판 범한, 2015.(김영기 외 1인)
- 『NEW 마케팅』, 도서출판 범한, 2015.(공저)
- 『브레인 경영』, 도서출판 범한, 2016.(김영기 외 7인)
- 『저작권 진단 및 사업화 컨설팅(서진씨엔에스, 쿠프, 아이스페이스)』, 충청북도지식산업진흥원, 2017.(김영기)
- 『저작권 진단 및 사업화 컨설팅(와바다다)』, 강릉과학산업진흥원, 2018.(김영기)
- 『공공기관 합격 로드맵』, 브레인플랫폼, 2019.(김영기 외 20인)
- 『브레인경영 비즈니스모델』, 렛츠북, 2019.(김영기 외 6인)
- 『저작권 진단 및 사업화 컨설팅(파도스튜디오)』, 강릉과학 산업진흥원, 2019.(김영기)
- 『2020 소상공인 컨설팅』, 렛츠북, 2020.(김영기 외 9인)
- 『공공기관·대기업 면접의 정석』, 브레인플랫폼, 2020.(김영기 외 20인)
- 『인생 2막 멘토들』, 렛츠북, 2020.(김영기 외 17인)
- 『4차 산업혁명 시대 AI 블록체인과 브레인경영』, 브레인플랫폼, 2020.(김영기 외 21인)
- 『재취업전직서비스 효과적모델』, 렛츠북, 2020.(김영기 외 20인)

- 『미래유망자격증』, 렛츠북, 2020.(김영기 외 19인)
- 『창업과 창직』, 브레인플랫폼, 2020.(김영기 외 17인)
- 『경영기술컨설팅의 미래』, 브레인플랫폼, 2020.(김영기 외 18인)
- 『공공기관 합격 노하우』, 브레인플랫폼, 2020.(김영기 외 20인)
- 『신중년 도전과 열정』, 브레인플랫폼, 2020.(김영기 외 18인)
- 『저작권 진단 및 사업화 컨설팅(더웨이브컴퍼니)』, 강릉과학산업 진흥원, 2020.(김영기)
- 『4차 산업혁명 시대 및 포스트 코로나 시대 미래 비전』, 브레인플랫폼, 2020.(김영기 외 18인)
- 『소상공인&중소기업컨설팅』, 브레인플랫폼, 2020.(김영기 외 15인)
- 『미래 유망 기술과 경영』, 브레인플랫폼, 2021.(김영기 외 21인)
- 『공공기관 채용의 모든 것』, 브레인플랫폼, 2021.(김영기 외 21인)
- 『신중년 N잡러가 경쟁력이다』, 브레인플랫폼, 2021.(김영기 외 22인)
- 『안전기술과 미래경영』, 브레인플랫폼, 2021.(김영기 외 21인)
- 『퇴직전문인력 일자리 활성화를 위한 '경영지도 및 진단전문가' 모델 사례연구』, 한국연구재단, 2021.(김영기)
- 『창직형 창업』, 브레인플랫폼, 2021.(김영기 외 17인)
- 『신중년 도전과 열정2021』, 브레인플랫폼, 2021.(김영기 외 17인)
- 『기업가정신과 창업가정신 그리고 창직가정신』, 브레인플랫폼, 2021.(김영기 외 12인)
- 『4차 산업혁명 시대 AI 블록체인과 브레인경영 2021』, 브레인플랫폼, 2021.(김영기 외 8인)
- 『ESG경영』, 브레인플랫폼, 2021.(김영기 외 23인)
- 『메타버스를 타다』, 브레인플랫폼, 2021.(공저)
- 『N잡러시대, N잡러 무작정 따라하기』, 브레인플랫폼, 2021.(김영기 외 15인)
- 『10년 후의 내 모습을 상상하라』, 브레인플랫폼, 2022.(김영기 외 10인)
- 『공공기관채용과 면접의 기술』, 브레인플랫폼, 2022.(김영기 외 19인)
- 『N잡러 컨설턴트 교과서』, 브레인플랫폼, 2022.(김영기 외 25인)

- 『프롭테크와 메타버스NFT』, 브레인플랫폼, 2022.(김영기 외 11인)
- 『팔도강산팔고사고』, 브레인플랫폼, 2022.(공저)
- 『정부·지자체의 창업지원금과 지원제도의 모든 것』, 브레인플랫폼, 2022.(김영기 외 10인)
- 『미래를 위한 도전과 열정』, 브레인플랫폼, 2022.(김영기 외 7인)
- 『AI 메타버스시대 ESG 경영전략』, 브레인플랫폼, 2022.(김영기 외 24인)
- 『창업경영 컨설팅 현장사례』, 브레인플랫폼, 2022.(공저)
- 『채용과 면접 교과서』, 브레인플랫폼, 2023.(김영기 외 15인)

수상
- 문화관광부장관표창(2012)
- 대한민국청소년문화대상(2015)
- 대한민국교육문화대상(2016)
- 대한민국신지식인(교육분야)인증(2020)

2장

NCS 면접기법 및 취업성공가이드

김치상

1. 채용트렌드의 변화

"스펙중심 채용에서 역량 중심 채용으로."

1) 핵심역량에 대한 이해

'역량'이란 사전적인 의미로 '어떤 일을 해낼 수 있는 능력'이라 한다. 핵심역량이란 무엇인지 정의를 내려보면 이렇다. 일반적으로 '업무성과가 높으며 조직에 적응을 잘하는 직원들의 공통적 특징이며, 고성과자가 보여주는 차별화된 행동 패턴으로서 지식, 기술, 능력, 성격, 태도 등의 총합'이라 할 수 있다.

이러한 핵심역량을 기반으로 한 핵심역량 면접은 입사지원자의 과거 경험과 면접현장에서 보여주는 면접태도(행동과 말)를 통해 지원자의 핵심역량을 파악하고 이를 통해 미래의 역량을 예측하여 채용하는 방식이다.

지원자의 의사소통, 문제해결, 자기관리 및 개발능력, 대인관계능력, 정보력, 조직이해 및 적응력 등 다양한 역량을 판단하기 위함이다.

2) 채용트렌드의 변화

서구사회에서는 이미 한 세기 이전부터 인재 선발의 기준을 스펙이 아닌 핵심역량 기반으로 하고 있다. 관련 채용방식을 도입하여 인재 선발에 활용 중이다.

가장 최초라 할 수 있는 역량 기반 채용은 유럽에서 장교를 선발하는 데 사용하였으며, 이후 확대되어 유럽 여러 나라의 스파이 선발에 핵심역량을 기반으로 평가하여 활용되고 있다고 한다.

산업적인 측면에서는 1959년 Penrose의 기업성장이론에서 기업을 평가하는 기준으로 유형적 자산(생산설비, 자본, 토지 등)을 대상으로 평가하였으나, 산업이 고도화되면서 기업의 핵심역량은 기업이 보유한 기술, 경영노하우, 브랜드 등 무형의 자산이 실질적 경쟁력을 높여 준다는 새로운 인식이 자리 잡게 되었다. 이를 만드는 것의 핵심은 결국 사람이고 인재다.

기업 측면에서는 1990년대 중반 미국 건강관리기관, Devereux Cleo Wallace에서 Renee Adams라는 인사담당자가 60%에 달하는 이직률을 해결하기 위해 다양한 채용방식을 적용하고 선발, 분석하여 최적화된 선발기준을 밝혀내었다 한다.

이를 계기로 《포춘》 선정 500대 기업 대부분은 채용방식을 핵심역량 면접 방식으로 전환하여 인재를 채용하고 있으며 국내에도 몇몇 대기업이 선제적으로 도입하여 활용 중이다.

2. 국내 채용시장 분석

1) 국내 채용실태

대부분 회사의 채용방식은 스펙 위주로 선발하고 있다. 여기서 문제는 해당 조직이 직무, 지원동기 여부와는 상관없는 평가요소만을 채용에 반영하고 있다는 점이다.

우선 서류전형은 학력과 가족관계, 자격증 등만으로 판단할 경우 조직의 적합도에 부합하지 않으며, 필기시험의 경우 직무전문성과 무관한 국·영·수 위주의 평가방식이다. 면접의 경우 직무와 무관한 단편적 질문과 현재와 미래의 관점에서 질문으로 형식적 답변만 양산하는 형태로 비구조화된 방식이며, 이로 인해 많은 취업자가 조직에 안착하지 못해 이직하는 결과를 초래하였다.

2) 이직률

현재 국내에서 신규 채용된 인원의 이직률을 살펴보면 1년 이내 이직률이 25%이며, 2년 이내 이직률이 60%에 달한다고 한다. 이에 대한 폐해는 기업의 경영리스크로 자리 잡고 있으며, 한 사람의 잘못된 채용으로 인해 작게는 수백만 원에서 6천만 원까지 비용손실과 기회손실이 발생하고 있는 실정이다.

MZ세대의 이직 사유를 살펴보면 첫째, 조직의 발전 가능성이 없다고 판단될 때 둘째, 업무가 많은 경우 셋째, 조직이 지나치게 경직되어 있을 경우라고 한다. 이런 경우 망설임 없이 이직을 결정한다고 한다. 이는 조직보다 개인 삶을 중시하는 MZ세대의 특징이기에 이를 거부하기보다는 적극 수용하는 방식으로 채용에 임해야 할 것이다.

또한 채용과정을 비용이라 생각하여 채용에 투자하는 시간과 노력의 부족으로 인해 잘못된 채용이 반복적으로 발생하고 있는 것이 현실이다. 삼성의 경우 2006년부터 1인당 채용면접 시간을 160분 할애하여 면밀하게 판단하고 채용 중이라 한다.

"현대 경영학을 창시하였다고 평가받는 피터 드러커는
'직원을 채용하는데 5분을 투자할 경우 잘못 채용된 사람으로 인해
5,000시간의 비용손실과 조직의 어려움이 유발될 것'이라 경고하였다."

3. NCS 국가직무능력표준의 이해

1) 채용절차법

채용절차법에 근거하여 적용할 대상기업은 상시 30인 이상 근로자를 사용하는 사업 또는 사업장이다.

2) 채용절차의 공정화에 관한 법률

제4조의3(출신 지역 등 개인정보 요구 금지)

> 구인자는 구직자에 대하여 그 직무의 수행에 필요하지 아니한 다음 각호의 정보를 기초심사자료에 기재하도록 요구하거나 입증자료로 수집하여서는 아니 된다.
> 1. 구직자 본인의 용모·키·체중 등의 신체적 조건
> 2. 구직자 본인의 출신 지역·혼인 여부·재산
> 3. 구직자 본인의 직계 존비속 및 형제자매의 학력·직업·재산

출처: 법제처

3) NCS (국가직무능력표준)

NCS(National Competency Standards, 국가직무능력표준)는 산업현장에서 직무수행에 필요한 능력(지식, 기술, 태도)을 국가가 표준화한 것으로, 교육훈련과 자격에 NCS를 활용하여 현장 중심의 인재를 양성할 수 있도록 지원하고 있다.

이와 관련하여 2004년 국가인권위원회에서 나이와 학력의 제한을 폐지하도록 권고하였으며, 2005년도에는 공무원 시험에서 서류전형 폐지 및 블라인드면접을 도입하였다. 2007년도에는 공공기관 전형을 개선하였고, 불합리한 제한을 금지토록 하였다. 2015년에는 NCS를 전면 도입하였고 직무중심의 채용으로 전환되었다.

2017년에는 공공기관에 대해서 실질적인 블라인드 채용으로 전면 실시를 하게 되었다.

NCS에서는 인재채용 시 직업기초능력을 영역별로 구분하였다.

직업기초능력영역	하위능력
의사소통능력	문서이해능력, 문서작성능력, 경청능력, 의사표현능력, 기초외국어능력
수리능력	기초연산능력, 기초통계능력, 도표분석능력, 도표작성능력
문제해결능력	사고력, 문제처리능력
자기개발능력	자아인식능력, 자기관리능력, 경력개발능력
자원관리능력	시간관리능력, 예산관리능력, 물적자원관리능력, 인적자원관리능력
대인관계능력	팀웍능력, 리더십능력, 갈등관리능력, 협상능력, 고객서비스능력
정보능력	컴퓨터활용능력, 정보처리능력
기술능력	기술이해능력, 기술선택능력, 기술적용능력
조직이해능력	국제감각, 조직체제이해능력, 경영이해능력, 업무이해능력
직업윤리	근로윤리, 공동체윤리

출처: NCS 국가직무표준

NCS 직종별 직무기술서에 필요한 역량을 기준으로 지식, 기술, 태도에 대해 정의가 기술되어있으며, 조직 및 직무적합도에 맞는 직업기초능력영역도 기술되어있다.

이를 토대로 공공기관에 지원하는 모든 취준생은 NCS에 등록된 직무기술서를 바탕으로 필요 지식과 기술, 태도를 습득하고, 직업기초능력에 맞는 핵심능력 함양에 힘써야 할 것이다.

4) 직업기초능력영역

(1) 의사소통능력

직장 내 대화 및 문서를 통해 의견 교환할 경우 자신의 의사전달능력에 대한 평가 기준이며, 글로벌 시대에 필요한 외국어이해능력 또한 포함되어있다. 주로 문서이해능력, 문서작성능력, 경청능력, 의사 표현능력, 기초외국어능력으로 구분한다.

하위능력	내용	세부 요소
문서이해능력	업무에 필요한 문서를 확인하고 읽으며, 내용을 이해하고 요점을 파악하는 능력이다.	• 문서 정보 이해 및 수집 • 문서 정보 평가
문서작성능력	업무와 관련해 뜻한 바를 글을 통해 문서로 작성하는 능력이다.	• 문서의 정보 확인 및 조직 • 목적과 상황에 맞는 문서 작성
경청능력	업무를 수행할 때 다른 사람의 말을 주의 깊게 들으며 그 내용을 이해하는 능력	음성 정보와 매체 정보 듣기 및 내용 이해
의사표현능력	업무를 수행할 때 상황에 맞는 말과 비언어적 행동으로 자신이 뜻한 바를 효과적으로 전달하는 능력이다.	• 목적 · 상황에 맞는 정보 조직 및 전달 • 대화에 대한 피드백과 평가
기초외국어능력	업무를 수행할 때 외국어로 의사소통을 할 수 있는 능력이다.	일상생활에서의 회화 활용

출처: 네이버 지식백과, 의사소통능력, 시사상식사전.pmg 지식엔진연구소

(2) 수리능력

업무수행 시 필요한 기초적 사칙연산 및 통계 방법의 이해, 도표 의미 파악 및 도표 활용 결과 제시능력을 말한다. 주로, 기초연산능력, 기

초통계능력, 도표분석능력, 도표작성능력으로 구분한다.

하위능력	내용	세부 요소
기초연산능력	업무를 수행함에 있어 기초적인 사칙연산과 계산 방법을 이해하고 활용하는 능력이다.	• 연산 방법 선택 • 연산 수행 • 연산 결과와 방법에 대한 평가
기초통계능력	업무를 수행함에 있어 필요한 백분율, 평균, 확률과 같은 기초적인 통계 기법을 활용하여 자료의 특성과 경향성을 파악하는 능력이다.	• 통계 기법 선택 • 연산 수행 • 통계 결과와 기법에 대한 평가
도표분석능력	업무를 수행함에 있어 도표(그림, 표, 그래프 등)의 의미를 파악하고 필요한 정보를 해석하는 능력이다.	• 도표에서 제시된 정보 인식 • 정보 해석 • 해석한 정보의 적용
도표작성능력	업무를 수행함에 있어 필요한 도표(그림, 표, 그래프 등)를 효과적으로 작성하는 능력이다.	• 도표 제시 방법 선택 • 도표를 이용한 정보 제시

출처: 네이버 지식백과, 의사소통능력, 시사상식사전.pmg 지식엔진연구소

(3) 문제해결능력

업무 수행을 하는 과정에서 여러 가지 문제가 발생할 경우 해당 문제에 대한 분석을 통해 창조적이고 논리적인 적절한 방식으로 해결하는 능력을 말한다.

문제해결을 위해 조직 내에서 유용하고 타당한 의견을 제시하는 사고력과 문제 원인을 분석하고 다양한 대안을 제시하여 문제를 처리하는 문제처리능력으로 구분할 수 있다.

하위능력	내용	세부 요소
사고력	업무와 관련된 문제를 인식하고 해결함에 있어 창조적, 논리적, 비판적으로 생각하는 능력이다.	• 창의적 사고 • 논리적 사고 • 비판적 사고
문제처리능력	업무와 관련된 문제의 특성을 파악하고, 대안을 제시, 적용하고 그 결과를 평가하여 피드백하는 능력이다.	• 문제 인식 • 대안 선택 • 대안 적용 • 대안 평가

출처: 네이버 지식백과, 의사소통능력, 시사상식사전.pmg 지식엔진연구소

(4) 자기계발능력

업무 수행할 경우 직원능력을 자율적으로 관리하고 개발하는 능력이다. 주로, 자아인식능력, 자기관리능력, 경력개발능력으로 구분한다.

하위능력	내용	세부 요소
자아인식능력	자기 개발의 첫 단계로, 자신의 흥미, 적성, 특성 등을 이해하고, 이를 바탕으로 자신에게 필요한 것을 파악하는 능력이다.	• 자기 이해 • 능력 표현 및 능력발휘 방법 인식
자기관리능력	자신에 대한 이해를 바탕으로 업무에 필요한 자질을 지닐 수 있도록 스스로를 관리하는 능력이다.	• 개인의 목표 정립(동기화) • 자기 통제 • 자기 관리 규칙의 주도적인 실천
경력개발능력	동기를 가지고 학습하며, 경력 목표와 전략을 세우고 실행하여 자신의 경력을 개발하는 능력이다.	• 삶과 직업 세계에 대한 이해 • 경력 개발 계획 수립 및 실행

출처: 네이버 지식백과, 의사소통능력, 시사상식사전.pmg 지식엔진연구소

(5) 자원관리능력

업무를 수행할 때 필요자원(시간, 예산, 물적·인적자원 등)의 소요를 분석 확인하고, 이용 가능 자원을 실무에 활용할 것인지 계획하고 업무에 반영하는 능력이다. 주로, 시간관리능력, 예산관리능력, 물적자원관리능력, 인적자원관리능력으로 구분한다.

하위능력	내용	세부 요소
시간관리능력	업무 수행에 필요한 시간자원을 파악하고, 이용 가능한 시간자원을 최대한 수집하여 실제 업무에 어떻게 활용할 것인지를 계획하고, 이에 따라 시간을 효율적으로 활용하여 관리하는 능력	• 시간자원 확인 • 시간자원 할당
예산관리능력	업무 수행에 필요한 예산을 파악하고, 이용 가능한 예산을 최대한 수집하여 실제 업무에 어떻게 활용할 것인지를 계획하고, 이에 따라 예산을 효율적으로 집행하여 관리하는 능력	• 예산 확인 • 예산 할당
물적자원관리능력	업무 수행에 필요한 물적자원인 재료, 시설 자원 등을 파악하고, 이용 가능한 물적자원을 최대한 수집하여 실제 업무에 어떻게 활용할 것인지를 계획하고, 이에 따라 물적자원을 효율적으로 활용하여 관리하는 능력	• 물적자원 확인 • 물적자원 할당
인적자원관리능력	업무 수행에 필요한 인적자원인 근로자의 기술, 능력, 업무 등을 파악하고, 이용 가능한 인적자원을 최대한 수집하여 실제 업무에 어떻게 활용할 것인지를 계획하고, 이에 따라 인적자원을 효율적으로 배치하여 관리하는 능력	• 인적자원 확인 • 인적자원 할당

출처: 네이버 지식백과, 의사소통능력, 시사상식사전.pmg 지식엔진연구소

(6) 대인관계능력

조직 생활을 하면서 관계되는 조직원과의 협조성과 원만한 관계를 형성하고, 고객에 대한 요구 등을 충족시켜 줄 수 있는 능력을 말한다. 주로, 팀워크능력, 리더십능력, 갈등관리능력, 협상능력, 고객서비스능

력으로 구분한다.

하위능력	내용	세부 요소
팀워크능력	직장 생활에서 구성원들과 함께 목표를 공유하고 협조적인 관계를 유지하며 자신이 맡은 업무를 책임감 있게 수행하는 능력이다.	• 적극적인 태도 • 책임감
리더십능력	직장 생활에서 조직 구성원들의 업무 향상에 도움을 주고 동기화시킬 수 있으며, 수행 가능한 조직의 목표 및 비전을 제시할 수 있는 능력이다.	• 동기화시키기 • 논리적 의견 표현
갈등관리능력	직장 생활에서 조직 구성원 사이에 갈등이 생겼을 때 이를 원만히 조절하는 능력이다.	• 타인 이해 • 타인에 대한 배려
협상능력	직장 생활에서 협상 가능한 목표를 세우고 상황에 맞는 협상 전략을 제시하여 상대방과 협상하는 능력이다.	• 실질적 목표 구축 • 타협하기
고객서비스능력	직장 생활에서 고객 서비스에 대한 이해를 바탕으로 실제 현장에서 고객의 요구에 적절히 대처하고, 고객 만족을 실현해 낼 수 있는 능력이다.	• 고객의 불만 이해 • 적절한 해결책 제시

출처: 네이버 지식백과, 의사소통능력, 시사상식사전.pmg 지식엔진연구소

(7) 정보능력

업무를 수행하면서 필요한 정보를 수집하고 분석하여 업무에 반영하고 활용하면서 컴퓨터를 사용할 수 있는 능력을 말한다. 정보화 사회에서 새로운 정보의 습득과 이를 통해 적절한 해결책을 모색해내는 능력이다. 주로, 컴퓨터활용능력, 정보처리능력으로 구분한다.

하위능력	내용	세부 요소
컴퓨터활용능력	업무 수행에 필요한 정보를 수집, 분석, 조직, 관리, 활용하는 과정에서 컴퓨터를 사용하는 능력이다.	• 인터넷 사용 • 소프트웨어 사용
정보처리능력	업무 수행에 필요한 정보를 찾아 업무에 맞게 적절히 조직.관리.활용하는 능력이다.	• 정보 수집 및 분석 • 정보 관리 • 정보 활용

출처: 네이버 지식백과, 의사소통능력, 시사상식사전.pmg 지식엔진연구소

(8) 기술능력

업무 수행 시 필요한 기술적 수단 등을 이해하고 적절한 선택과 적용하는 것을 말한다. 주로 기술이해능력, 기술선택능력, 기술적용능력으로 구분한다.

하위능력	내용	세부 요소
기술이해능력	업무 수행에 필요한 기술의 원리 및 절차를 확실하고 올바르게 이해하는 능력을 말한다.	기술의 원리 이해
기술선택능력	업무 수행에 필요한 기술을 비교 및 분석하여 장단점을 파악한 후 최적의 기술을 선택하는 능력을 말한다.	• 기술 비교 · 분석 • 최적 기술 선택
기술적용능력	업무 수행에 필요한 기술을 실제 상황에 적용하고, 그 결과를 분석할 수 있는 능력을 말한다.	• 기술의 활용 • 기술 적용 결과 분석 및 평가

출처: 네이버 지식백과, 의사소통능력, 시사상식사전.pmg 지식엔진연구소

(9) 조직이해능력

업무 수행 시 조직의 체제와 경영 등 이와 관련한 국제적 추세를 이해하는 능력을 말한다. 주로 경영이해능력, 체제이해능력, 업무이해능력, 국제감각으로 구분한다.

하위 능력	내용	세부 요소
경영이해능력	자신이 속한 조직의 경영 목표와 방법에 대해 이해하는 능력을 의미한다.	• 조직의 방향성 파악 • 생산성 향상 방법
체제이해능력	조직의 전반적인 구조, 체제 구성 요소, 규정, 절차 등을 이해하는 능력을 의미한다.	• 조직 구조 이해 • 조직의 규칙 및 절차 파악
업무이해능력	직업인이 자신이 맡은 업무의 성격과 내용을 파악해 그에 필요한 지식, 기술을 확인함으로써 업무 활동을 계획하는 능력이다.	• 업무 우선순위 파악 • 업무 활동 조직, 계획
국제감각	업무 연관성을 바탕으로 다른 나라의 문화와 국제적인 동향을 이해하는 능력을 의미한다.	• 국제 동향 이해 • 국제 상황 변화에 대처

출처: 네이버 지식백과, 의사소통능력, 시사상식사전.pmg 지식엔진연구소

(10) 직업윤리

여러 직업에서 요구하는 각각의 행동규범을 의미하는 것으로 직업윤리는 자신의 일에 대한 사명감과 책임감을 토대로 직무에 충실하고 도덕적이어야 한다는 것이다. 그러나 직업윤리는 개인과 사회와 직업을 보는 관점에 따라 변화할 수 있다.

4. NCS 블라인드 채용면접의 유형

취준생의 스펙보다 핵심역량 위주로 평가하고 채용하는 블라인드 채용방식으로 지원자의 과거 특정 경험이나 면접 현장에서 보이는 말과 행동을 통해 지원자의 지식과 기술, 태도를 분석하고 판단하는 채용방식이다.

주로 대면면접은 인성면접과 직무면접 형태로 진행된다. 면접 시 중점사항은 해당 직무에 대한 NCS 직무기술서를 바탕으로 지원자의 역량을 파악하는 것이다. 우선 지식과 기술, 태도 등을 분석하고, 해당 직무에 적용할 수 있는 직업기초능력을 살피게 된다(의사소통능력, 문제해결능력, 자기관리능력, 자원관리능력, 대인관계능력, 정보능력, 기술능력, 조직이해능력, 직업윤리).

대면면접의 형태는 개인면접과 집단면접으로 선택해서 실시할 수 있다. 채용하는 기관 또는 기업에 따라 추가적으로 프레젠테이션 발표면접과 토론면접 등을 실시하게 된다.

1) 대면면접

대면면접의 경우 지원자 간의 긴장도에 따라 당락이 결정되는 경우가 많을 수 있다. 짧은 시간 면접이다 보니 지원자의 실수가 결정적 낙방 요인이 될 수 있으니, 취준생의 경우 자신의 능력을 여실히 보여줄 수 있도록 충분한 연습과 노력을 통해 실수를 극복하고 자신을 표현해야 한다.

또한, 공통질문의 경우 지원자 간의 답변이 유사할 수 있다. 그러나 앞선 지원자의 답변을 동일한 형태로 반복하는 경우 면접관들의 신뢰를 얻기가 어려워질 수 있으니, 자신만의 논리로 재해석하여 답변하는 것이 바람직하다.

면접에 참여하게 되면, 면접장만이 평가의 대상이 되는 것은 아니다. 일부 회사의 경우 면접장 밖에서의 지원자들을 면밀하게 살펴보는 경우도 많다. 지원자의 실체를 파악하는 위한 것으로 지원자가 방심하는 사이에 언행 등을 판단하여 평가에 반영하기도 한다.

(1) 개인면접

개인면접은 한 명의 지원자에 대해 면접관 여러 명이 면접을 보는 방식이다. 주로 인성 및 직무면접 형태로 진행된다.

평가는 지원자의 자기소개서와 이력서 등의 지원자 정보를 기반으로 일차적 평가를 실시하고, 면접 등을 통해 최종적 평가가 이루어진다.

면접관의 질문 형태를 살펴보면 역량 중심의 질문으로 지원자의 과거 경력을 통해 핵심역량을 파악하는 방식이다. 예를 들면 "지원자의 경우 과거에 최고 성과를 낸 사례가 있으면 구체적으로 설명해보세요"라고 과거 사례를 질문하는 형태다.

이럴 경우에는 'STAR 기법'으로 추가 질문이 이어질 수 있다.

- STAR 기법
· S(Situation): 상황설명
· T(Task): 직무 및 역할
· A(Action): 수행한 업무
· R(Result): 일의 결과 및 의미

개인면접장 형태

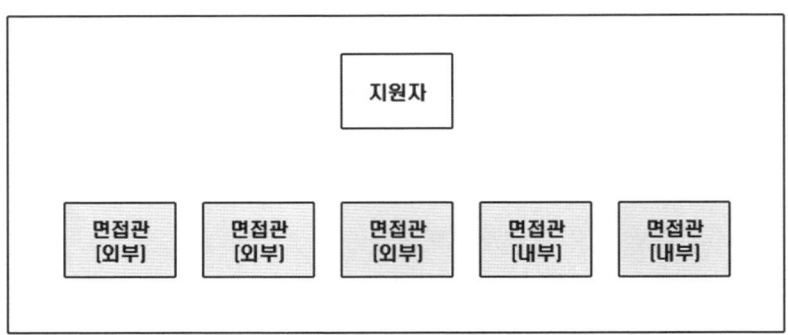

공공기관이 경우 외부 면접관이 전체 면접관의 과반수로 구성되어 있는 게 일반적이다.

(2) 집단면접

집단면접은 여러 명의 지원자에 대해 면접관 여러 명이 면접을 보는 방식이다. 주로 인성면접과 직무면접 형태로 진행된다.

집단면접장 형태

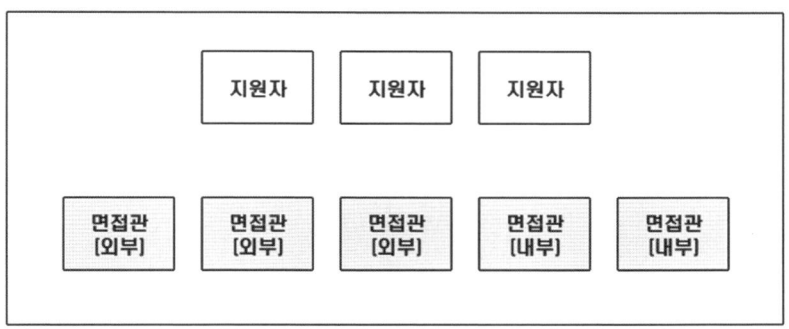

평가는 지원자의 자기소개서와 이력서 등의 지원자 정보를 기반으로 일차적 평가를 실시하고, 면접 등을 통해 최종적 평가가 이루어진다. 면접관의 질문 형태를 살펴보면, 일반적으로 집단면접의 경우 개별질문보다 공통질문 형태가 일반적이다.

질문의 내용을 살펴보면, 개인면접과 동일하게 역량 중심의 질문으로 지원자의 과거 경력을 통해 핵심역량을 파악하는 방식이다. 예를 들면, "지원자의 경우 과거에 최고 성과를 낸 사례가 있으면 구체적으로 설명해보세요"라고 과거 사례를 질문하는 형태다.

이럴 경우에는 'STAR 기법'으로 추가 질문이 이어질 수 있다. 면접관들의 질문에 대해 지원자들의 답변 형태는 면접의 공정성과 합리성을 중요하게 판단하는 경향이 있어, 답변순서가 '좌에서 우로, 우에서 좌로'의 방식으로 진행되곤 한다.

2) 발표면접(프레젠테이션)

발표면접의 경우 면접 현장에서 과제를 부여하고 제한된 시간 내 발표자료를 작성하고 면접관에게 발표하는 방식이다.

(1) 면접 일정(예시)

- 주제 선정
· 여러 개의 주제 중 지원자 선택
· 주제에 따른 기본적 참고자료 제공

- 작성 시간
· 보편적으로 30분 정도의 시간 부여
· A4용지에 발표내용 기록 또는 메모하여 발표

- 발표 시간
· 보편적으로 10분 내외 부여
· 발표자료를 보면서 또는 암기로 발표

- 질의응답
  · 발표내용보다는 발표력과 판단력, 관련 분야의 전문성 등에 대해 중점적으로 질문하는 형태

(2) 평가의도

지원자의 문제해결능력과 의사전달능력, 기획 및 내용구상능력 등을 판단하기 위함이다.

발표는 형용사나 부사의 활용은 자제하고, 명사와 동사 위주로 발표하는 것이 좋으며, 핵심은 동사에 두어야 한다. 동사는 지원자의 역량을 반영하는 것이기 때문이다.

또한 발표의 순서는 서론, 본론, 결론 순으로 하는 것이 좋으며, 핵심부터 말하고 부연 설명하는 두괄식 발표를 선호하는 경향이 일반적이다.

(3) 평가포인트 분석

짧은 시간 내 좋은 평가를 받기 위해서는 발표 태도가 무엇보다도 중요하다. 발표 시 가점요인과 감점요인에 대해 사전 살펴보고 발표에 참고하여야 한다.

가점요인 (+)	감점요인 (−)
원고 의존 안함	원고 보면서 읽음
눈을 맞추며 발표	눈 못 맞춤
시선처리	시선처리 부자연
주의를 끄는 흡입력	주의 끌지 못함
면접관 몰입 유도	발표 지루함
주장의 논리구조 명쾌	주장의 이유와 근거 약함
강조점이 드러나가 발표	강조점 없음
발표속도, 고저, 강약 적절	평이한 발표 (고저 없음)
발표시간 준수	발표 조기 또는 지연
발표 에너지	발표 힘이 없음

3) 토론면접(토의면접)

집단 토론면접의 핵심은 리더십을 살펴볼 수 있는 평가다. 리더십 능력을 객관적으로 살펴볼 수 있는 면접으로 토론과정에서 지원자들의 역할이 구분되는 경우 신뢰도가 높은 편이다.

일반적으로 집단토론 면접의 경우 열띠고 과열된 형태로 진행되지 않는 경향이 많다. 그럴 경우 면접관이 개입하여 면접의 형태를 수시로 조정하고 변경할 수 있다.

이러한 모든 과정 속에서 면접관들은 지원자들을 면밀하게 분석하고 평가하기에 지원자들은 태도에 일관성을 유지하는 것이 중요하다.

또한 지원자들이 토론에 집중하다 보면 개인적 성향이 표출될 수 있으며 자칫 부정적 요소로 평가에 반영되는 경우도 많다. 토론 과정에서 주의할 점은 다음과 같다.

첫째, 선행 발언에 대해 비슷한 논조로 되풀이하는 경우는 무임승차를 하는 것으로 판단될 수 있으니, 동일한 내용이라도 좀 더 논리적으로 변형하여 토론에 임하는 것이 바람직하다.

둘째, 지원자 간의 토론 중 인신공격을 하는 경우도 있다. 이는 감점 요인으로 작용할 수 있다.

셋째, 토론 중 자연스럽게 역할이 정해지는 경우도 많다(진행자, 조정자, 발표자, 창의적 아이디어 도출자, 시간관리자 등).

넷째, 면접관이 중요하게 보는 평가기준을 염두에 둬야 한다(상대에 대한 배려, 공감능력, 논리적 전달력과 설득력, 리더십 등).

토론면접의 경우 일반적으로 토론이 종료되면 찬반에 대한 찬성 쪽과 반대쪽의 최종의견을 발표하는 것으로 종료되는 것이 일반적이나 추가로 대면면접 형태로 진행되는 경우도 있으니, 토론도 중요하지만 이러한 변수에 답변할 수 있도록 논리적 준비도 필요할 것이다.

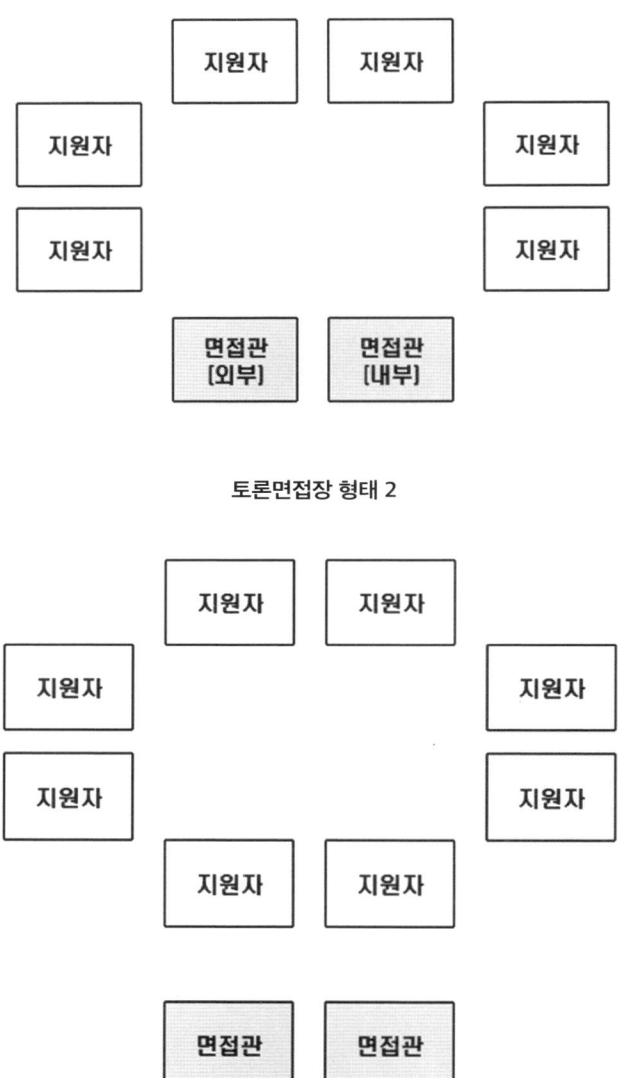

5. 취업성공의 조건

대한민국의 모든 취준생이 고민 없이 원하는 직장에 안착할 수 있는 사회가 도래하기를 희망해본다.

취준생들은 대학에 입학하기 전까지 많은 공부를 해야 하고 대학에 입학하게 되면 좁은 취업문에 통과하기 위해 다양한 스펙을 만들고 혼신의 노력을 다하는 것이 현실이다.

하지만 좋은 대학과 좋은 스펙만이 취업의 정답인 시대는 지나가고 있다. 이제는 역량 중심의 시대가 오고 있는, 아니 이미 와 있는 것이다.

취업 성공을 위해서는 NCS의 핵심역량을 기반으로 하는 개인적 자질 향상에 주력해야 한다. 그러기 위해서는 NCS를 명확하게 이해하는 것이 출발점이다.

NCS는 직업기초능력 함양이다. 의사소통능력, 수리능력, 문제해결능력, 자기계발능력, 자원관리능력, 대인관계능력, 정보능력, 기술능력, 조직이해능력, 직업윤리. 이 모든 것을 습득하기는 어려운 것이다. 그러나 노력을 해서 완벽해지는 것이 최선이고 방법일 것이다.

면접에 통과하기 위해 다양한 형태의 질문유형을 분석하고, 동호회 등에서 모의면접을 시뮬레이션하는 방식으로도 가능성이 있지만, 취준생이 진화하는 만큼 면접의 기술도 진화되고 있다.

진정한 취업 성공은 취준생의 진정성이 가장 큰 무기다. 면접관은 취준생의 진정성을 꿰뚫어볼 수 있다는 것이다.

거짓 형태로 꾸며서 면접에 임하는 노력보다는 진정성 있게 자신을 갈고닦아서 직장에 기여하고 더 나아가 사회에 기여할 수 있는 인재로 거듭난다면 취업 성공은 확실하게 보장될 것이다.

6. 공공기관 취업과 사회적 기여

대한민국에서 공공기관은 꿈의 직장이라고 한다. 이렇듯 많은 취준생이 취업하기 좋은 직장으로 여겨 공공기관 채용에 참여하고 있다. 공공기관에 취업하기 위해서는 우선 국가와 국민에게 봉사하겠다는 사명감과 봉사의 마음이 중요하다.

이는 면접에서 분명한 태도로 발현될 것이고, 채용에 가점요인으로 작용될 수 있다. 사람의 언어는 평상시의 언행 태도와 신념이 반영된다는 사실을 인지하여야 한다.

또한 공공기관은 일반 사기업과는 다른 차원의 회사다. 공무원 성격이면서 일반 회사원의 중간 형태로 이해하면 좋을 듯하다.

공공기관에서 하는 모든 업무의 계획과 실행은 국가와 국민에 관련되었기에 소속 인원의 능력에 따라 국가의 경쟁력과 국민들의 행복지수를 높여줄 수 있는 것이다. 공공기관 취업은 개인의 생계와 더불어 국가와 국민에게 봉사하는 자리인 것이다.

공공기관에 훌륭한 인재들이 많이 채용되기를 바라며, 이를 통해 우리 모두가 행복한 사회가 이루어질 수 있기를 희망해본다.

"대한민국 모든 취준생 파이팅~~~"

참고문헌

· 허희영·하영목, 『핵심인재를 선발하는 면접의 과학』 맑은소리, 2007.
· NCS 국가직무능력표준 SITE
· 네이버 지식검색

저자소개

김치상 KIM CHI SANG

학력

- 경영학 학사
- 무역정보학 석사
- 경영학 박사 과정

경력

- 브레인플랫폼(주) 수석컨설턴트
- KCA한국컨설턴트사관학교 전임교수(공공기관전문면접관 교육)
- 공공기관전문면접관
- 미래창조과학부 창조경제타운 지식기부형전문멘토
- 아이디어마루 전문멘토(스타트업 멘토링)
- 한국문화교육협회 교육위원
- 한국문화교육협회 평생교육원 외래교수
- 기아(주) 노사전문(단체교섭 등), 마케팅 外

자격

- 경영지도사
- 국제공인경영컨설턴트(ICMCI CMC)
- 채용면접관1급

· ISO국제심사원(9001 품질경영)
· ISO국제심사원(14001 환경경영)
· ISO국제심사원(27001 정보보안경영)
· 창업지도사1급
· CS강사1급
· 마케팅기획전문가1급
· 심리상담사2급
· 스피치지도사2급
· MBTI심리분석사1급
· 공인행정관리사

저서

· 『미래를 위한 도전과 열정』, 브레인플랫폼, 2022.(공저)
· 『당당한 신중년 인생 2막을 위하여』, 유페이퍼, 2022.
· 『창업경영 컨설팅 현장사례』, 브레인플랫폼, 2022.(공저)

역량기반 면접기법

양석균

1. 들어가며

조직의 궁극 목표는 해당 조직이 추구하는 가치 극대화다. 조직은 이를 위하여 당면 이슈들의 개선점을 찾아 지속적인 변화와 혁신을 추구하지 않으면 안 된다. 그런데 당면 이슈가 조직의 각 기능별(예를 들자면, 기획기능, 영업기능, 관리기능, 생산품질기능 등) 다양한 이슈가 있게 마련이나, 그 각 기능별 당면 이슈에는 늘 사람의 문제가 함께 따라다닌다.

조직형태가 민간기업, 공공조직, 대·중·소기업이든 또는 유통··제조업이든 그 조직형태가 어떠하든 간에 당면 이슈에는 반드시 사람의 문제가 항상 함께 있음을 우리는 인지할 수가 있다.

그러한 측면에서 조직의 탁월한 성과와 임직원 만족도 극대화에 기여할 수 있는 '핵심인재를 어떻게 발굴하여 채용, 육성, 유지 관리를 할 것인가?'의 인적자원관리는 조직경영에서 가장 중요하게 다루어야 할 경영자원 중 하나다.

특히, 오늘날 사회를 미래학자 드러커 교수가 말하기를 '지식근로자가 주도계급이 되는 지식사회'라고 하고 있다. 그리고 지식사회가 되면 될수록 전문가 사회가 된다고 하고 있다. 이러한 전문가 사회에서는 전문가들이 조직 내에서 함께 일을 할 때에 그 효율과 시너지가 창출된다고 말한다.

즉, 전문가들이 모인 집단에서 개인의 우수함에 더하여 함께 팀워크를 유지하며 조직의 성과를 극대화할 수 있는 인재가 필요하다. 그러하기 때문에 이러한 인재를 처음 채용 당시부터 찾는 것이 중요하다.

이에 필자가 2001년 이후 약 22년간 약 650개 이상의 다양한 조직 컨설팅을 하면서 겪은 실전경험과 본인의 인사·조직분야 이론적 백그라운드(경영학 박사, 조직개발 인스트럭터 과정 수료, 인간행동유형분석자 자격 취득 등)를 토대로 역량기반 면접기법에 대하여 기술하고자 한다.

2. 역량의 이해

조직의 지속적인 변화와 혁신을 통한 조직혁신을 리딩하여 나아가기 위한 핵심역량을 보유한 인재의 확보, 유지 관리의 필요성은 조직 CEO의 가장 중요한 당면 이슈 중 하나인 것은 틀림없다. 이러한 핵심역량에 관한 연구는 1990년대 중반 이후 조직관리에서 성과주의 관리방식이 한계에 봉착하면서 장기적인 성과를 발휘할 수 있는 핵심인재와 이러한 잠재역량을 보유한 인재에 관심을 가지게 되면서 역량중심 인적자원관리 연구에 대한 관심이 높아지게 되었다.

이에 역량에 대한 기본적인 이론적 개념부터 알아보는 것이 먼저일 것이다.

1) 역량의 개념

역량의 개념은 학자들의 연구 성향에 따라 다양하게 표현되고 있으나, 이를 간략히 종합하여보면 역량은 '업무에서 효과적이고 우수한 성과를 창출해내는 개인의 잠재적인 특성'이라고 요약해서 말할 수 있겠다.

이를 다르게 해석하면 '개인이 수행하는 업무의 주요한 부분들에 영향을 주고 업무 성과와 관련성이 높고 조직의 성과 기준에 의하여 측정 가능하고 교육훈련을 통해 개선될 수 있는 지식, 기술, 기능, 태도의 집합체'라고 정의할 수 있다.

또한, 정부 중앙인사위원회에서는 역량의 개념을 '개인과 조직의 성공적인 성과달성에 있어 핵심이 되면서(Critical to key Performance) 관찰, 측정 및 지도가 가능한 행위(Observable, measurable & coachable behavior)로 표현되는 내재적 특성'으로 정의하고 있다.

이러한 역량에 대한 연구는 아래와 같은 기본 가정에서 출발한다. 즉, '모든 직무에는 다른 사람에 비하여 효과적인 업무를 수행하는 사람이 있고, 그들의 직무에 대한 접근 방식은 평균적인 구성원들과는 다른데, 이러한 접근법상의 차이는 우수한 성과자들만이 독특하게 가지고 있는 특성 또는 역량과 연관성이 있다. 그러므로 한 조직에서 우수한 성과를 창출하는 요소를 찾아내는 가장 빠른 방법은 이처럼 우수한 성과자들을 연구하는 것이다'라는 가정이다.

이러한 가정에 대하여 실제 기업을 대상으로 조사한 자료가 있다. 아래 '표1'에서 보는 바와 같이 업무성과를 향상시키려 한다면, 우수한 업무수행자를 모델로 삼아 사람을 선발하고 육성·유지 관리하는 인적자원관리가 중요함을 검증해주고 있다.

표1. 미국남동부(Atlanta)에 소재한 44개 기업 조사 결과

영업사원 평균 연봉(A)	우수한 영업사원 평균 실적(B)	평범한 영업 사원 평균 실적(C)	실적 차이 (B-C)
$41,777	$6,700,000	$3,000,000	$3,700,000
연봉기준 가치((B-C)*100/A) = (6,700,000-3,000,000)/41,777*100 = 8,856%(약 89배) 　역량 모델을 근거로 1명 추가 채용 시 $3,700,000의 이익 기대			

출처: Lyle M. Spencer Jr.·Signe M. Spencer,
『Competence at Work : Models for Superior Performance』, 1993.

2) 역량의 유형

역량은 일반적으로 다음 '표2'와 같이 3가지 유형으로 구분한다.

표2. 역량의 유형

역량의 유형	내용	관리자	팀원
공통역량 (기본 핵심역량)	회사의 비전 및 전략과 연계하여 시장에서 지속적인 경쟁 우위를 유지하기 위해 요구되는 전사 기본의 역량으로 부서와 직급에 관계없이 공통적으로 필요한 역량	○	○
리더십역량	리더로서의 역할을 효과적으로 수행하기 위해 요구되는 매니저의 역량	○	X
직무역량 (기능역량)	주어진 직무를 성공적으로 수행하기 위해 요구되는 기능별 업무수행역량	○	○

출처: 양석균, 「인재육성체계, 면접기법 역량향상과정 교재」

공통역량은 회사의 임직원이라면 어느 직급에 있든, 어느 부서에 있든 관계없이 보유하고 있어야 할 기본 핵심역량으로 해당 조직의 전 임직원에게 해당되고, 리더십역량은 특히 관리자들에게 요구되는 역량을 말하며, 직무역량은 해당 직무의 기능을 탁월하게 수행하기 위하여 필요로 하는 역량이다.

3) 역량의 활용과 기대효과

이러한 역량은 다음 '표3'에서 보는 바와 같이 인적자원관리의 각 분야에서 다양하게 활용된다.

표3. 역량의 활용

출처: 양석균, 「인재육성체계, 면접기법 역량향상과정 교재」

즉, 인재채용면접 시에 활용되며, 교육훈련과 인재개발체계 수립 시 그리고 평가 및 보상체계 구축 시, 업무의 인계인수 시 등에 활용된다.

예를 들어, 영업부장을 채용하려 하였을 때에는 요구되는 필요한 역량이 도출되어있으면 이를 토대로 영업부장에게 요구되는 역량에 대한 행동지표를 도출하여 이를 토대로 면접질문 시에 해당 역량을 어느 정도나 보유하고 있는지 여부를 질문, 체크하여 채용 여부에 활용할 수가 있으며 교육훈련 시에는 각 개인별 바람직한 요구 필요역량에 대한 현재 보유수준을 평가하여 그 Gap을 끌어올릴 수 있는 교육과정을 이수하도록 활용할 수 있다.

또한 성과관리 제도 설계에서 개인 종합평가 및 보상체계 구축 시에도 활용하는데, 개인 종합평가는 성과평가와 역량평가로 이루어진다.

이때 각 개인은 자기 분야에서 성과도 탁월하게 발휘하면서 개인의 역량개발도 꾸준히 잘하는 인재가 인정받는 조직문화에 기반을 둔 성과관리제도이므로 바람직한 역량의 현재 보유수준 정도를 개인 평가에 반영하여 활용할 수 있다. 또한 부서의 이동 배치 시에도 해당 직무에 필요한 역량 보유수준 정도를 체크하여 해당 부서 배치가 적절한지 여부를 판단하는 데 활용한다.

이러하듯 역량은 인적자원관리 전 분야에서 활용됨으로써, 역량 모델을 기반으로 한 인적자원관리는 조직과 개인 측면에서 모두에게 전략적으로 육성과 자기계발을 하도록 돕는다.

3. 역량 모델링 방법

역량 모델링 방법에 대한 학문적인 내용은 본 집필에서는 생략하고 그동안 필자가 컨설팅하면서 활용한 역량 유형별 모델링 방법에 관하여 기술하고자 한다.

1) 공통역량 도출방법

공통역량이란 어떤 조직의 전략체계나 가치체계를 실현하는 데 필요한 전임직원이 직급이나, 직책, 업무의 다름에 상관없이 공통적으로 갖추어야 할 역량을 말한다.

공통역량 개발을 위하여는 '표4'에서와 같이 참고할 수 있는 자료들을 수집 분석한다. 즉, 조직의 전략체계(미션, 핵심가치, 비전, 전략, 성과 목표, KPI(핵심성과지표) 등), 조직의 전략체계 도출 중간 산출물(SWOT 분석 자료, 5forces 분석, 3C 분석 자료 등), 조직의 경영이념, 경영방침, 조직운영 계획, 사업운영계획, CEO의 어록(신년사, 격려사, 축사 등), 인터뷰 자료(경영진 인터뷰, 부서장 인터뷰, 실무자 인터뷰 등), 조직 진단 자료, 타 초우량 기업 혹은, 동종업계 공통역량 관련 벤치마킹 자료 등을 말할 수 있다.

표4. 공통역량도출 프로세스

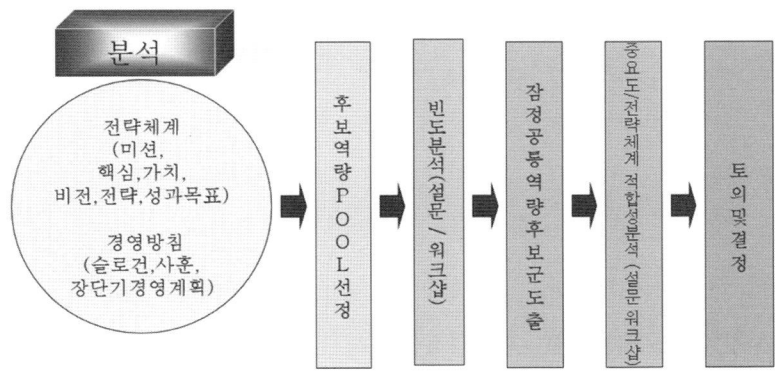

이렇게 수집된 참고자료들은 아래의 역량 Pool을 참고하여 Keywords 접근법을 활용한다.

표5. 역량 Pool

갈등관리	목표공유	업무 성실성	우수성 지향	재무이해	창의력
계수관리	문제해결	업무에 대한 이해	원가의식	전략기획 마인드	체계적 문서작성
계획수립	변화관리	업무열의	유연성	전략적 사고	통합적 사고
고객지향성	분석적 사고	업무 완결성	의사소통	전문가 네트워크 구축	팀웍 형성
관계형성	성취 지향성	업무추진	인력운영	전문성	판단력
다양성관리	손익마인드	영업마인드	자기개발	정보관리	품질지향 마인드
리더십	시장이해	영향력	자기확신	조직관리	혁신성
모니터링	업무개선	완벽함/철저함	자신감	주도성	협상력

그 참고자료 중 핵심역량과 관련된 용어들(창조성, 변화, 고객만족 등)로 정리한다. 그렇게 정리된 핵심역량 단어들을 취합하여 공통역량 후보군으로 작성하여 이에 대한 검증절차를 거치게 된다. 검증절차는 전 임직원 대상 설문조사를 통하여 잠정 공통역량 후보군을 설정하는 단계다.

설문조사에서는 해당 공통역량 후보군에 대해서 중요도와 전략체계와의 적합도 정도를 체크하도록 한다. 전략체계와의 적합도는 모든 임직원들이 회사의 현재 업무는 물론이거니와 비전, 전략을 탁월하게 수행하기 위하여 보유하고 있어야 할 전문지식, 기술, 기능, 태도 관련한 집합체이므로 이에 대한 적합성 정도를 체크하도록 한다.

이렇게 설문으로 도출된 공통역량 후보군 중에 중요도와 전략적합도가 모두 높은 역량 후보군 순으로 서열을 매겨서 공통역량 후보군으로 잠정 결정한다. 잠정 결정된 공통역량 후보군은 담당 부서장 등 핵심인원과의 토의를 거쳐서 최종 CEO의 결재를 통해 결정한다. 이때 공통역량의 개수는 일반적으로 3개부터 5개 정도 범위 내에서 결정한다.

2) 리더십역량 도출방법

리더십역량은 조직에서 관리자들 이상에게 특별히 요구되는 역량으로 리더십역량 도출을 위하여 참고할 수 있는 자료들은 공통역량의 참고자료들과 같으나, 특별히 하나 더 추가한다면 리더십역량 관련 문헌 내용이 추가된다. 이는 리더십역량은 그 조직형태가 어떠한 조직에 해당되는지에 관계없이, 조직의 크기 및 업종의 차이 등에 관계없이 공통적인 모습을 갖고 있다는 학자들의 연구 결과에 근거하고 있다. 그러므로 리더십역량에 대하여는 먼저 이에 대한 연구가 이루어진 외부 문헌을 광범위하게 검토할 필요가 있다. 그리고 이 역량들이 특정 조직 특유의 전략이나 기업 문화 등에 얼마나 부합하는지를 점검하여 선정하여야 한다.

이렇게 수집된 참고자료들은 공통역량 도출 때와 마찬가지로 '표5'의 '역량 Pool'을 참고하여 Keywords 접근법을 활용한다. 그 참고자료 중 리더십역량과 관련된 용어들(비전제시, 문제해결 등)을 관련지어 정리한다.

그렇게 정리된 리더십역량 단어들을 취합하여 리더십역량 후보군으로 작성하여 이에 대한 검증절차를 거치게 된다. 검증절차는 관리자 이상을 대상으로 설문조사하여 잠정 리더십역량 후보군을 설정하는 단계다.

설문조사에서는 해당 리더십역량 후보군으로 선정되어야 할 역량들에 대하여 중요도와 전략체계와의 적합도의 정도를 체크하도록 하고, 이렇게 체크된 역량들 중에 중요도와 전략적합도가 모두 높은 역량 순으로 서열을 매기어서 리더십역량 후보군으로 잠정 결정한다.

잠정 결정된 리더십역량 후보군은 핵심 부서장들의 토의를 거쳐서 최종 CEO의 결재를 통하여 결정한다. 이때 리더십역량의 개수도 공통역량의 개수처럼 일반적으로 3개부터 5개 정도 범위 내에 결정한다.

표6. 리더십역량 도출 프로세스

문헌 조사 및 분석

- 전략체계
- 경영방침
- 리더 및 관리자의 역할 (관련 논문 등)
- 벤치마킹

→ 역할 관련 예비 역량 POOL → 설문조사 → 중요도 전략적합도 점검 → 토의 및 결정

3) 직무역량 도출방법

직무역량이란 어떤 사람이 자기가 하는 직무에서 탁월한 성과를 내는 데 필요한 역량을 말한다. 영업 담당자가 탁월한 성과를 내기 위해 발휘하는 역량과 생산관리담당자가 탁월한 성과를 내기 위해 발휘해야 하는 역량은 다를 것이다.

그러므로 우선 해당 직무내용부터 분석을 하게 된다. 직무분석 방법은 다음 표와 같이 쉽게 분류하도록 개선하여 활용하고 있다.

표7. 직무분석 방법

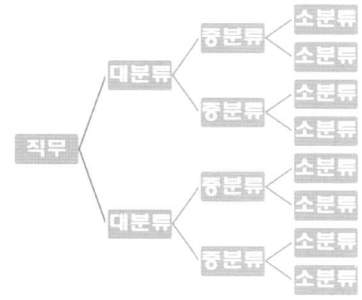

본인이 하고 있는 직무에 대하여 대, 중, 소분류를 하게 한 이후 이 분류내용 중에 특히 중분류와 소분류 내용을 토대로 하여 '해당 업무를 통해서 얻고자 하는 성과는 무엇인가?', '해당 업무를 통해서 나오는 산출물, Out-put은 무엇인가?'를 작성하도록 한다. 이를 토대로 그 업무

를 탁월하게 수행하고 미래의 비전 전략을 잘 수행하기 위하여 필요한 지식(Knowledge), 스킬(Skill), 태도(Attitude)를 도출하도록 한다. 그다음 이들 KSA를 모두 아우르는 예비역량 Pool을 도출하여, 그 빈도 분석과 해당 직원들을 대상으로 한 설문으로 중요도를 체크하도록 한다. 그렇게 도출된 내용 중, 중요도와 빈도가 모두 높은 역량 순으로 우선순위를 매긴 이후 해당 관련 부서의 임직원들과 토의를 통하여 최종 핵심직무역량을 도출하게 된다. 다음 '표8'은 직무역량도출 프로세스를 묘사한 도표다.

표8. 직무역량 도출 프로세스

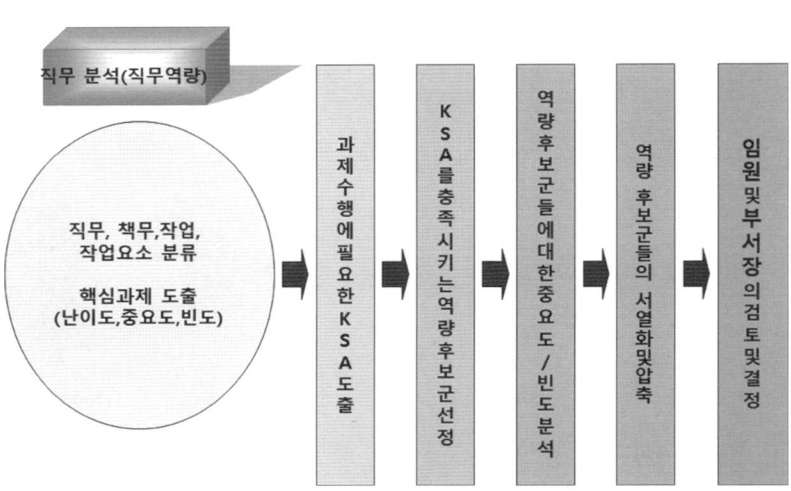

4. 역량기반 면접기법

역량기반 면접의 개념은 도출된 역량을 기반으로 채용 해당 직무나 Position에서 필요로 하는 역량을 갖추고 있는지, 나아가 회사 필요 인재로 성장할 잠재력이 있는지를 평가하는 것이다.

평가 방법은 면접 대상자에게 요구되는 역량을 명확히 하고, 검증 절차를 진행하는데, 이때 도출된 공통역량, 직무역량, 리더십역량을 토대로 면접질문지(Questionnaire)를 작성하여 활용한다. 그리하여 면접 시 사전에 정의된 질문을 던지고 지원자의 과거 경험(행동)을 관찰하여 이를 근거로 역량 보유수준 정도를 평가하게 된다.

그리고 면접 전에 미리 제출한 이력서를 검토할 때 간과해서는 안 될 내용이 역량의 표면에 해당하는 지식, 스킬 등은 교육훈련을 통해서 개발 가능성이 높은 반면에 역량 구조의 내부에 해당하는 태도, 가치, 자기개념, 동기, 특질 등과 같은 것은 개발이 어려운 부분이므로 역량 구조 내부에 해당하는 부분의 역량 보유수준 정도를 면밀히 체크하여 채용 여부를 검토할 필요가 있다. 그러나 그 부분은 감추어진 부분으로 결국은 응시자에게 요구되는 역량에 대한 행동지표를 도출하여 이와 관련한 과거의 경험 관련 답변을 듣고 유추 해석하여 그 보유수준을 파악하여야 하므로 매우 어려운 부분이다.

이에 질문법 중 하나인 'STAR 질문법'을 소개하고자 한다. 이는 영문 첫 글자를 따서 만든 질문법으로 질문 내용은 역경을 극복한 경험에 대하여 말하여 줄 것을 질문하는 것이다. 그 내용은 다음과 같다.

· Situation: 당시에 어떠한 상황에 처해있었는지요?
· Task: 당시에 수행한 과제나 과업은 무엇이었나요?
· Actions: 그때 어떠한 행동을 취하였는지요?
· Results: 그 행동의 결과는 어떠했는지요?

즉, 상황 관련 질문으로 "당신이 그렇게 행동한 이유는 무엇입니까?", "당신이 그렇게 행동할 수밖에 없었던 상황을 설명해보세요". 행위 관련 질문으로 "당신이 한 일이 정확하게 무엇이었나요?", "그래서, 그 일을 어떻게 했나요?". 결과 관련 질문으로 "무슨 일이 일어났습니까?", "그 결과는 무엇이었습니까?"라는 질문을 통해서 지원자의 답변 내용을 검토한다.

아래 '표9'에 예시를 하나 들어 이해를 돕고자 한다. 예를 들어서 지원자에게 문제해결역량이 필요하다고 가정할 경우에 우선 그 역량에 관한 행동지표를 작성한다. 이와 관련한 인터뷰 질문지를 아래와 같이 작성하여 질문을 던지고 지원자 답변내용을 보고 검토한다.

표9. 역량기반 질문지 예시(역량명: 문제해결)

행동지표	인터뷰 질문
문제의 부분적 요소들을 체계적으로 정리하고 비교하여 합리적으로 문제점을 분석한다.	Q. 문제 상황에 부딪혔을 때 이를 잘 해결해낸 경험이 있으면 말해보세요.
파악한 문제를 논리적이고 체계적이면서도 시기적절한 방법으로 해결방안을 찾는다.	1. 어떤 상황이었는지
문제 해결을 위한 다양한 대안을 만들고 그 현실성을 검토하여 최적의 대안을 찾아낼 수 있다.	2. 문제해결의 가장 큰 어려움은 무엇이었는지 3. 어떻게 해결했는지
단호하게 실행에 옮겨, 문제를 해결한다.	4. 그 결과는 어떠했는지
문제가 재발하지(혹은 발생하지 않도록) 않도록 예방조치를 강구해놓는다.	Q. 미래에 발생할 수도 있는 문제를 예방조치를 강구해놓았거나, 발생 시 대처 방안을 사전에 수립하여 문제가 발생했을 때 잘 대처했던 경험이 있으면 말해보세요.

출처: 양석균, 「인재육성체계, 면접기법 역량향상과정 교재」

또한, 답변결과를 검토한 결과 '익숙하지 않은 문제에 직면해도 당황하지 않고 논리적으로 문제해결의 실마리를 찾아낸다', '객관적인 자료를 근거로 문제의 원인을 정확히 파악할 수 있고 문제의 핵심에 빠르고 정확히 접근한다', '잠재적 문제까지도 예상, 파악하여 이에 대한 대비책을 수립하고 시행한다'라고 나타났다면 만점인 4점으로 체크하도록 한다. 여기서는 5점 척도가 아닌 4점을 척도로 하여 중간 점수인 3점의 경향을 배제함으로써 채용 여부 의사결정의 애매함을 없앤다.

이와 같이 다른 필요역량도 함께 질문지를 만들어 미리 채용가능 기준을 마련해놓고 그 기준에 부합 여부를 판단하여 채용 여부를 결정한다.

이때 평균 점수가 가이드라인에는 합격하였어도 일부 미달한 역량은 채용조건에 '채용 이후 3개월 이내에 ○○역량은 필히 관련 역량교육을 이수한다' 등의 조건을 달아서 채용하도록 한다.

5. 마무리하며

오늘날 인적자원관리 및 개발의 핵심요소는 조직성과를 극대화할 수 있는 우수한 인재의 확보, 적재적소 배치와 유지 관리, 인재육성 및 활용이 관건이다. 결국, 조직은 경쟁력 강화로 경영목표를 실현하고, 임직원은 자신의 역량 Upgrade와 자기계발 욕구 충족을 통하여 삶의 질(QWL) 향상을 꾀할 수가 있다.

필자가 2001년 이후 약 650개 이상의 다양한 조직 컨설팅 경험 중에서 인상에 남는 중소형 집진설비 제조회사 CEO의 말을 하나 언급하고자 한다. 이 회사는 2000년대 초 당시에 이미 중소형 집진설비 회사의 난립으로 경쟁이 치열한 가운데 시장에 진입한 회사이나 2010년대 중반 컨설팅 당시 이미 업계 외형성장 1위 업체로 성장하였다. 당시에 그 비결을 묻는 질문에 CEO의 답변은 단 한마디로 "나는 사람에게 투자했다"였다. 그러면서 CEO는 맨 처음 회사설립 이후 직원이 약 5~7명 수준일 때의 일을 회상하며 직원들이 현장에 나가서 집진기를 설치하며 고객과 언쟁 내지는 심지어 싸움까지 벌어지는 상황을 접하고 이렇게 해서는 절대 안 되겠다는 생각에 당시는 토요일도 근무하는 시기였는데 CEO는 직원들을 교육해야겠다는 생각에서 '토요일은 근무하지 않는다. 그대신 나와 함께 교육을 한다'는 말을 하고는 토요일마다 함께 책을 읽고 독후감 발표하기, 괜찮은 비디오 시청하기 등을 시작하였다고 한다. 그렇게 약 1~2개월 진행 후에 직원들 중에는 '차라리 일을 하겠습니다'라며 불만을 터트리기도 하였으나, 이들을 격려하며 달래어 계속 약 5~6개월을 끌고 나아갔다. 그 결과 직원의 마인드가 바뀌기 시작하였다는 말을 하며, 지금도 회사의 회의실 책장에는 임직원들을 위한 도서로 꽉 차있는데 그 책들을 꺼내보면 직원이 읽고 각자 한 줄 메모를 적어 놓은 글귀들이 있다.

위의 사례기업에서 보듯, 끝으로 필자가 약 20년 넘게 650개 이상의 다양한 조직 컨설팅을 하면서 느낀 부분으로 특히 중소기업의 인적자원관리에 대한 의견을 첨언하고자 한다. 중소기업에는 우수한 인재가 잘 오지도 않지만 입사하였다가도 오래 있지 못하고 이직하는 사례가 많은 것이 현실이다.

그럼에도 불구하고, 특히 중소기업이 영속기업으로 가기 위하여 지속적인 경영혁신을 꾀하여야 함은 필연적이다. 이러한 경영혁신의 핵심은 인적자원을 가장 중요한 경영자원으로 조직에 맞는 핵심인재채용과 더불어 평생학습체계의 유지 그리고 체계적 인적자원관리를 수립하여 실시하여야 함을 필자는 강조하고자 한다.

참고문헌

- 양석균, 「인재육성체계, 면접기법 역량향상과정 교재」
- 양석균, 「역량모델개발 실무 매뉴얼 과정 교재」
- Lyle M. Spencer Jr.·Signe M. Spencer, 『Competence at Work : Models for Superior Performance』, 1993.
- 중앙인사위원회

저자소개

양석균 YANG SUK KYOON

학력

- 가톨릭대학교 경영학 박사
- 고려대학교 경영학 석사
- 미 하와이대학교 최고경영자과정 수료

경력

- 현) (주)CE경영컨설팅 대표이사
- 약 650개의 다양한 조직 컨설팅 실적 보유
- 약 750회 이상 출강실적보유
- 현) 대한민국 산업현장교수
- 현) 중소기업 및 소상공인 전문컨설턴트
- 현) 가톨릭대학교 평생교육원 외래교수
- 현) 경기TP, 인천TP, 경기도 경제과학진흥원 등 전문위원, 컨설턴트
- 현) (사)부천벤처협회 외 약 6여 곳 자문위원
- 쌍용그룹 연수원, 감사실, 기획 등 약 24년 근무
- 한신대, 성결대, 경기과학기술대 등 외래강사 역임
- 국세공무원교육원 초빙교수 역임
- 동두천 고교 교사 역임

자격

- 경영지도사(인적자원관리)
- 인간행동유형분석사(LIFO)
- 중등학교정교사

저서

- 『N잡러 컨설턴트 교과서』, 브레인플랫폼, 2022.(공저)
- 『ESG경영』, 브레인플랫폼, 2021.(공저)
- 『기업가 정신과 창업가 정신 그리고 창직가 정신』, 브레인플랫폼, 2021.(공저)
- 『신중년 도전과 열정』, 브레인플랫폼, 2021.(공저)
- 앨리슨 로세트, 양석균 옮김,『정말 빠르고 쉬운 수행 분석 노하우』, 학이시습, 2009. (공역)
- 『고객유형별 맞춤이 경쟁력이다』, BG북갤러리, 2007.(공저)

수상

- 대한민국최우수컨설팅 사례선정(2011년, 소상공인시장진흥공단)
- 대통령표창(2007년, 대한민국 최우수 컨설턴트)
- 국무총리표창(2012년, 소상공인 컨설팅 및 교육기여)
- 기획재정부장관표창(2019년, 우수인재양성공로)
- 중소벤처기업부장관표창 2회(2018년, 2015년, 컨설팅산업발전공로)
- 부천시장표창 2회(2017년, 2008년, 부천시 문화발전, 중소기업혁신공로)
- 중소기업중앙회장표창 2회(2020년, 2017년, 중소기업육성공로)

면접은 전투의 한 장르
– 오감(五感)을 활용한 회복탄력성의 전략훈련

전현주

1. 전투의 상식

21세기 불확실성의 시대에서 우리는 태어남과 동시에 전쟁을 맞이하게 된다. 이 전쟁에서 인간은 극한의 두려움에 떨고 있고 승리를 위한 압박을 느끼고 있다. 인간은 생존의 위협 속에서 도전을 시도하고 도움을 요청하기도 하지만 탈출을 위해 용감하게 전투에 뛰어들기도 한다. 이기기 위해서는 끊임없는 재난과 위기 속에서도 스스로 본질을 파악해야 한다. 인간은 그만큼 실존적 위협에 노출된 상태다.

우리는 현재에 적응하며 최고의 능력을 발휘하던 수많은 인류를 역사의 장에서 늘 확인할 수 있었다. 우리는 삶이라는 전쟁터에서 산다. 이 전쟁터라고 부르는 사회에서 각박한 전투를 치르며 살아가는 것이다. 누구든지 위기 앞에서 포기만 하지 않는다면 치열하게 순발력을 발휘할 수 있다. 이 전투에서는 자존감을 가지고 자기 신념을 훌륭히 펼쳐낼 수 있는 승리의 장(場)만 있다면 온갖 역경을 기회로 여기며 전투에서 이겨낼 수 있다.

생존을 위한 어려운 현실 속에서도 살아남기 위한 전투는 반드시 치르고 이겨내어야 한다. 이 전투에서 전략을 수립하고 방어할 것인가, 공격할 것인가 또는 방어와 공격을 적절하게 구사해야 한다. 어떤 전략적 지원대책을 활용하느냐에 따라 생존하고 성공하는지, 문제해결력을 작동하고 발휘하게 되는 것이다.

이러한 전략이 결정되면 전투에 대비한 훈련과 준비를 하게 될 것이다. 이 전투에서 살아남기 위한 생존전략은 상황에 대한 모의훈련과 효율적인 준비를 하게 된다. 수많은 상황을 예기하고 두려운 전투를 반드시 승리하기 위한 훈련에서는 면접이라는 과정을 통해 공격하게 된다. 따라서 면접에서는, 먼저 결정적 행동으로 대처해야만 승리하는 전투처럼 면접관을 향해 적절하게 대응해야 할 것이다. 비록 두렵기는 하지만 오직 살아남을 미래를 위하여 긴장 상태에서도 면접을 통과해야 한다.

면접에서는 핵미사일, 박격포, 포탄, 개인화기인 소총·수류탄 등의 무기 결정을 하는 것처럼 전략을 구사하게 된다. 면접은 신체적인 표현이거나 정신적, 심리적인 활동이든 그 어떤 것을 사용해도 이것은 곧 전투다. 만약 이 전투에서 연습한 대로 제대로 실행하지 못한다면 소름 끼치는 경험과 스트레스를 맞이하는 되는 것이다. 스트레스를 물리치려면 그 불안과 두려움으로부터 탈출해야 한다.

일반적 전략으로는 수많은 모의 상황에서 반복적으로 전문 교육과 업무 훈련을 받아야 한다. 곧 전투에서의 승리는 면접관으로부터 선택받는 것, 그것이 생존이며 성공인 것이다.

1) 면접의 전략·전술, 그것은?

면접의 전략·전술은 개인의 총체적인 경험과 체험을 잠재능력으로 사용할 수 있다. 원래 전략(Strategy)은 특정한 목표를 수행하기 위한 행동 계획을 가리키는 것이다. 전술(戰術, Tactic)은 적의 병력을 격멸함으로써 전략 목적을 달성하는 데 그 목표로 한다. 전술은 전쟁 또는 전투 상황에 대처하기 위한 기술과 방법이다. 장기적이고 광범위한 활동 가능성을 위한 전략의 하위 개념이다.

(1) 전략적 면접태도

우리는 전투 현장(戰場)에서 전투의 승리를 위해 본질적인 실전 훈련에 돌입하고 면접기술을 준비해야 한다. 그것을 면접과 비유해보면 우선 취업에 성공하기 위한 면접태도로 수익성을 위한 경제력에 대한 부분을 살펴볼 필요가 있다. 수익 확보를 위한 주변의 가족 의식이 중요한데 경제적인 부분이 현실적으로 희석될 때에는 순식간에 중도 포기할 여지가 있다고 생각이 든다. 그때 효율성을 가미하여 장기적 안목으로 관심을 가져야 한다. 이것은 조직의 평판으로 강대·약소국 간의 군사력 차이라고 비유해서 말할 수 있다. 조직 내에서의 명성과 영향력에 대한 정보를 공유한 후 장교, 부사관을 지원한다고 다 성공적인 승리를 하는 것이 아니다. 여기에서는 실패의 경험도 매우 소중한 것이다. 평판에 의한 도전을 실행한 후 겪는 쓰디쓴 패배의 경험은 새로운 조직 내에서, 또는 재도전에서 성공적인 전략·전술을 구사할 수 있다. 이는 더 강력하고 중요한 프로젝트에 투입될 공인된 지식과 자긍심으로 부활할 수 있다.

(2) 전술적 면접요소

전술에서 취업은 성공하겠다는 인간성의 표현이므로 스스로 신뢰성을 발휘해야 한다. 신뢰성이란 행복해지기 위한, 수익을 기대하며 행운을 부르는 도전에 대한 스스로의 태도다. 따라서 전술은 성취 생각, 부정적 과거의 실패 기억, 경험, 체험의 두려움, 꿈, 기대감에 대한 불안과 고통이지만 희망감으로 적용되어야 한다.

인간은 긴급한 상황에 노출되면 과감히 도전할 수 있는 잠재력의 길(道)이 확대된다. 따라서 조직의 장(場)으로 들어가는 전술은 면접기술로 대치된다. 면접의 장면에서는 사용이 가능한 자신만의 특성을 노출해야 한다. 즉, 집중적인 재능의 활용에 대한 부분이다. 자기가 포진하고 싶은 조직의 장에서 사용할 수도 있어야 한다. 그들의 승인과 지지를 얻는데 연속성을 통하여 신속하고 유연하게 대처해야 한다. 짧고도 단순한 상황과 이해 속에서 조직의 요구를 판단해야 한다. 물론 자신이 지원하는 조직에서 요구하는 인재자원에 대해서 현실적으로도 분석하고 있어야 한다. 즉 종합적인 정보 수집과 객관적 판단은 매우 필요하다. 신뢰성 있는 정보를 안정적으로 작동시켜야 하는 대목이다.

면접은 스스로 문제점을 풀고 알아가며 차분히 전진해가는 실험의 기술이다. 면접작전을 수행하기 위해서는 전술적 고려요소(METT + TC)를 종합적으로 고려하여 최적의 계획을 수립한다. 면접작전 과정 중 실시간 변화하는 상황에서 자신의 능력을 다양하게 개발하여 설정해놓아야 한다. 조직과 관련된 요소로 실행할 능력을 갖추고 있어야 한다. 면접이라는 전투력 운용을 위하여 조직에서는 가변 요소들을 여러 가지로 요구하는 데 충분히 제시할 수 있도록 이러한 요소들에 방어작전을 과감하게 펼쳐놓아야 한다. 자신의 스펙을 '어떻게 구조화해야 할지, 여기에서 탈락하면 어떡하지'라는 위기의식의 절박함을 가동시키며 언제든지 다시 전장으로 나갈 정예화된 전술을 구사해야 한다.

조직의 요구사항이나 위협을 분석, 격퇴하기 위하여 한정된 조직의 공간 내에서 지지받는 것처럼 전투력을 운용하거나, 면접관의 간섭을 지연시켜야 한다. 면접하는 짧은 시간에서도 시간을 성공적으로 획득하기 위해 전투력을 이끌어가는 작전을 만들어야 한다. 그것은 자신의 자긍심에 대한 훈련을 인정받는 것인데 실전 대비 노력과 예비 스펙에 대한 것을 의미한다. 전장에서 병사로서도 적응하면서 긴급 시에는 리더가 될 수 있도록 자신의 몫을 다하는 훈련과 도전적인 다기능 통합술이다. 이것은 혁신적인 방식이다. 즉 조직이 전장에서 무엇을 원하는지 알아내야 하므로 정보를 수집해야 하는 일이다. 이것은 군대에서 인재를 모으는 방식으로 무조건 징집된 일반병사가 신병훈련을 받고 군 복무에 적응하면서 상병 역할 이후 자연스럽게 부사관이 되고, 대학생이 학사장교로 지원할 수 있는 안정화 시스템이라고 할 수 있다.

METT + TC(전술적 구성으로서의 면접요소)

고려 요소	의미	면접에서의 요소
Mission	임무의 분석 (자기 이해)	· 취업, 학업, 여행, 이직 실행의지 · 기타 제반 목적형 분석(PM, 컨설턴트, 매니저, 행정지원, 전문강사) 등 전달력과 실무 경험 등 직업목표
Enemy	적에 대한 정보 (정보탐색)	· 회사의 정보, 외국기관, 세부전공 정보, 여행지의 정보 · 기타(제조업, 서비스, 전기, 가스, 특수목적의 도·소매업, 운수업, 여가관련, 공공 행정 등) · 정규직, 비정규직, 한시직, 기간제, 비기간제, 비전형 전문계약직, 영업직, 희망 커리어
Terrain & Weather	지형과 기후에 대한 정보 (정보탐색)	· 나와의 연관된 관계성 분석(평가적 요소) · 지형: 합숙면접, 등산면접, 요리면접, 개별면접 등 · 교통과 연관된 이동거리, 계절과 연관된 직업적 요소
Troops and Support available	사용가능한 장비 및 무기 (자기이해 및 자신의 특성)	· 자신의 특성 파악하기: 성격과 기질의 장단점, 학업, 자격증, 경험치, 정신력, 신체력, 자기계발, 목표성취력, 과제수행능력, 위기대응조치 · 회복탄력성: 창의성, 호기심, 개방성, 학구열, 지혜, 사랑, 친절성, 사회지능, 용감성, 끈기, 진실성, 활력, 용서, 겸손, 신중성, 자기조절, 시민정신, 공정성, 리더십, 감상력, 감사, 낙관성, 유머감각, 용기, 예술성, 융통성, 외국어능력, 봉사활동, 자아개념, 상상력, 소통, 실행력, 글로벌 역량, 좋아하는 스포츠
Time available	사용가능 시간과 전투적 공간 (준비행동)	· 나의 가용 준비시간(이미지 메이킹), 인센티브 · 주장과 신념(적응력을 발휘할 시간 제약적 요소들) · 나의 자질 준비 공간(이타적, 불평, 불만에 대처하는 자기 진단, 공동체 활동)
Civil considerations	민사적 고려사항 (의사결정)	· 회사 내 인적구성의 모범사례 · 나와 연관된 인적 인프라, 관심 분야 동호회 · 나의 대인관계(비즈니스 인맥, 선후배, 전문가 그룹) · 구직처 네트워킹 등 유연한 의사결정체계

이런 방식은 인성, 적성, 문제해결능력 등의 방법으로 최종 선발하는 방식이다. 기초수준의 일반병사는 훈련을 통하여 혹독한 환경을 접

하고 강건한 체력을 다지면서 20대 청년의 창의력과 문제해결력을 가미한 지휘관으로서의 능력을 발휘할 수 있도록 변신한 후 실제의 전투장에 투입된다는 의미다.

조직의 전장에서 패전한 경험은 소중한 깨달음으로 구축되어 공인된 지식과 영향력을 발휘할 수 있다. 그것은 정보의 활용에 기초한다. 곧 나를 위한 가장 적극적인 도전이므로 중요한 면접기술이다.

면접에서는 자신을 알리기 위해 다른 전투원보다 강력한 노출 전술을 써야 하지만 자신에 대한 부정적인 노출을 할 수는 없다. 따라서 경쟁적 환경에서도 이타주의를 발휘해야 한다. 공동체적 사회의 전투원으로서 협동할 수 있으며 조직의 공존을 위한 이해를 전투 장교(조직의 오너)에 대한 명성 등 인간적인 부분에 대하여 지지하면서 어필해야 한다.

조직의 발전에 필요한 것을 조달하기 위한 상대방의 요구에도 협동심을 발휘하고 통합할 수 있다는 전략과 전술이 잠재되어있음을 조직에 적절하게 이해시켜야 한다. 자신은 어떠한 문제 상황에서도 적절하게 개입하여 조정자로서의 역할을 수행할 수 있음을 설득해야 한다. 배려와 공감, 감사의 감정을 충분히 소유하고 있다는 사실, 융통성으로는 상호통제와 강화자라는 완전한 어필이다.

즉 자신의 행동으로 조직은 물론 주변 환경까지 변화를 유도하여 활발한 공간이 된다는 것을 적극적으로 홍보해야 한다는 것이다. 이 전투원은 정말 필요한 인재라는 것을 자극하는 것이다.

2) 맞춤형 기본면접 실전을 위한 전투기술

'면접의 기술'이란 소속 조직에서 의욕만큼 도전하는 최고의 제한된 전투를 의미한다. 전투원의 첫 단계인 면접에서는 자기의 신념을 충분히 발휘할 수 있는 조직원, 비상경계상황에서는 리더로서의 역할을 수행할 사람의 선발이며 주변과의 결속력을 다지면서 자신의 가치를 충분히 발휘하도록 동기를 부여하고 도전력을 발휘할 수 있도록 명쾌한 인재의 발굴 현장이다.

면접관의 의미는 상대 조직원이 관찰과 선발의 대상이기도 하지만 조직 내에서 목표 획득을 위한 생활방식에 대한 행위자로 사회경제적으로 이익을 수반할 행위자를 선출하는 탐색과정이라고 할 수 있다. 면접은 조직이나 개인 전투원 모두에게 고통일 수도, 불행의 근본이 될 수도 있다. 즉 전투에서의 면접은 절대적인 것이 아니라 인원을 선발할 수 있는 한정된 시간에서 유연성을 발휘하는 작업이다. 이는 상대적 판단에 따른 현실적 지각과 상호 인지적 관계를 통해 변별력을 가지고 대처능력자를 선발하는 중요한 식별과정이다.

(1) 태도와 성실성(Integrity)

시험장에서는 누구나 긴장한다. 전장에서 긴장하지 않고 자기 페이스를 유지하면서 자신을 컨트롤할 수 있다면 면접에서 승리한다. 그러나 전투에서 이기려면 평소에 이미 오래전부터 전투원이 되기 위한 실전준비를 해두어야 한다. 면접관의 질문 반응에도 평소의 습관이 나오지 않도록 침착하고 정확하게 집중함으로써 대답에 응대할 수 있도록 실전훈련에 응해야 한다. 우리는 연극인이 되어야 한다. 거울을 보면서 자신의 이미지에 대해서 반응하고 표정을 연습한다. 순식간에 판단해야 한다.

누구의 눈으로 전투에 임할 것인가? 이것은 자신의 이미지 브랜드화와 관련된 것이다. 짧은 순간에 내가 명품 무기인지 부품의 덩어리에 불과한지를 표현해야 한다. 철저하고 면밀하게 질문에 대처하려면 그 이전부터 무기를 휘두를 준비를 하고 있어야 한다. 먼저, 현재 '나는 누구인가? 내가 이 조직의 전투원이 되기 위해서 어떤 노력을 해왔는가? 주경야독으로 무기를 갈고 닦았는가? 자신의 목표에서 방향성에 알맞은 실력을 향상시키며 전투준비를 했는가?'에 대한 것이다.

면접 전의 서류에서 필터링을 당하지 않을 프로필의 숫자를 이 전투에서 이길 수 있도록 오래전부터 연마해두어야만 한다. 기본적이고 안전하게 자신의 이미지를 브랜드화해야 한다. 이것은 한 개인의 적성과 기질, 성격 특성과 관련된 진로교육, 상담과 적성검사를 활용한 취업

전투에서의 사고적 태도다. 이 태도는 자신이 어떤 사람인가에 대해 알아차리고 인지하는 것이다. 스스로 관찰하고 지각해야만 자신의 직무인 미래의 전투에서 필승하게 된다는 의미다. 그것은 직무에 응하는 특별한 태도에 관한 것으로 수없이 연마하고 조련하는 태도다. 자격증이 아니다. 학교 교육을 마치고, 또는 학업 활동 중에 최신의 인기가 있고 유행하고 있는 자격을 무조건 취득하거나 남들이 참가하는 봉사활동을 하는 것이 아니다. 다만 현재 이 시각에 취업 전투에 참여하려는 자신의 활동이 과거에서부터 얼마나 연관성 있게 대외적으로 면접 준비에 임하고 있었던가? 그것이 바로 전투에서 이기기 위한 성실한 면접 태도이다.

(2) 책임감 그것은 곧 열정(Energy)

직책 내에서 일을 잘하는 것에 대한 애정도를 책임감이라고 한다. 책임감은 조직에서의 결속력과 밀접한 관련이 있다. 그것은 결과가 발생했는지, 전투원의 손실이 얼마나 발생했는지 비용효과 면에서 균형 있게 작용했는지와 연관이 있다.

조직원을 선발하는 면접관은 저 조직원을 전투에 투입하였을 때 어느 정도의 책임감을 발휘하는가? 적의 위협으로부터는 얼마나 열정적으로 대처하고 우위를 달성하였는가에 대한 경제적 평가를 한다는 것이다. 그것은 특기나 취미와 같이 해석할 수 있다. 면접 전투에서는 특기와 필요한 자격을 관련지어 이해한다. 열정을 설명하는 것으로 책임감을 파악할 수는 없다. 그러나 부족한 부분을 채워나가는 열정은 고객의 필요한 요구에 책임감 있게 해결해주는 최선의 자세다. 즉 전투에서 승리하면 쟁취하고 분배할 승자의 수익이 열정이다. 승자의 필요와 요구에도 당당하게 해결할 수 있는 수용 능력이 바로 책임감이며 열정이다.

(3) 지적 능력(Intelligence)과 자기계발

어떤 행동이 가장 많은 변화와 빠른 발전을 파악하고 도모할 수 있을까? 전투에서의 전략의 제시는 이것이 왜 필요로 하는지에 대한 명확한 설명과 이해가 수반되어야 한다. 어떻게 이 일을 처리할 것인가? 어떤 특기를 가지고 있는 알맞은 인원들을 투입할 것인가? 지금 현재에는, 또는 미래의 어느 시점에서 이에 대한 과정과 추구하는 목표를 파악해야 하는지, 충성스럽고 신뢰를 보이면서도 결단성 있는 태도를 보여줘야 한다.

임팩트가 있는 자신의 능력, 그것은 아주 매혹적인 자신의 통찰 능력이라고 한다. 특기는 홍보력이다. 조직의 수익성과 현장에 대한 평가는 호감도다. 호감도는 지명도로 이어지는 홍보라고 할 수 있기 때문에 자기계발의 영역이다. 전투원으로서 어떤 선택을 앞두고 의견을 결정하지 못하고 있을 때 선전에 관심 있는 사람들의 관심은 홍보로 이어지기 때문에 호감도로 이어지게 된다. 이때 지적능력으로 미래를 상상하는 조직원은 메시지를 인지하게 된다.

명확한 신념으로 능숙하게, 조직에 큰 가치(수익)를 줄 수 있도록 추진력 있게 스스로의 열정을 투사한다. 그런 것이 지적능력으로 대중의 가치를 파악하여 프로젝트화하는, 바로 열정의 발현이다. 열정의 발현을 자기계발로 인식할 수 있다. 이 시대에 무엇을 알아야 하고 어떤 법을 파악해야만 하는지 그들로부터 미래의 안전한 시간에 어떻게 도달할 수 있는지 잘 가르칠 수 있다.

요즘은 특정 분야의 전문가로 한 가지 일만 잘하는 전투원도 분명히 필요하다. 그러나 때때로 리더로서, 때로는 창업자처럼 기계·기술뿐 아니라 사회·정치·문화 분야, 시장과 소비자, 고객의 입장에 대해서도 알아야 한다. 정확하고 빠르게 판단하며 그것에 대해 응용하고 결합해야 한다. 그러기 위해서는 지적능력을 발휘하며 폭넓은 관심사를 발휘하는 인재가 반드시 필요하다. 다양한 지식으로 자기계발을 주도하는 인재는 융통성이 있다. 문제를 통찰하고 순발력으로 해결할 수 있는 전문적인 실력자이다.

2. 회복탄력성 훈련

1) 오감(五感)의 전략

온갖 성공과 행복과 고통은 오감으로 표현한다. 활동을 한다는 것,

삶에 대한 모든 가치관과 자세는 오감을 통해 활용한다. 오감은 주고받기, 획득하고 버리기, 배우고 가르침 받기다. 그림처럼 매우 구체적이고 부분적이면서도 전체적인 감성체로서 인간의 삶을 풍부하게 한다.

(1) 승리의 함성소리, 목소리

목소리 훈련 작업이다. 목소리 성량이 중요하다. 기쁨과 슬픔은 목소리를 통해 표현된다. 목소리의 호감도를 키우기 위해 노력해야 한다. 그것은 나 자신의 내부 힘이다. 목소리는 내면의 열정을 표출하는 수단이라고 할 수 있다. 나의 내면을 타인에게 감정으로 발산하게 하여 작용시키고 음성을 내질러 말하기로 힘을 느끼게 해주는 자기 본연의 무기다. 목소리를 활용하여 넘치는 힘과 카리스마를 융통성 있게 전달할 수 있다. 따라서 목소리 가다듬기를 집중적, 지속적으로 훈련한다. 목소리를 이용하여 변화를 위한 비전을 발현할 수 있다.

전투에서 소리는 전투의 주요 화기로 사용된다. 소리는 특성에 따라 무기가 될 수 있다. 소리를 전략적으로 사용하여 아군의 사기를 높이기도 하지만 생존의 수단으로 경쟁자를 몰아낼 수도 있는 변별능력을 의미하기도 한다. 목소리를 이용한 변별능력은 면접에서 치명적이지는 않지만 효과는 낼 수 있다. 엄밀히 말한다면 우리의 뇌파, 뇌혈관, 호르몬 등 신경생리학적 측면에서 무기를 대신하는 강력한 보완적 수단이 될 수가 있다.

(2) 시각과 문화, 보는 눈

보는 눈은 여러 가지를 의미하고 있다. 눈을 통하여 인지하고 지각한다. 단순히 전체를 보고 부분을 쳐다보며 지나치는 것이 아니다. 시각을 통하여 우리는 문제를 다룬다. 뇌가 기억하도록 짧고 단순하게 눈으로 보면서 객관화를 하고 전투에서 승리할 수 있도록 코드화한다. 시각으로는 수용도 하지만 해석도 가능하다. 눈으로 보는 시각의 문화를 통하여 구매도 시도하지만 심리적인 요소들로 해석함으로써 전술로 구성할 수도 있다.

(3) 향취, 식감각, 먹성, 코로 흡입하고 인지하는 후각

흥분의 경험은 식사와 수면을 의미한다. 식사의 먹성은 자신의 신체를 건강하게 유지하며 심리를 통제하여 안정화한다. 신체의 건강은 탐식과 욕구와 욕망을 의미한다. 오감 중에서 식감각은 세속적인 욕망이지만 전략에서 함부로 지나치면 안 되는 요소다. 전 인류사에서 전쟁의 승리와 쟁취의 궁극적인 이유를 살펴본다면 토지를 확보하여 먹고 싶은 만큼의 식량을 공급하고 누리는 것이었다.

포도주의 향기로 시간을 인지하는 후각은 승리를 유발하는 혁신적 요소를 공급한다. 먹성, 식감각, 숲의 풀향기를 안정적으로 인식하는 후각은 전투원의 의욕을 가동하는 시스템적 요소다.

(4) 청각, 건강피로도를 파악하는 요소

듣는 행위, 청각을 통하여 전투원은 마음의 동요를 파악할 수 있다. 큰 싸움을 할 때 두려움은 정신 건강을 결정한다. 듣는 행위는 매우 중요하며 평온하게 마음을 안정시키는 심리적 요소로 작용한다. 실제로 안정화란 듣는 기능으로 신경계를 온전화하고 최적화한다. 청각은 신경의 가소성을 통하여 운동체계와 인지체계 모두를 자극할 수 있다. 따라서 정신건강에서도, 신체적 요건에서도 건강의 피로도를 알 수 있는 감각기능이다.

(5) 근원적인 전투감각, 잠재적인 감지감각

기술을 통해야만 전반적으로 안정적이며 예측 가능한 기회를 만들어내는 것은 아니다. 인류는 오감을 활용하여 오늘날의 문명을 이룩했고 그 문명의 기술 속에서 제도나 체제를 만들어놓았다. 그러나 시대의 흐름과 유행은 오감뿐이 아니라 직관적인 느낌과 볼 수 있는 것, 도저히 언어로는 표현될 수 없는 인간의 내재적 형태에서 나오는 감각에서 비롯되었다. 그것은 전투원 누구에게나 잠재되어있는 능력이다. 삶의 목표에서 끊임없이 자각되는 오감의 완전체라고 할 수 있다.

2) 회복탄력성을 활용한 전략의 훈련

면접은 조직의 기준에서 평가받으며 어떤 것을 명확하게 답변해야 하는 전략전투다. 많은 역사 속 전쟁을 접하면 리더십은 불안정한 상황에서도 의사결정을 내려야 하는 능력이다. 취업에 필요한 모든 정보를 확보하려면 비록 완벽하지 않더라도 판단력을 가동해야 한다. 리더십 정신은 자질이지만, 리더십은 우연히 발휘되는 상황적 요인이라고도 할 수 있다. 또한 추진력이라고도 할 수 있다. 성공이란 사람들의 삶에서 얼마나 긍정적인 영향을 미치는지에 따라 결정된다. 그것은 믿음이며 특히 면접 시에는 도전에 대한 열망과 자신감이라고도 말할 수 있다. 위험관리에 대한 문제를 행동으로 대처한다. 즉 상황 판단력이다. 리더십은 관리를 의미한다. 리더십의 발휘란 모든 인간관계 중 가장 효과적인 것으로 과학적이며 인성과 비전이 합쳐진 정서적 예술성의 결과물이다.

전략·전술은 어떤 방식으로든지 구사할 수 있다. 그러나 면접에서 승리하는 답은 분명하다. 첫 번째는 미래의 가능성에 대한 직무역량과 관련된 태도다. 두 번째는 사람과의 관계를 활용하여 만들어내는 협동적 업무역량이다. 세 번째는 지원하는 전투지인 기업과 관련된 핵심가치와 인재상에 부합되는 것이다.

모든 전투에서 오너는 일을 잘하는, 싸움을 잘하는 병사를 선발한다는 전제조건이 있다. 자신이 맡게 될 직무, 직무역량을 열심히 수행해낼 수 있는 인재를 면접에서 선발하는 것이다. 따라서 면접관은 전투원이 쓴 자기소개서를 통해 질문을 던진다. 병사는 자신이 지원한 전투지에서 활용할 자기소개서를 스스로 작성하였고 직무역량을 이미 전략화하였다. 결국 면접지원자는 자기가 적은 자소서에서 당당하게 구체적으로 자신의 역량을 발휘하면 된다. 결국은 자신의 업무역량을 구조화하는 작업을 반드시 마쳐야 한다. 그렇게 해야만 기업이 요구하는 질문에 전략적인 답변을 할 수 있다. 이것이 인사를 좌우한다는 면접 전투에서 승리하는 길이다.

실전면접, 베스트 질문유형

Q1. 본인이 중심이었던 경험이나 활동 중 가장 기억에 남는 것은 무엇입니까?
- 당신의 역할은 무엇입니까?
- 본인의 경험을 통해 얻는 것과 느낀 점은 무엇입니까?
- 함께 했던 다른 사람과의 갈등은 없었습니까?

Q2. ○○○에서 갖추어야 할 가장 중요한 자질은 무엇이라고 생각합니까?
- 그 자질을 살렸던 과거의 경험을 말씀해주세요.
- 본인의 자질로 인해 가장 후회했던 과거의 경험을 말씀해주세요.
- 가장 후회되었던 과거의 경험을 위해 어떤 노력을 했습니까?

Q3. 당신의 가장 큰 단점은 무엇이라고 생각합니까?
- 그 단점 때문에 힘들었던 경험을 한 가지만 말씀해주세요.
- 단점을 극복하려고 어떤 노력을 했습니까?
- ○○○이 되었을 때 그 단점은 어떻게 작용할지 말씀해주세요.

Q4. 성장 과정에서 가장 힘들었던 경험을 말씀해주세요
- 그 상황을 어떻게 해결했습니까?
- 문제해결을 위해 가장 도움을 준 사람은 누구입니까?
- 힘든 경험을 극복한 후 느낀 점은 무엇입니까?
- 주변 사람들이 비슷한 경험을 한다면 어떻게 조언하시겠습니까?

Q5. 군에서 필요한 리더십은? 리더로서 올바른 품성은 무엇입니까?

Q6. 업무 중 하급자가 잘못 판단해 미흡한 결정을 했을 때 조치는 무엇입니까?

Q7. 업무 중 상급자가 잘못 판단해 미흡한 결정을 했을 때 조치는 무엇입니까?

Q8. 상관으로부터 부당한 지시를 받는다면 어떻게 해결하겠습니까?

Q9. 전입된 신병을 면담할 때 가장 중요한 점은 무엇입니까?

Q10. 대원들과 화합단결을 위해 가장 중요한 요소는 무엇입니까?

Q11. 상급자로부터 급전요구를 받는다면 어떻게 대처할 것입니까?

참고문헌

· 게리 켈러·제이 파파산, 『THE ONE THING』 비즈니스북스, 2013.
· 국방정신전력원, 『주간 정신전력교육』 2022.
· 김종하, 『획득전략 이론과 실제』 북코리아, 2006.
· 김주환, 『회복탄력성』 위즈덤하우스, 2015.
· 대이브 그로스먼·로런 W. 크리스텐슨, 『전투의 심리학』 플래닛, 2013.
· 대니얼 코일, 『최고의 팀은 무엇이 다른가?』 웅진지식하우스, 2018.
· 로버트 그린, 『인간관계의 법칙』 웅진지식하우스, 2020.
· 브하이언 트레이시, 『당신의 무기는 무엇인가?』 와이즈맵, 2018.
· 설재풍, 『가치통섭』 생각나눔, 2015.
· 신동준, 『리더라면 한비자처럼, 참모라면 마키아벨리처럼』 위즈덤하우스, 2015.
· 야마구치 슈·구스노키 켄, 『일을 잘한다는 것』 2021.
· 육군본부, 『육군비전 2050』 대한민국육군본부, 2020.
· 육군본부, 『군인성』 육군리더십센터, 2021.
· 육군본부, 『리더십』 육군리더십임무형지휘센터, 2018.
· 육군본부, 『야전 교범 기준-3-1, 전술』 2017.
· 이진희·송원섭, 『나쁜 기억 지우기』 정신세계사, 2011.
· 조용민, 『언바운드』 인플루엔셜, 2022.
· 장민호, 『브랜드가 되어간다는 것』 턴어라운드, 2020.
· 폴커 초츠, 『카마수트라, 인생에 답하다』 라이프맵, 2009.
· 팀 어윈, 『어떻게 최고를 이끌어낼 것인가?』 2018.
· 해리 필머, 『뜻대로 살기』 1994.
· 기모토 히로아키, 『전술의 본질』 보누스, 2021.

저자소개

전현주 JEON HYUN JU

학력

· 동방문화대학원대학교 교육학 박사(PH.D): 2017.
· 국가평생교육진흥원 청소년학사: 2015.
· 성균관대학교 교육대학원 상담교육학 석사: 2012.
· 국가평생교육진흥원 심리학사: 2011.
· 성균관대학교 유학(儒學)대학원: 2009.
· 국가평생교육진흥원 사회복지학사: 2007.
· 상명여자사범대학교 역사교육학과: 1985.

경력

· 현) 힐링코드심리센터 대표: 2015~
· 현) 국방부 병영생활전문상담관: 2019~
· 현) 고용노동부 서부지원청 과정평가형 위촉 감독 면접관: 2017~
· 현) SE사이버평생교육원 강의교수: 2018~
· 현) 한국진로직업상담협회 전직실행지원 강사/슈퍼바이저: 2015~
· 한국 자살예방협회 사이버 상담위원: 2009~
· 경기도 의정부지법 가사 상담위원: 2018~2021
· 서울북부지법 협의이혼상담위원: 2016~2019
· 서울시 여성가족재단 성폭력예방교육 전문위촉강사: 2017~2019

· 법무부 서울북부청소년꿈키움센터 전문강사: 2015~2018

· 서울시 강동교육청 중등학교 전문상담사: 2009~2015

· 한국양성평등교육진흥원 전문위촉강사: 2007~2019

자격

· 사회복지사/요양보호사

· 전문상담사(한국상담학회)

· 중등(사회/역사)정교사

· (직업상담사, 인사조직) 직업 훈련개발교사(고용노동부)

· 청소년지도사(여성가족부)

· 평생교육사

저서

· 『성행동의 심리학』, 에스이(SE), 2019.

· 『청소년 문화』, 에스이(SE), 2019.

· 『까마수트라를 활용한 성상담적 접근』, 동방문화대학원대학교 박사논문, 2018.

수상

· 국방부장관상(우수논문 공모전 장려상) 2022.

· 1포병여단장 표창상 2019~2022

· 2포병단장 표창상 2019~2022

· 서울북부청소년꿈키움센터 우수강사 2016.

· 강동구자원봉사센터 자원봉사 은상 수상 2012.

· 서울시 강동구청장 우수표창(자원봉사) 2009.

· 성균관대학교 유학대학원총장 표창상 2008.

5장

자기소개서 작성에서 구직자에게 필요한 역량

조은희

취업이 어렵습니다. 특히 장기간 경기침체 및 고용한파, 최근 코로나19로 인해 불안정한 고용 환경에 놓여있는 청년층의 일자리는 가혹하리만큼 좁고 많지 않습니다. 취업준비생은 직무 관련 경험을 쌓을 시간도 부족하고 기회도 많지 않습니다. 요즘처럼 취업의 문이 좁을 때는 취업 현실을 제대로 보고 자기객관화를 바탕으로 취업전략을 잘 세우는 것이 중요합니다.

2021년도부터 지금까지 공공기관 외부 채용심사위원으로 참여하고 있습니다. 특히 외부 서류심사관으로 참여하면서 자기소개서 작성에서 구직자에게 필요한 역량이 무엇인지, 중요하게 고려해야 할 것이 무엇인지 최근 저의 경험을 중심으로 공유하고자 합니다. 물론 제 경험이 서류심사의 절대적 기준은 될 수 없습니다. 채용은 상대적이기 때문입니다. 본문이 자기소개서의 전체 내용을 담기에는 다소 한계가 있으나 제 경험이 공공기관 취업을 준비하는 데 조금이나마 도움이 되길 바랍니다.

1. 관점 역량

1) 서류심사관의 마음 들여다보기

서류심사관은 서류심사를 어떻게 진행되는가? 서류심사관은 제한된 시간 안에 자기소개서 서류를 검토합니다. 심사관마다 차이는 있지만 저의 경우 2~5분 정도 소요됩니다. 물론 기관 및 직무마다 다소 차이가 있습니다. 어떤 기관은 자기소개서 한 항목당 10분 정도의 검토시간을 정해주는 곳도 있었습니다. 그러나 개인적으로 많은 서류를 한꺼번에 검토해야 하기 때문에 최대 5분을 넘지 못했습니다.

공공기관 서류심사는 블라인드 기준을 준수합니다. 블라인드 기준은 국가가 명시해놓은 채용심사 지표이지만 최종적으로 서류심사위원끼리 블라인드 기준에 대한 협의를 진행하기도 합니다. 또한 서류심사가 많은 경우 정량평가(직무경험, 자격사항, 교육사항), 정성평가(자기소개서) 심사위원을 따로 배치하기도 하였습니다.

정량평가 및 정성평가(자기소개서) 항목 배점 기준은 공공기관마다 해당 직렬마다 차이가 있습니다. 또한 채용형 인턴 및 체험형 인턴, 신입직 및 경력직 정규직 채용 등 채용형태에 따라 배점 기준이 다소 차이가 있습니다.

특히 특수한 직렬인 경우 내용전문가들이 함께 심사를 진행하기도 합니다. 내용전문가는 직무 관련 전문적인 지식과 경험을 가지고 있는 사람을 말합니다(출처: 네이버 지식백과 HRD 용어사전). 특히 정규직 심사의 경우 해당 경력 여부를 중요시하는 경우가 많아 직무경험이 해당 직무와 유사한지 내용전문가와 면밀하게 살펴보기도 하였습니다.

정성평가(자기소개서)에서는 구직자의 역량을 다각적으로 평가하기 위해 최소 3명 이상의 심사관이 배치됩니다. 나의 자기소개서를 최소 3명 이상이 검토한다고 보면 됩니다. 저의 경우 정성평가(자기소개서)에서 대략 3가지 순서로 심사하였습니다.

(1) 해당 직무가 어떤 일을 하는지 파악하기

"공공기관은 크게 공기업(공사),
준정부기관, 기타 공공기관으로 분류된다.
2022년 기준 총 305개의 공공기관이 있다."

출처: 알리오 공공기관 경영정보 공개시스템, https://alio.go.kr

공공기관마다 차별적 특성이 있고 다양한 직렬들이 존재합니다. 배치된 직무기술서를 면밀하게 살펴봅니다. 특수한 직무의 경우 내용전문가 및 공공기관 인사담당자에게 질문하여 직무에 대한 상세한 설명을 듣습니다. 그리고 해당 직무에서 핵심직무가 무엇인지 파악합니다. 핵심직무라는 것은 다양한 직무 중에 중요한 업무를 뜻합니다. 그 업무를 수행하는 데 필요한 역량이 어떤 것들이 있는지 빠르게 체크합니다.

(2) 유사경험인지 직접경험인지 중점적으로 살펴보기

'만일 지원자가 입사하게 된다면 어떠한 모습으로 직무를 수행할 것인가?' 자기소개서를 검토할 때 이들 경험이 유사 경험인지, 직무와 직접적으로 연관된 경험인지 중점적으로 봅니다. 그리고 지원자의 미래 모습을 상상합니다. 완벽하게 업무 처리할 것 같은 AI 같은 구직자들을 뽑지 않습니다. 실수하더라도 그것을 인정하고 잠재력을 발현할 수 있는 구직자, '나 능력있어요', '나 일 잘해요'보다 겸손하면서 진솔하게 쓴 지원자, 생각과 소신을 뚜렷하게 밝히는 지원자, 한 가지 사례(에피소드)를 깊이 파고 들어가는 스토리텔링을 잘하는 지원자, 글이 짧고 요약이 잘되어 가독성이 높고 내용 전개가 쉬운 지원자들에게 더 눈길이 갔습니다.

(3) 블라인드 기준 위배 확인하기

기관명을 잘못 기재하는 지원자들이 있습니다. 예를 들면 '한국전력공사'에 지원했는데 자기소개서는 '기업은행'이라고 적은 것입니다. 심사관들은 이것을 '내용 복사하기' 했다고 판단합니다. 최종 마무리에서 '기관명 오기재'를 과락 처리할 것인지 최소점수를 줄 것인지 심사위원들끼리 협의합니다.

블라인드 채용에 위배되는 단어, 문장들도 면밀히 살펴봅니다. 예를 들면 출신 지역, 가족관계, 결혼 여부, 신체조건(키, 몸무게), 성별, 성명(이름) 등을 적으면 블라인드 기준에 위반된다는 것을 꼭 알아둬야 합니다. 서류심사관은 블라인드 기준 위배를 하나씩 개인 필기도 하면서 꼼꼼히 살펴보는 작업을 합니다.

2) 관점 역량: 현재 직무경험이 없다면?
　　생각의 틀 바꾸기

　자기소개서를 쓰기 전부터 생각의 틀을 다르게 해보는 것은 어떨까요? 대학을 갓 졸업한 구직자들은 아무래도 직무경험이 많지 않아 기관, 산업, 조직, 직무관점을 논리적으로 표현하는 것이 결코 쉽지 않습니다. 해당 분야 직무경험이 있다는 것은 다르게 말하면 회사와 직무를 잘 이해하고 있다고 해석되기 때문입니다.

　직무 경험이 부족하다고 판단되면 아예 처음부터 나의 관점이 아니라 상대의 관점(회사, 직무)에서부터 바라보는 연습이 필요합니다.

> "이런 표현을 하면 회사에서 어떻게 볼까?"
> "이게 회사에서 쓰는 용어일까?"
> "어떤 단어와 용어를 쓰이는 게 적절한가?"
> "여기서 핵심직무는 무엇일까?"
> "해당 기업에서 무엇을 원하는 것일까?"
>
> 출처: 유재천, 『취준생 컨피턴시』 스토리하우스, 2021.

　'상대가 원하는 것이 무엇일까?'. 스스로에게 질문을 많이 해보길 바랍니다. 구직자들은 기관 및 직무이해도에 대한 살아있는 정보를 얻기 위해 독취사 같은 온라인 카페 활용을 많이 합니다. 그러나 온라인상 정보가 진짜 정보가 아니라 구직자의 주관성이 포함된 '카더라'일 수 있습니다. 되도록이면 직접 발품을 팔아보길 바랍니다.

생각의 틀을 바꾸는 게 생각보다 쉽지 않습니다. 반복적인 훈련이 필요합니다. 관점을 바꾸기 위한 작은 노력, 이것이 취업준비 단계에서 서류합격의 확률을 높이는 가장 중요한 첫 시작이 될 것이라 확신합니다.

2. 스토리텔링 역량

1) 왜 자소서에서 '소제목'이 중요한가?

'내가 말 한마디 못하는 수업, 과연 도움이 될까?'. 우연히 지나가다가 아파트 과외 광고 전단지를 본 적이 있습니다. 어떤 시선을 끌면서 무언가의 메시지가 전달되는 것 같았습니다. 유튜브에서는 사람들의 호기심을 자극하는 썸네일 혹은 어그로성 제목을 선정해서 조회수를 올립니다. 이처럼 자기소개서에서 소제목은 심사관의 시선을 끄는 역할을 합니다. 제한된 시간 동안 자기소개서 내용을 한꺼번에 검토해야 하는 심사관들은 시간이 부족합니다. 그래서 먼저 소제목을 중점적으로 봅니다. 이것은 빠른 시간 안에 구직자의 역량 및 인성을 바로 파악하는 데 도움이 되고 또한 소제목을 통해 구직자의 준비 및 노력을 확인해볼 수 있기 때문입니다.

채용 서류를 심사하다 보면 자기소개서 내용 구성이 비슷한 경우가 많습니다. 아무래도 전공, 학교생활, 동아리, 일 경험 등 유사한 경험으로 내용이 구성되는 경우가 많기 때문입니다. 또한 요즘은 취업컨설팅을 통해 수정과 검토가 많이 이루어져 구직자의 자기소개서 작성 수준이 상향평준화되었다고 생각합니다.

결국 심사관들은 비슷한 경험, 스토리에서 옥석을 가려야 할 때가 많습니다. 이때 잘된 소제목 하나가 취업의 성패를 좌우할 만큼 강력하다고 볼 수 있습니다. 그러면 어떻게 소제목을 작성하는 것이 서류합격에 도움이 될까요?

(1) 소제목을 수치화해서 적어보기

자기소개서에서 마지막에 작성하는 소제목 작성은 마치 커다란 장벽을 만난 것과 같은 느낌이 들 것입니다. 하지만 소제목은 서류합격의 당락을 좌우하기 때문에 포기하면 안 됩니다.

- 200명이 매료된 참신한 아이디어
- 500명의 설문지로 완성된 ㅇㅇ(기관) 동상 수여
- 물 공포증을 이겨내고 30m 다이버를 하다
- 학점 2.5에서 4.2가 되기까지

출처: 오! 멘토의 취업 뽀개기 블로그, https://m.blog.naver.com/llkk0107/222229493456

만약 자신의 경험과 성과가 있다면 내용을 확인한 후 소제목을 구체적인 수치로 표현해보길 바랍니다.

(2) 소제목은 전체 내용을 담은 큰 그릇과 같다

소제목은 반드시 그 내용을 모두 포함하는 내용이어야 합니다. 자신의 스토리와 전혀 상관없는 소제목을 적는 구직자도 있습니다. 아무리 지원자의 경험과 스토리가 훌륭하더라도 소제목이 해당 내용과 관련이 없으면 탈락입니다.

만약 자신이 강조하고 싶은 키워드가 '탐구력'이고, 키워드에 대한 근거 사례로 주류매장에서 고객이 선호하는 주류 제품군을 분석하고 탐구하였더니 매출이 5% 상승했다는 내용으로 구성되어있다면?

탐구력 → 고객이 원하는 주류 배치 → 매출 5% 상승

이런 식으로 미리 화살표로 소제목을 스케치한 다음 임팩트 있는 단어와 문장을 사용하여 소제목을 새롭게 재구성해보길 바랍니다. 주의할 점은 추상적인 소제목입니다. 만약 수자원 공사에 지원했는데 물을 주제로 소제목을 '물은 내 삶의 지향점이다', '물은 답을 알고 있다' 이런 식으로 추상적인 문구를 쓴다면 설득력이 부족해보일 수 있으니 참고하길 바랍니다.

(3) 호기심 유발작전: 일반적인 생각을 거꾸로 표현해보기

'노력은 배신하지 않는다', '일체유심조(一切唯心造)' 등 우리가 아는 속담과 명언, 한자, 사자성어를 소제목으로 적는 지원자들도 제법 있습니다. 문제는 이것이 구직자들이 많이 쓰는 흔한 소제목 표현이라는 것입니다. 한꺼번에 많은 서류를 심사하는 심사관 입장에서 자주 쓰이는 소제목은 진부해 보입니다. 차라리 일반적인 생각 및 속담들을 거꾸로 보고 표현하는 방식으로 접근해보면 어떨까요?

> 노력은 배신하지 않는다.
> → (반대로 생각하기) 노력도 배신합니다. 그러나…

이런 식으로 소제목을 적기 전에 내가 전달하고 싶은 메시지를 생각한 다음 어떤 키워드를 도출해보는 것입니다. 호기심 유발 작전을 써 보시길 바랍니다. 짧지만 강력하게 강점을 극대화해 보여줄 수 있는 문구들을 다각적으로 고민하는 것이 좋은 소제목이 나오는 지름길입니다.

2) 나의 돋보기는?: 차별화로 가는 지름길

채용에서 자기소개서와 면접은 결국 '나의 생각, 관점을 남들에게 어떻게 설득해서 보여줄 것인가?'에서 출발합니다. 소신, 생각, 관점은 내가 살아온 다양한 경험을 통해 얻어집니다. 그리고 그 경험을 통해 스스로 통찰하고 성찰하는 시간을 많이 가질수록 세상과 직업을 바라보는 자신만의 돋보기가 생길 것입니다.

자기소개서 합격을 위해서는 글을 '매우' 잘 써야 합니다. 글을 잘 쓴다는 의미는 나의 '스토리'도 중요하지만, 나의 생각(소신)을 차별성 있게 표현하는 것이 핵심입니다. 추상적이라고 생각할 수 있겠지만 스토리를 구성하기 전에 나는 어떤 시각과 관점을 가지고 있는지 성찰하는 시간을 많이 가져보길 바랍니다. 그 시간이 자기소개서 작성뿐만 아니라 자신만의 길을 가는 데 보다 성숙한 길로 안내할 것입니다.

3) 쓸모없는 경험은 없다

> "제가 롯데리아에서 4년간 아르바이트했는데요.
> 경영지원 분야와 전혀 상관없는 경력인데요. 어떻게 해야 할까요?"

입사서류 작성에서 구직자들이 물어보는 질문은 대략 2가지입니다. '지원직무와 상관없는 단타성 서비스 아르바이트인데 이걸 어떻게 해야 할까요?' 혹은 '한 곳에서 서비스 아르바이트만 3, 4년 했습니다. 다양한 경험이 없고 직무와 상관없는데 그 경험을 버려야 할까요?'라는 질문입니다.

구직 매칭 플랫폼 사람인에서는 2021년도 6월 기준 신입사원이 1년 이내 조기 퇴사할 확률이 약 49.2%에 육박한다고 조사했습니다. MZ세대가 조기 퇴사를 많이 하는 이유로는 직업에 대한 개인 만족을 중요시하기 때문이라고 기업들은 분석했습니다.

그래서 채용담당자가 신입직 채용에서 중요하게 보는 부분은 바로 오래 버티는가입니다. 기업이 한 사람을 뽑는 데는 많은 시간과 비용이 발생합니다. 그래서 신입사원의 1년 이내 퇴사는 기업 입장에서 큰 손실이 아닐 수 없습니다. 이런 현실에서 직무와 관련이 없더라도 한 곳의 아르바이트를 4, 5년간 장기근속한 경험이 있다는 것은 오래 버티는지 여부를 중점으로 보는 요즘 채용심사에서 또 다른 차별점이 아닐까 싶습니다.

또한 단타성 서비스 아르바이트 경험을 갖고 있는 지원자들도 제법 많습니다. 직무와 상관없다고 그 경험을 버리지 마세요. 물론 취업에서 직무와 직접적으로 연관된 경험이 유리합니다. 그런데 유사경험도 나를 보여주는 도구가 될 수 있습니다. 중요한 것은 경험을 사실대로 나열하는 것보다 그 경험을 통해 얻은 나의 성찰과 나의 생각입니다. 경험은 유사할 수 있지만 성찰과 스토리는 자기만의 색깔을 보여주는 가장 좋은 척도이기 때문입니다.

취업준비생은 단타성 아르바이트와 유사 경험들을 지원 직무와 어떻게 연결해야 할지 어려워합니다. 남학생의 경우 군대 경험을 작성해야 할지 말지 고민이 많습니다. 군대 경험은 작성하지 말라고 하는 컨설턴트도 있습니다. 제 생각은 조금 다릅니다. 군대 경험도 직무와 직접적으로 연결된 경험이 있다면 작성해보고, 또는 군대에서의 어떤 특별한 경험이 있다면 버리지 말고 활용해보길 바랍니다. 이때 중요한 것은 많은 경험과 사실을 나열하기보다 하나의 사례를 선정해서 좁고 자세하게 스토리텔링하듯 써보는 것입니다. 그 속에서 얻은 '나의 성찰'을 적는 것이 자기소개서의 '차별화'를 이루는 핵심 키워드입니다.

자신의 경험과 직무를 연결하는 것이 처음에는 힘들 수 있습니다. 해당 직무를 잘 알고 있는 사람을 직접 컨택해서 정보를 모으거나 취업 컨설턴트를 직접 찾아가 직무 이해도를 높여보길 권합니다.

4) 스토리텔링 사례

> "'스토리(Story) + 텔링(Telling)'의 합성어로
> 말 그대로 '이야기하다'라는 의미를 지닌다.
> 즉 상대방에게 알리고자 하는 바를
> 재미있고 생생한 이야기로 설득력 있게 전달하는 행위다."
> 출처: 위키백과, 「스토리텔링」 https://ko.wikipedia.org/wiki

자기소개서에서 스토리텔링의 핵심은 어떠한 사건의 나열이 아니라, 사건의 배경, 그 사건을 통해 자신이 갖게 된 목표와 성과, 목표 달

성까지의 과정 등이 입체적으로 솔직하게 드러나는 것입니다(출처: 잡코리아 「나만의 자소서 스토리텔링 기법」). 한 가지 사례를 공유하겠습니다.

285-8호 13명 하우스 패밀리

"공장 잘 돌아간다."

3층 13명의 구성원이 한 집에서 오르내리며 박진감 넘치게 숨을 쉬고 있습니다. 새벽 6시면 한 명, 두 명 일어나 출근 준비를 시작하고 어머님은 13명의 뜨거운 식사를 준비하시기 위해 분주함 속에서 하루가 시작됩니다. 출가 후 조카들이 태어나 직장생활을 하는 누나들이 새로운 가족을 이끌고 집으로 들어와 한 살림, 한 살림 늘어난 식구가 13명입니다.

13명 한자리에 모이는 저녁 시간은 전쟁터 혹은 공장에 비유됩니다. 바로 인근에 작은아버지, 고모님 댁이 위치해 있어 저녁 운동에 나와 들리는 '참새 방앗간'이 되는 날이면 13명의 구성원이 15~18명으로 순식간에 채워지곤 합니다. 조카들이 유치원 학교에서 돌아오기 위해 시간표대로 픽업하는 계획을 세우고 실행하는 모습을 보고는 "공장 잘 돌아간다"라는 평을 하시곤 합니다. 항상 떠들썩한 분위기는 꼭 TV 속의 대가족을 보는 듯합니다. 조직 속에서의 조화로움을 생활 속에서 배우며 체험하고 있습니다. 서로를 배려하고 함께하는 즐거움을 압니다. 대가족 안 생활의 지혜(소통의 지혜)로 귀사에 살짝 녹아들고 싶습니다. 소통할 줄 아는 직원이 되겠습니다.

이 지원자가 강조하고 싶은 점은 '소통'입니다. 그러나 처음부터 '저 소통 잘해요'라고 외치고 있지 않습니다. '기-승-전-결' 형식의 글 구조를 갖추고 난 다음, 왜 내가 대가족 속에 어우러짐과 배려를 가지게 되었는지 그 배경을 일상 묘사를 통해 구체적이면서 입체적으로 표현하고 있는 것을 확인할 수 있습니다. 이처럼 스토리텔링을 할 때는 많은 강점과 사례를 나열하기보다 한 가지 작은 사례를 선정하여 자세하게 묘사하듯 작성하길 바랍니다.

(1) 이공계 분야 자기소개서 작성에서 주의할 점

이공계열 전공자 중 전공프로젝트 혹은 학생연구원 경험을 가진 지원자들이 있습니다. 특정 이공계열 전공의 경우 전공 관련 용어들이 많이 등장하기도 합니다. 물론 전공 프로젝트 등을 진행한 과정을 자세히 기술하려고 한 것은 이해가 됩니다. 다만 전공용어를 많이 쓰게 되면 가독성이 떨어집니다. 분명한 요지를 파악하는데 시간이 많이 걸립니다. 전문성 강조보다 글을 쉽게, 핵심적인 단어로 문장을 재구성해보길 바랍니다.

(2) '직업윤리' 항목 작성에서 유의점

직업윤리란 '직장에서 일을 수행하면서 직업생활에 필요한 태도, 매너, 올바른 직업관'을 의미합니다. 국가에서 만든 NCS(국가직무능력표준)에서는 직업윤리의 기준을 '근로 윤리'와 '공동체 윤리'로 나눠서 제시합니다.

사적인 이윤을 추구하는 일반 사기업과는 달리 공공기관은 공적인 이윤을 추구하는 특성이 있습니다. 공공기관에서는 국민이 낸 세금을 가지고 국가사업을 운영합니다. 아무래도 근무자 스스로가 판단하고 결정할 수밖에 없는 일들이 종종 발생하게 됩니다. 그렇기 때문에 공공기관 지원자에게 정직함, 청렴함 같은 도덕적 기준을 더 집중적으로 요구합니다. 이공계의 경우 직렬마다 차이는 있지만 지적재산, 디지털자산, 기술보고서 등 핵심기술에 대한 보안이 중요하기 때문에 직업윤리 항목에서 그 내용을 확인하려고 합니다. 민간 거래처와 계약을 맺는 재무팀의 경우 그 윤리 기준이 훨씬 엄격합니다. 최근 직업윤리의 키워드는 자산보호, 개인정보보호, 공정거래, 조직문화 등입니다. 연구직의 경우 허위 통계 조작 및 표절행위에 대해서도 그 기준이 엄격합니다.

직업윤리 항목에 대한 서류심사 기준은 공공기관마다, 직군마다 다소 차이가 있었습니다. 서류심사관은 '직업윤리' 항목을 보통 지원자가 근면, 성실, 정직의 태도를 가지고 있는지를 보거나, 규정 및 법령을 잘 준수할 수 있는지 여부를 중점적으로 봅니다.

지원자 입장에서 직업윤리를 쓸 때 어떻게 적어야 할지 막막해 하는 경우를 많이 보았습니다. 직업윤리 관련 사례 발굴을 어떻게 해야 할지 쉽지 않을 것입니다. 직업윤리 항목은 유독 지원자의 유형이 갈라집니다. 제 경험에서 대략 2가지 유형으로 구분 지어보았습니다.

① 학창 시절 당연한 사례(컨닝, 족보 활용)를 쓰는 지원자

학창 시절 시험에서 '컨닝하지 않았다'면서 양심에 대한 생각을 적은 지원자들도 일부 있습니다. 또는 시험에서 족보를 활용하지 않고 자기 스스로 학습해서 '원칙'에 충실하겠다는 의지를 적은 지원자들도 있습니다. 그런데 이것을 다르게 생각해보면 컨닝 금지는 기본적으로 지켜야 할 사항이라고 많이 생각합니다. 왜냐하면 컨닝을 하는 학생도 있지만 다수는 컨닝을 하지 않고 양심에 맡기기 때문입니다. '컨닝'과 직업윤리를 연결하는 것은 내용 전개상 설득력이 다소 부족해 보일 수 있습니다.

② 최근 일어난 공공기관 비리에 대한 자신의 견해를 적은 글

예를 들면 2021년 3월에 한국토지주택공사 직원이 수억 원의 뇌물을 받고 수의계약을 통해 LH아파트 여러 채를 보유하는 등의 비리가 있었고 이를 기사화했습니다. 직업윤리 항목에서 해당 기사 내용을 캡처한 다음 자기 견해(예: 비리는 척결해야 된다)를 덧붙이는 지원자들도 있었습니다. 또한 LH공사 직원의 부동산 투기 관련 신문 기사를 인용해서 결국 '청렴성이 중요하다'고 적은 지원자도 꽤 많았습니다. 직업윤리 작성에서 남의 생각을 내 생각처럼 쓰지 말기를 바랍니다. 자기소개서는 결국 내 경험을 자세히 서술하는 것입니다. 작은 경험이라도 내 경험 한 줄을 적는 것이 더 효과적입니다.

③ 결국 직업윤리 항목에서도 행동, 사례로 접근

예를 들면 '협력업체와 같이 일을 하면서 회사윤리 규범과 공정거래 절차를 정확히 이해하고 행동하는 것이 중요함을 알게 되었다'는 스토리는 얼핏 보면 자신의 경험을 말하는 것 같이 보입니다. 그러나 여기서는 '과정'이 빠져있습니다. 협력업체에서 문제가 일어난 '배경' 그리고 이것을 어떻게 해결했는지 '과정과 행동'을 통해 '규정을 이해하게 되었는가'가 내용 전개에서 핵심입니다. 글자 수 제한이 있다면 행동과 과정을 중심으로 상세히 기술해보길 바랍니다.

④ 직업윤리 작성에서 넣으면 좋은 사례

예를 들면 단기 아르바이트 중 유통기한 확인하는 과정에서 유통기한이 잘못 찍힌 것을 바로 발견하여 책임자들에게 빠르게 말씀드려 즉시 생산가동을 멈추고 이를 바로 잡은 사례, 무거운 짐을 지고 가던 노인에게 직접 다가가 대신 짐을 들어준 사례. 사람을 돕고 싶다는 자신만의 직업 가치관을 가지게 된 계기, 정기적으로 헌혈한 사례, 누군가를 도와주거나 타인을 배려한 경험과 사례 등을 구체적인 에피소드로 진솔하게 접근해보세요.

3. 취업에 대한 유연한 사고

"길은 돌아갈 수 있다. 하나의 대안만 설정하지 말자!"

한 구직자가 공공기관 서류에 탈락했다며 상담하자고 찾아왔습니다. 서울 중상위권 대학 문과계열 졸업자, 영어, 자격증, 자기소개서 등 취업을 위한 준비도 열심히 했던 학생이었고, 가능성도 있고 인상도 좋은 졸업생이었는데 자꾸만 서류탈락을 하니 힘들어했습니다. 아쉽게도 그는 직무경험이 부족한 구직자였습니다. 저는 공공기관만 고집하기 보다 다양한 대안 모색을 권유했습니다. '워라벨', '안정적인 직업'이라는 프레임이 있어 2~3년의 구직활동 기간을 길게 보내는 구직자들도 제법 보았기 때문입니다.

　직무경험이 부족하다면 공공기관 체험형 인턴 지원, 아니면 다른 곳(사기업, 벤처기업)에서 경험을 쌓아보는 것은 어떨지 생각해보라고 했습니다. 그곳에서 생각지도 못한 재능을 발휘할 수도 있고, 어렵게 들어간 공공기관이 자신의 성향과 맞는지, 안 맞는지 아직은 모르니 조금 더 경험을 쌓아볼 것을 권유했습니다.

　요즘은 공공기관에는 사기업 직무 경험이 있는 중고신입, 해당 기관 체험형 인턴, 여러 공공기관 행정인턴 경험을 보유한 구직자들이 많이 지원합니다. 직무경험이 없는 지원자도 가능성과 잠재력이 충분히 있다는 것을 알고 있지만 직무 유경험자가 심사위원들이 선호하는 용어와 문장을 자기소개서에 잘 드러나게 작성하는 경우가 많아 심사할 때 고민이 많습니다. 이런 현실을 고려하여 취업 전략 차원에서 공공기관 지원 시 자신의 현재 조건을 객관적으로 파악하여 공공기관 관련 구직활동 기한을 어느 정도 정해두고 하길 바랍니다.

　길을 직진으로 가기 힘들면 돌아가는 방법도 있습니다. 눈높이를 낮추라는 의미가 아닙니다. 만약 스스로가 직무경험이 부족하다고 판단되면 현재 나의 위치를 정확히 파악해서 취업전략을 잘 세우는 것이 필요합니다.

한국공항공사의 경우 체험형 인턴 경험이 있으면 서류면제도 가능했습니다. 체험형 인턴도 지원해보고, 공공기관 공모전을 준비해보는 것도 좋습니다. 만약 진심으로 가고 싶은 공공기관이 있다면 합격을 위해 철저히 산업분석, 기관분석, 직무분석을 체계적으로 준비하여 역량과 가능성을 가진 인재임을 온 힘을 다해 설득해보길 바랍니다. 직무경험은 없지만 기관 및 산업분석을 잘하여 서류에 합격한 경우도 있기 때문입니다.

취업을 잘 결정하는 것만큼 중요한 선택은 없습니다. '안정적인 직업', '돈 많이 주는 직업' 프레임에 갇히기보다 더 넓게 유연하게 생각해보면 어떨까요? 더 넓게 보면 새로운 길이 보일 수도 있고, 어쩌면 차선으로 선택한 것이 더 잘되는 경우도 많이 보았습니다. 하나의 취업 목표만을 설정하기보다 어떤 중요한 취업 결정에서 나의 성향을 잘 알고 다양한 선택지를 모색하였으면 좋겠습니다.

구직활동 기간 동안 긴 터널에서 갇힌 것 같은 느낌이 들 것입니다. 끝이 없을 것만 같은 길이지만 분명한 것은 언젠가 그 끝은 있습니다. 구직활동에서 나에게 더 많이 응원하고 잘될 거라는 믿음을 꼭 놓지 말길 바랍니다. 그 믿음이 어렵고 힘든 취업 준비에서 큰 버팀목이 될 것이라 확신합니다.

참고문헌

- 네이버 지식백과 HRD 용어사전(https://terms.naver.com)
- 사람인, 「기업 절반, MZ세대 조기 퇴사 비율 높다」(https://www.saramin.co.kr/zf_user/help/live/view?idx=108293&listType=news)
- 알리오 공공기관 경영정보 공개 시스템(https://alio.go.kr/)
- 오! 멘토의 취업 뽀개기 블로그(https://m.blog.naver.com/llkk0107/222229493456)
- 위키백과, 「스토리텔링」(https://ko.wikipedia.org/wiki/)
- 유재천, 『취준생 컴피턴시』, 스토리하우스, 2021.
- 잡코리아, 「9탄 재미와 감동! '나만의 자소서 스토리텔링 기법' 공개」(https://www.jobkorea.co.kr/Starter/Live/View/5491)

저자소개

조은희 CHO EUN HEE

학력
· 한양대학교 대학원 교육학 박사(직업교육 및 HRD)

경력
· (현) 서울시립대학교 자유융합대학 자유전공학부 강사
· (현) 한국기술교육대학교 직업능력심사평가원 심사평가위원(교육공학 및 평생교육)
· (현) 한국폴리텍대학(서울 정수캠퍼스) 강사
· (현) 유한대학교 '희망찬 나의 진로 찾기' 강사
· (전) 경기대학교(수원), 연성대, 동양미래대 등 7개 대학 진로 및 취업교과목 강사 10년
· 동국대학교(서울) 학생 경력개발원 취업지원센터 상담원
· 서울대학교 경력개발센터 '진로탐색 멘토링' 프로그램 진로 및 취업컨설팅
· 스카우트 취업컨설턴트(정부취업지원사업 운영, 진로 및 취업컨설팅 및 사업수행)

자격
· 직업상담사2급(한국산업인력공단)

저서
· 『미래를 위한 도전과 열정』, 브레인플랫폼, 2022.(공저)

마이스(MICE)산업계의 채용과 면접

김용국

1. 들어가며

마이스산업은 경제적 파급효과가 크고 공해 없는 고부가가치 산업으로 각국이 국가 전략산업으로 육성·지원하고 있으며, 우리나라도 경제성장과 더불어 마이스산업이 급격하게 성장하고 있다.

문화체육관광부에서 발표한 국제회의 개최 건수를 보면 2010년 464건에서 2019년 1,113건으로 연평균 10.2% 성장해왔으며, 코로나 팬데믹으로 2020년 256건, 2021년 473건으로 크게 감소하긴 하였으나 최근에 다시 증가추세를 보이고 있다.

2022년 하반기부터 빠르게 회복되고 있는 국제행사와 이벤트행사 등은 2023년도부터는 정상수준으로 회복될 것으로 전망되고 있어 그간 코로나로 인한 행사 감소로 마이스산업계를 떠났던 일자리와 신규 수요 일자리가 크게 늘어날 것으로 기대된다.

따라서 마이스 관련 분야를 전공하고자 하는 입시생과 마이스업계에 진출하고자 하는 학부생과 졸업생, 그리고 마이스업계로 전직을 희망하는 사람들에게 마이스산업에 대한 이해와 준비사항, 또 마이스업계에서 요구하는 역량과 면접 노하우를 제공하여 마이스업계 진출에 조금이나마 도움을 주고자 한다.

2. 마이스산업이란?

1) 마이스산업의 개념과 중요성

마이스산업은 회의(Meeting), 포상관광 또는 인센티브 여행(Incentive tour, Incentive travel, Incentives), 컨벤션(Convention), 전시회(Exhibition)의 4개 분야를 가리키며, 국제기관이나 기업체 등이 개최하는 회의 이벤트와 전시회 및 컨벤션 등을 모두 포괄한다.

마이스는 다른 분야에 비해 경제적인 파급효과가 매우 크고 성장잠재력이 높은 신규 산업으로 국제 경제교류로 마이스를 활용한 비즈니스가 활성화되고 있으며, 멀티지식산업으로써 고용 창출과 경제적 파급효과가 크게 나타나고 있다.

따라서 세계 각국은 국가 전략산업으로 마이스산업을 육성·지원하고 있다. 우리나라에서도 마이스에 대한 정책적 관심이 높아지고 지역경제를 활성화시킬 수 있는 중심적인 전략산업으로 인식되고 있다.

2) 컨벤션(Convention)의 분류

컨벤션은 소규모행사에서 대규모행사, 컨벤션이나 워크숍 등 행사

형태와 기업회의나 학술대회 등 행사성격, 그리고 개회식·폐회식 등 행사진행상으로 분류하는데 일반적인 행사형태별로 살펴본다.

정보전달을 주목적으로 하는 정기집회로 각종 규모의 회의나 위원회, 전시회 등을 수반하는 '컨벤션', 주로 과학, 기술, 학문 등 연구를 위한 회의 및 토론으로 이루어지는 '컨퍼런스', 주제 강연과 토론 방식의 '심포지엄', 특정 주제에 대한 패널이나 연사의 주도로 진행되는 '포럼', 강연 형식이 아닌 좌장에 의해 진행되며, 의견교환이 자유로운 '세미나', 소그룹 형태의 모임으로 특정 문제나 과제를 다루는 교육형태의 '워크숍' 등이 있다.

3) 마이스산업 전담조직과 관련 기관

컨벤션 분야는 한국관광공사(원주), 지역관광공사(서울, 대구, 부산, 인천 등 광역시), 한국MICE협회(서울), 한국PCO협회(서울), 컨벤션뷰로(고양, 화백(경주), 대구, 제주, 수원 등 17곳) 등이 있고 Exhibition 분야는 한국전시산업진흥회(서울), 한국전시주최자협회(서울), 컨벤션센터(킨텍스, 코엑스 등 17곳), 전시산업관련단체(한국전시디자인설치협회, 한국전시서비스업협회, 한국이벤트산업협동조합, 한국전시행사산업협동조합)가 있다.

(1) PCO(국제회의기획자)

PCO(Professional Convention Organizer)는 각종 국제회의, 전시회 등의 개최 관련 업무를 행사 주최 측으로부터 부분적 또는 전체적으로 위임받아 국제회의 기획, 운영, 관리, 홍보 등을 수행하는 업체로서 회의 개최에 따른 인력과 예산의 효율적 관리, 시간과 자금의 절약 등 회의 진행을 주관한다.

(2) PEO(국제전시기획자)

PEO(Professional Exhibition Organizer)는 각종 전시회 기획 및 운영 전문 업체로서 전시회 기획, 참가사 및 참관객 유치관리, 부대행사 기획, 바이어 초청관리, 이벤트 기획, 홍보 진행 등의 업무를 수행하며, 전시회의 개막과 결과보고 등 처음부터 끝까지 운영·관리한다.

(3) DMO(지역관광추진조직)

DMO(Destination Marketing Organization)는 지역의 관광산업 활성화를 위한 계획의 수립 및 조사연구, 마케팅 전략 수립, 지역홍보를 통한 관광객 유치 및 관광 콘텐츠 개발, 관광시설 운영관리, 관광인력 양성, 관광상품 개발 및 판로개척 지원 등 도시마케팅 업무를 수행하는 조직이다.

(4) 전시컨벤션센터

서울의 코엑스, 고양의 킨텍스, 부산의 벡스코, 대구의 엑스코 등 전국 17곳의 전시컨벤션센터가 있으며, 서울 마곡, 잠실, 청주, 전주, 춘천, 강릉, 포항, 천안 등 8곳이 신규 전시장 건립을 추진하고 있다.

전시컨벤션센터는 국제회의, 전시회, 이벤트 등 다양한 규모와 종류의 행사들이 열리는 전문 시설로서 각종 행사의 주최자와 기획사는 이곳에서 행사를 개최하고 있으며, 전시컨벤션센터는 성공적인 비즈니스를 제공하는 공간이자 커뮤니케이션의 중심이라 할 수 있다.

전시컨벤션센터는 국제회의를 비롯한 행사의 유치마케팅, 전시장과 회의실의 임대관리, 행사 개최 시 현장 지원 등 서비스를 제공하고 있으며, 최근에는 전시컨벤션센터에서 PCO나 PEO 등에게 장소 제공과 직접 전시회나 국제회의, 이벤트 등 행사를 기획하고 개최하기도 한다.

(5) CVB(컨벤션뷰로)

CVB(Convention & Visitors' Bureau)는 비영리 컨벤션전담기구로서 국제회의 유치에 필요한 모든 업무를 지원하며, 해당 도시나 지역을 대표해 방문객 유치 및 고객서비스를 제공하는 전담조직이다.

해당 지역의 광범위한 홍보를 통해 국제회의 및 관광객을 유치하고 적극적인 컨벤션 및 관광목적지의 마케팅을 포함한 관광 상품 개발 및 운영업무를 수행한다.

CVB는 해당 지역을 회의 주최자에게 홍보하고 개최 확정을 한 회의 주최자에게 회의 시설이나 회의 개최에 필요한 서비스 또는 정보를 제공하며, 지역 이미지 향상과 해당 지역 내 회의 개최 시설에 대한 마케팅을 진행한다.

4) 전시산업의 현황과 미래 전망

(1) 전시회의 분류와 특징

한국전시산업진흥회(AKEI)에서 전시회는 제품, 기술, 서비스를 특정 장소에서 일정 기간 판매, 홍보하는 마케팅 활동이며, 유통업자, 무역업자, 소비자, 관련 종사자 및 전문가, 일반인들을 대상으로 기업들의 정보교환 및 거래 등 경제적 목적을 달성하고자 하는 경제활동이라 하였다.

「전시산업발전법」에서는 '무역 상담과 상품 및 서비스의 판매·홍보를 위하여 개최하는 상설 또는 비상설의 견본상품박람회, 무역상담회, 박람회 등의 행사'라고 정의하였다.

유형별로는 무역전시회, 일반전시회, 혼합전시회로 구분하며, 품목별로는 전문전시회와 종합전시회, 세계박람회 등으로 구분한다.

한편 전시회는 전시회를 기획하고 전시장을 임대하여 일정 기간 동안 전시회를 개최하는 '전시주최자'와 소정의 참가비를 지불하고 전시주최자로부터 부스를 임대하여 전시품의 진열 및 비즈니스 행위를 하는 '전시참가업체', 전시 기간 중 전시장을 방문하여 참가업체를 대상으로 상담 및 정보를 수집하는 '전시참관객'으로 구성된다.

아울러 전시회는 종합적이고 경제적인 마케팅 수단이면서 효과적이고 신속한 판촉환경을 제공하여 효과적인 홍보수단이라 할 수 있다.

(2) 국내전시회 개최 현황

우리나라는 경제발전과 더불어 전시회 수요증가로 1991년부터 코로나 이전까지 약 30년간 연평균 8.7%의 성장세를 보였다. 2019년에는 650건의 전시회가 개최되었다. 코로나 팬데믹으로 인하여 2020년 288건으로 대폭 감소하였으나 2021년 593건으로 회복하였으며, 2022년도는 약 650건의 전시회가 개최될 것으로 예상된다.

국내 전시회 개최 건수

연도	1991	2016	2017	2018	2019	2020	2021	2022p
건수	66	568	590	615	650	288	593	650

국내 전시회 중 가장 많이 개최되는 전시회는 레저·관광·스포츠 분야(14.8%)가 가장 많고 다음이 농수축산·식음료(11.1%), 임신·출산·육아(10.6%), 금융·부동산·전문서비스(7.5%), 가정·선물용품(7.2%) 순으로 개최되고 있다.

(3) 전시회의 미래 전망

우리나라 전시회는 마이스산업이 성숙해지고 4차 산업혁명과 비대면 시대의 도래, 비즈니스의 다각화와 지속가능성이 강조되면서 대전환의 시대를 맞이하였다.

코로나로 인한 하이브리드 및 디지털인프라 구축과 비대면 역량 강화를 위한 장비구축 등 전시장의 디지털화가 가속화되고 있으며, 대형 전시회의 온·오프라인 동시개최가 늘어나고 온라인 플랫폼과의 콜라보레이션 등 온라인 기술 전시회가 늘어나고 있다.

과거의 오프라인 중심 전시회에서 수출상담회나 기술세미나 등 온라인 부대행사를 강화한 온·오프라인 동시개최 전시회가 늘어나고 있으며, 온라인 비즈매칭, 3D, 메타버스 등 디지털트윈전시회로 진화하고 있다.

3. 마이스 분야의 NCS(국가직무능력표준)

1) 마이스 분야의 NCS 분류체계

NCS(National Competency Standards)는 산업현장에서 직무를 수행하기 위하여 요구되는 지식·기술·소양 등의 내용을 국가가 산업부문별로 체계화한 것을 말한다. 즉, 회사에서 업무를 수행하는 데 필요한 능력(지식, 기술, 태도)을 표준화하고 이 내용을 교육훈련을 통해 숙지할 수 있도록 국가가 나서서 징검다리 역할을 하겠다는 것이 그 취지다.

마이스업계에 해당하는 NCS 분류체계는 대분류 '12. 이용·숙박·여행·오락·스포츠', 중분류 '03. 관광·레저', 소분류 '03. 컨벤션'으로 분류되고 하위분류인 세분류는 '01. 회의기획, 02. 전시기획, 03. 이벤트기획'으로 분류된다.

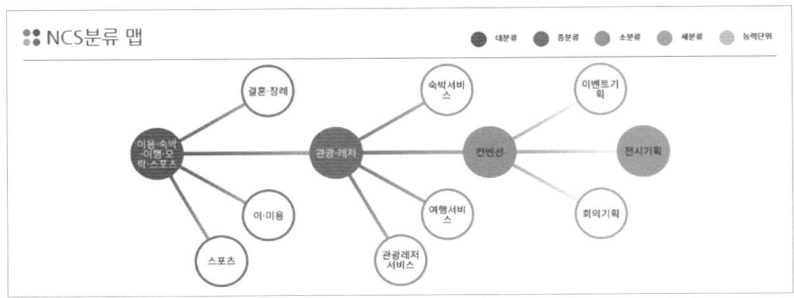

세분류별 NCS능력단위 부문을 살펴보면 '1. 회의기획'은 '1) 회의 유치, 2) 신규회의 개발, 3) 회의 개최 기획, 4) 회의 예산관리 등 14개 부문', '2. 전시기획'은 '1) 전시회 개발, 2) 전시회 개최계획 수립, 3) 전시회 참가업체 유치, 4) 전시회 비즈니스 매칭, 5) 전시회 안전관리 등 10개 부문', '3. 이벤트기획'은 '1) 이벤트 기획·제안, 2) 이벤트 예산관리, 3) 이벤트 계획 및 관리, 4) 이벤트 현장 연출 5) 이벤트 영상제작 기획·관리 등 13개 부문'으로 구성되어있다. 관련 정보는 NCS국가직무능력표준(https://www.ncs.go.kr → NCS 학습모듈 검색 → 세분류 정보)을 참고하면 된다.

2) NCS 기반 전시컨벤션 채용직무

대부분의 기관에서 인력 채용 시, 응시자에게 NCS 기반 채용직무 설명 자료를 제시하고 있으며, 주요 내용으로는 채용분야(전시기획, 컨벤션 기획 등) 및 NCS 분류체계와 직업기초능력(의사소통능력, 문제해결능력, 대인관계능력, 정보능력, 자원관리능력, 조직이해능력 등)을 제시한다. 채용 시 필기시험에서 직업기초능력을 평가하는 것이 일반적이므로 반드시 직업기초능력 평가를 준비해야 한다.

그리고 채용분야의 구체적인 직무수행내용(전시컨벤션 기획 및 예산계획 수립, 전시장·회의장·행사장 조성 및 관리, 홍보방안 마련, 부대행사 프로그램 기획 및 운영 등)이며, 필요지식(전시컨벤션 및 트렌드 관련 지식, 전시회·회의·

행사 기획 및 준비사항, 계획 실행방법, 전시컨벤션 규정 관련 지식 등)이다.

한편 좀 더 구체적인 필요기술(기획안 작성, 문서 작성, 협력기관·단체·기업과의 네트워크 구축, 인력 및 장소 물자 섭외 등)과 직무수행태도(책임감, 적극성, 정확성, 의사소통, 분석적사고, 고객지향성 등)에 대하여 설명한다.

3) 전시컨벤션 분야의 NCS 학습 모듈

NCS 학습 모듈은 산업현장에서 직무를 수행하기 위해 요구되는 지식·기술·소양 등의 내용을 국가가 산업부문·수준별로 체계화한 것으로 NCS의 능력단위를 학습할 수 있도록 구성한 학습 자료다.

NCS 검색창에서 '12. 이용·숙박·여행·오락스포츠 → 중분류 03. 관광·레저 → 소분류 03. 컨벤션 → 세분류 01. 회의기획, 02. 전시기획, 03. 이벤트기획' 중 선택하여 클릭하면 능력 단위와 학습 모듈을 확인할 수 있으며 단위별 학습 자료는 pdf 파일로 다운받아 학습할 수 있다.

예를 들어 전시기획 부문의 학습모듈은 전시회 아이템 선정하기, 전시회 수익성 예측하기, 전시회 시장조사 하기, 전차·유사·경쟁 전시회 동향 분석하기, 전시회 개최 시기 및 장소 검토하기 등으로 구성되어있다.

	순번	학습모듈명	분류번호	능력단위명	첨부파일	이전 학습모듈
□	1	전시회 개발	LM1203030201_22v3	전시회 개발	PDF	이력보기
□	2	전시회 기본계획 수립	LM1203030202_22v3	전시회 개최 계획 수립	PDF	이력보기
□	3	전시회 고객유치 관리	LM1203030204_22v3	전시회 참가업체 유치	PDF	이력보기
□	4	전시회 비즈니스 매칭 관리	LM1203030212_22v3	전시회 비즈니스 매칭	PDF	이력보기
□	5	전시회 안전관리	LM1203030214_22v3	전시회 안전관리	PDF	이력보기
□	6	전시회 협력업체 관리	LM1203030217_22v3	전시장 조성	PDF	
□	7	전시회 제작물 기획 관리	LM1203030218_22v3	전시회 광고·홍보	PDF	

4) 마이스 분야에서 NCS 활용

정부에서는 공공기관뿐 아니라 민간기업들도 NCS 기반으로 채용을 권장하고 있지만 아직 공공기관에서도 일부 기관에서만 NCS 기반의 채용을 진행하고 있는 실정이나 점진적으로 NCS 기반 채용이 확산되고 있는 추세다.

앞으로는 공공기관뿐 아니라 협회 등 관련 단체와 민간기업으로까지 확대될 전망으로 취업준비 시 철저한 NCS 기반 학습준비가 필요하다.

4. 마이스산업에 필요한 역량

1) 마이스업계 진출을 위한 준비와 경험

대부분의 마이스업계에서 필요한 인력은 전공과 자격도 중요하지만 경험이 더 중요하다. 한 번이라도 경험이 없는 사람은 회사에 바로 취업하기가 쉽지 않지만 경험이 있는 사람은 일에 대한 이해도가 높고 바로 실무에 투입이 가능하므로 대부분 회사에서 선호하는 추세다.

그러나 민간부문이 아닌 공공기관을 염두에 두고 있다면 경험 외에도 관련학과 전공이나 관련 자격증, 교육이수, 어학성적 등 기본적인 요소들을 준비하는 것이 유리하다.

경험을 쌓기 위해서는 당장 정규직이 아니더라도 기회가 된다면 관련 분야 기간제나 인턴 경험도 매우 유용하다고 할 수 있으며, 전시회나 행사 시 보조요원, 전시회 TM, 컨벤션 관련 공모전이나 아카데미, 유관기관에서 실시하는 실무교육 이수 등이 많은 도움이 된다.

전시업계에 근무하는 재직자라면 한국전시산업진흥회에서 시행하는 '글로벌전시 전문가 과정(CEM)' 교육이나 '전시사업자 교육과정', 서울관광재단에서 주관하는 '서울형 글로벌 PCO육성 교육과정'을 이수할 것을 추천한다.

2) 마이스 분야 관련 학과

대학의 마이스 분야 관련 학과는 관광이벤트학과, 컨벤션경영학과, 관광컨벤션학과, 관광경영·컨벤션학과, 컨벤션호텔경영학과, 호텔·컨벤션학과, 글로벌MICE학과 등 관광, 호텔, 컨벤션, 이벤트 등 산업계의 수요에 대응하여 운영하고 있다.

관련 학과는 창의적인 문화 기반 경제 시대에 문화예술·마이스산업을 이끌어갈 글로벌 감각을 지닌 지도자 및 전문 인력을 양성한다.

3) 마이스 분야에서 요구하는 능력

국제행사를 기획, 진행하는 업무로서 외국어능력이 기본적으로 요구되고 있으며, 다른 외국어보다 영어능력이 우선적으로 필요하므로 공인성적뿐만 아니라 회화 실력을 갖추는 것이 절대적으로 필요하다.

비즈니스 이메일과 문서작성 관련해서는 실제 업계에서 사용되는 용어나 표현을 익힐 수 있는 실제사례 공부를 추천한다. 그리고 다양한 컴퓨터 프로그램 활용능력(엑셀, 문서작성)과 제안서 작성에 필요한 파워포인트 및 포토샵 등의 기술도 요구된다.

또한, 현장 실무경력을 중요하게 여기므로 각종 컨벤션, 전시회 및 이벤트 현장요원의 경력을 쌓는 것도 필요하며, 시장조사 분석 및 설문이나 인터뷰 등 관광마케팅, 타겟 상품의 포지셔닝 등 마케팅전략수립 능력, 관광상품 및 관광목적지의 통합마케팅 커뮤니케이션 역량 등이 필요하다.

4) 마이스 분야의 교육프로그램

(1) 전시산업 영 서포터즈 사업

한국전시산업진흥회(AKEI)에서 전시업계 특화된 교육 및 체험프로그램을 통하여 전시에 관심 있는 젊은 세대를 대상으로 전시 개최 전 과정의 업무에 대해 실질적으로 습득할 수 있는 기회를 제공하고 그 내용에 대하여 온라인에 게재토록 하여 전시산업에 대한 차별화된 홍보 콘텐츠를 확산함으로써 전시산업에 대한 인지도 제고와 업계 진출을 촉진한다.

주요 프로그램으로는 전시산업 및 전시시설의 이해, 전시회 개발 및 개최 계획, 전시장 조성 및 고객유치 등 전시회 전반에 대하여 킨텍스나 코엑스 등 전시장에서 개최되는 주요 전시회를 탐방하여 직접 체험한다. 지방에서는 여수시가 '여수MICE 서포터즈'를 운영하여 참가자들이 마이스 행사 운영요원 등으로 활발하게 참여하고 있다.

(2) 영 마이스 리더 프로젝트

한국MICE협회에서 마이스산업에 관심 있는 대학생, 취업준비생, 졸업생 등을 대상으로 온·오프라인 교육을 통해 이루어진다.

온라인 교육으로는 마이스 기본과정과 회의·전시기획, 디지털 마이스 과정을 교육하며, 오프라인 교육으로는 국제회의 기획 및 실무, 전시기획 및 성공사례, 마이스 행사 유치와 도시마케팅, 인센티브관광과 지역 마이스 콘텐츠 기획, 기획서 작성법 등 실무 위주의 교육에 이어 나단의 자기소개서 작성법과 면접 노하우 및 모의면접을 실시한다.

또한, 실무에 종사하는 매니저와 매칭을 통한 마이스 분야별 멘토링과 마이스기업 설명회, 팀프로젝트 등을 통하여 실무적 경험을 익힘으로써 마이스업계에서 일하기를 희망한다면 꼭 한번 참여해보길 추천한다.

(3) 시민MICE아카데미

한국관광공사가 후원하고 지역 CVB(컨벤션뷰로)가 주관하는 시민 MICE아카데미는 마이스에 대한 인지도를 높이고 마이스산업을 쉽게 이해·체험할 수 있는 기회를 제공한다.

마이스에 대한 기본 개념과 마이스 관련 정책 및 육성 방안, CVB의 역할, 전시컨벤션센터의 역할 등 컨벤션산업에 대한 교육과 실제로 전시장과 마이스 행사를 관람해보고 유니크베뉴를 방문하는 기회를 제공한다.

국내에서 진행되는 대표적인 시민MICE아카데미는 고양 CVB가 주관하는 '고양시민MICE아카데미'와 부산경제진흥원에서 주관하는 '부산MICE시민아카데미'가 있다.

이외에도 마이스산업에 관심이 있는 호남권 소재 대학생 및 취업준비생, 재직자 등 청년을 위한 광주MICE인재양성사관학교에서 운영하는 'MICE 리더 양성 캠프'가 있다.

5) 전시컨벤션 관련 자격증

(1) 컨벤션기획사

한국산업인력공단에서 주관하는 국가공인자격증으로 국제회의나 컨퍼런스에 특화된 자격증이다. 국내 중요회의나 국제회의 유치, 기획서 작성, 예산관리, 계약 및 현장관리, 회의평가 등으로 필기시험(객관식)과 실기시험(컨벤션기획 및 실무제안서 작성, 영어 서신작성 등)으로 치러지며, 자격증은 1급과 2급이 있다.

(2) 국제전시기획사

한국전시주최자협회에서 시행하는 민간자격증으로 국내외 전시산업의 지속적 성장에 따라 전시기획 등 현장 중심의 우수 전문 인력 양성을 목적으로 하며, 자격증 취득 시 전시업계(전시컨벤션센터, 전시주최사, 전시디자인사, 전시서비스업) 취업 시 가산점이 부여된다.

현재는 객관식 필기시험으로 치러지는 국제전시기획사2급 시험이 시행되고 있으며, 시험과목은 전시산업론, 전시기획실무, 전시마케팅 및 운영론, 전시서비스 및 디자인론 등이다. 보다 전문적인 1급 시험(서술형 주관식)은 협회에서 준비 중이며, 조만간 시행될 예정이다.

(3) 관광통역안내사

한국산업인력공단에서 주관하는 국가공인자격증이다. 국내외 관광객을 대상으로 통역과 함께 다양한 투어를 진행한다. 1차 시험(객관식: 국사, 관광자원해설, 관광법규, 관광학개론), 2차시험(면접: 국가관·사명감 등 정신자세, 전문지식과 응용능력, 예의·품행 및 성실성, 의사발표의 정확성과 논리성)으로 치러지며, 공인어학성적(예: 토플 584점 이상)이 반영된다.

(4) CS리더스관리사

한국정보평가협회에서 주관하는 국가공인자격증으로 고품질서비스의 필요성과 역할에 부합되도록 직무를 정의하고 비즈니스 경쟁력 향상을 위한 서비스체계 기반마련에 기여하는 인재를 양성하는 전문자격증이다. 시험은 객관식으로 서비스이론, 고객만족, 고객관리, CS실무 등 경영, CS의식, 서비스기법 등 고객서비스 전문지식을 바탕으로 실무적 지식능력과 고객 컴플레인 발생 시 상황분석능력 및 해결책 제시능력 등을 평가한다.

6) 자격 취득 후 진로 전망

컨벤션기획사 및 국제전시기획사 자격증은 PCO업계 및 PEO업계에서만 요구하는 자격증이 아니라 마이스업계 다양한 분야에서 요구되는 자격증으로 관광공사 같은 공공기관이나 컨벤션뷰로와 관광협회 같은 공익유관단체 진출에도 필요한 자격증이다.

또한, 킨텍스, 코엑스, 벡스코, 엑스코 등 대형컨벤션센터와 수원컨벤션센터, 유에코, 경주화백컨벤션센터 등 중소형 컨벤션센터를 비롯한 전국의 17개 컨벤션센터 취업에도 필요하며, 일반적인 회사나 호텔 컨벤션부서, 관광업체 등 다양한 분야에 취업할 수 있다.

관광통역안내사는 국내외 관광객에게 관광지와 관광대상물에 대한 설명과 여행길 안내, 한국문화에 대한 소개와 통역 업무로 여행업체에 광범위하게 취업할 수 있으며, CS리더스관리사는 고객응대 서비스가 필요한 백화점이나 각종 매장, 호텔, 사무실, 단체, 기업 등 다양한 분야에 취업할 수 있다.

5. 마이스업계의 면접 노하우

1) 마이스업계의 채용동향

코로나 팬데믹으로 인하여 지난 3년간 전시컨벤션 업계는 전시회와 행사가 취소되거나 축소하여 개최하는 등 어느 산업보다도 어려움을 겪었다. 업계는 수입이 줄면서 긴축경영을 넘어 구조조정에 가까운 시련으로 현업에 종사하는 인력들이 자의 반, 타의 반으로 현장을 많이 떠난 실정이다.

아울러 요즘 사회적 변화에 따라 워라벨을 중시하는 젊은 세대(MZ세대)들은 전문성을 요구하며, 주말행사가 빈번한 전시컨벤션업종이 3D업종이라는 부정적 인식으로 인한 기피현상으로 인력수급에 더욱 어려움이 가중되고 있다.

2023년부터 전시회나 행사의 복원, 신규 전시회나 행사의 개최를 위하여 인력충원에 많은 노력을 기울일 것으로 예상하고 있으나 이미 전업한 인력들이 다시 복귀하는 수요가 매우 제한적이고 전문 인력 양성도 원활하지 않아 전시컨벤션 업계에서는 전문 인력확보에 사활을 걸고 있다 해도 과언이 아니다.

앞으로 우리나라 마이스산업은 소득수준 향상과 경제성장, K문화 창출, 국력신장 등 발전 가능성이 매우 높고 일상으로 회복되는 2023년도에는 업계의 부족수요와 잠재수요가 요구되면서 많은 인력을 필요로 할 전망이다.

따라서 그동안 전시컨벤션업계에 관심을 가지고 준비한 사람에게는 어느 분야보다도 채용의 문이 열려있다고 본다. 전시컨벤션분야 자격을 취득한 사람에게는 더 많은 기회가 부여될 것으로 전망되고 있으며, 자격이 없다 하더라도 조금이나마 현장 경험이 있다면 업계 취업에는 큰 어려움이 없을 것으로 예상된다.

2) 면접 준비 및 실전면접

면접대상자가 되었다면 예상면접질문지를 준비하여 자기의 생각을 잘 정리해 두어야 한다. 예상질문지는 일반적인 질문지와 지원 분야에 대한 전문적인 질문지로 구분하여 준비하는 게 좋다.

예를 들어 일반적인 질문은 1분 자기소개, 회사 지원동기, 취미와 특기, 희망연봉, 일하고 싶은 부서와 이유, 프로젝트 경험, 자신의 강점과 약점, 자신의 강점과 직무와 연결한 향후 기대성과, 입사 후 포부, 마지막으로 하고 싶은 말(자신을 왜 선발해야 하는지, 면접에서 잘 어필하지 못했다고 생각하는 부문의 추가적인 설명 등) 일반적인 질문에도 잘 준비하는 것이 중요하며, 자기소개서 작성에 소개된 요소들을 대본 준비를 위한 키워드로 사용하는 게 효과적이다.

전문분야에 대한 질문은 마이스산업(전시컨벤션)에 관심을 갖게 된 동기, 마이스산업(전시컨벤션)이란 무엇인가?, 마이스산업(전시컨벤션)의 미래 전망, 관심 있는 전시회나 행사, 전시회나 행사에 참가한 경험과 느낀 점 등 지원 분야 대한 기본적인 지식이 필요하다.

이외에도 영어소개(자기소개와 회사소개)와 지원회사에 대한 지식(당사가 무슨 일을 하는지 등), 해당 직무 유사경험과 해당 직무에 대한 필요한 역량, 대외활동 경험도 준비할 필요가 있다.

또한, 회사 홈페이지에는 경영이념과 비전, 사업, 조직, 재무현황, 인재상, 보도자료 등 많은 정보가 담겨있지만, 의외로 면접자들이 지원하는 회사에 대하여 잘 인지하지 못하고 오는 경우가 종종 있다. 회사 홈페이지를 통한 기업정보 내재화는 면접의 첫 단계일 뿐 아니라 면접점수에 영향이 크므로 반드시 숙지해야 한다.

한편, 면접 시는 누구나 긴장하기 마련인데 면접관들도 지원자가 긴장하는 것을 알고 있기 때문에 긴장한 모습을 보여도 좋다는 유연한 마음가짐이 중요하다. 임기응변으로 말만 잘하기보다 열심히, 절실한 마음으로 임하는 자세가 필요하고 자기소개서나 스펙이 조금 부족하다 하더라도 본인의 강점을 잘 어필하는 적극성이 매우 중요하다.

3) 면접의 성공률을 높이는 노하우

면접에 응할 시 반드시 지켜야 할 사항으로는 첫째, 지각하지 말 것, 밝은 표정으로 인사하기, 면접 중 옅은 미소 잃지 않기, 면접관 질문에 집중하기, 올바른 복장 갖추기, 바른 자세 유지 등이 매우 중요하다.

둘째, 면접관의 돌발질문에는 넓은 답변의 범위를 자신의 이야기로 한정하여 경험담이나 근거를 부연 설명하는 것이 좋은 방법이다.

셋째, 면접관의 모든 질문에는 두괄식, 즉 결론부터 답변하는 습관을 가지도록 한다. 결론을 알 수 없는 장황한 답변은 면접관의 피로도를 올린다.

넷째, 잘 아는 질문은 차분하게 답변하고 모르는 질문에 대하여는 자신의 무지를 인정하고 면접 후에라도 공부하여 숙지하겠다는 의지를 표명하는 것이 좋다.

다섯째, 면접 중 시선은 질문한 면접관을 향하도록 하고 가끔 다른 면접관에도 눈길을 주며, 절대 면접관의 시선을 회피하지 않는다. 면접관으로부터 피드백을 받으면 "예, 알겠습니다"와 같이 정확하게 표현한다.

여섯째, 질문에 대한 답변은 보통 30초에서 1분 정도가 적당하며 같은 억양이 반복되거나 톤이 바뀌지 않는, 외운 티를 내지 않도록 주의한다.

마지막으로 면접 중 본인의 페이스를 잃었다고 생각하더라도 절대 포기하지 말고 정신을 가다듬고 면접에 집중해야 하며, 절대 실망한 기색을 보이지 말고 끝까지 최선을 다하는 모습을 보여준다.

4) 면접 시 주요 평가항목

면접 시 면접관의 평가항목은 기관·회사별로 상이하지만 기본적인 사항으로 직무역량 부문에서는 해당 직무에 대한 전문지식과 직무이해도, 창의력과 순발력, 비전과 발전 가능성, 변화와 혁신능력, 의사표현의 정확성과 논리성, 의사소통 및 대인관계능력, 직무수행 계획 및 포부 등이며, 직무수행 태도 부문에서는 조직친화력 및 직원 간 유대관계, 직업윤리 및 책임의식, 발표력 및 태도, 회사 미래의 인재상 등이 대부분 평가항목으로 구성된다.

5) 인적성검사 시 주의사항

공공기관이나 단체에서 직원 채용 시 인적성검사를 시행하는 경우가 많다. 인적성검사 분야는 언어논리, 수리력, 시각적 사고, 한국사, 공간지각, 상황판단, 직무관련, 자료해석, 시사상식 등 출제분야가 매우 넓다.

인적성검사는 신뢰성이 가장 중요한데 거짓으로 좋은 것만 골라서 찍는다고 신뢰성이 높아지는 게 아니므로 질문 답변 선택에 정직성과 신중을 기해야 한다.

질문에는 극단적인 표현 선택을 가급적 피하고, 일관성 있는 답변을 유지해야 하며, 반드시 시간 내에 모든 문제를 다 풀어야 한다. 그리고 일단 자신이 선택한 답변을 다시 되돌아보느라 시간을 허비하지 않도록 한다. 오랜 시간 생각하는 것은 검사가 진실하지 않다고 판단하기 때문이다. 지문과 지시사항 등 기본원칙은 철저하게 준수한다.

6. 맺음말

경제성장과 더불어 마이스산업이 질적·양적 성장을 가져오면서 전문성과 능력을 갖춘 인재가 필요하지만 실제 현장에선 인력이 턱없이 부족한 실정이다. 또한, 장기간의 코로나 팬데믹으로 마이스업계를 떠난 인력도 상당하다.

머지않아 코로나 팬데믹이 종식되고 예전의 일상으로 회복한다면 마이스 행사의 증가와 더불어 전문 인력 수요도 크게 증가할 것으로 예상된다. 마이스산업에 관심을 가지고 공부하고자 하는 사람과 마이스업계로 진출을 희망하는 사람들에겐 더 많은 기회가 올 수 있다고 본다.

마이스산업에 장밋빛 전망만 있다고는 할 수 없지만 우리의 경제력과 국력에 비추어볼 때, 성장 가능성이 매우 크고 가치 있고 매력적인 분야인 것은 주지의 사실이다.

본 책자를 통하여 마이스산업을 공부하고자 하는 청년들과 마이스산업에 진출하고자 하는 미래의 전문가, 그리고 마이스산업을 떠나려고 고민하는 재직자들에게 유용한 정보와 올바른 방향선택에 조금이나마 도움이 되었기를 바라며, 여러분의 꿈과 열정을 응원한다.

참고문헌

- 주영민, 「MICE 산업의 기회와 도전」, 삼성경제연구소(SERI). 2010.
- 김시중, 「MICE 기획가의 전시컨벤션 개최지역 선택속성 중요도 및 만족도 분석」, 『한국지역지리학회지』 11권 5호, 2005.
- 김용국, 「해외전시회 품질특성과 정책지원이 재참가의도에 미치는 영향」, 호서대학교 벤처대학원 정보경영학과 박사학위논문, 2019.
- 시사경제신문, 「시민MICE아카데미」, 2022.
- 박종현 「컨벤션기획사 2급 1급 시험개요 및 공부법」(https://blog.naver.com/pso164/222690800348?isInf=true), 2022.
- 문화체육관광부, 「e-나라지표(국제회의 개최현황)」, 2022.
- 한국전시산업진흥회, 「전시저널 vol.109」, 2022.
- 넥스, 『마이스(MICE) 취업 알기. PCO, PEO, DMO란?』, 2022.
- 한국경제TV, 『PCO, PEO 그게 뭐예요?』, 2012.
- 문화체육관광부 홈페이지(https://www.mcst.go.kr/kor/main.jsp)
- 한국관광공사 홈페이지(https://www.visitkorea.or.kr)
- 한국문화관광연구원 홈페이지(https://www.kcti.re.kr)
- 한국전시산업진흥회 홈페이지(http://www.akei.or.kr)
- 한국전시주최자협회 홈페이지(http://www.keoa.org)
- 한국MICE협회 홈페이지(https://micekorea.or.kr/kor/main)
- 매일경제 매경닷컴(http://www.mk.co.kr)
- 산업인력관리공단 홈페이지(https://www.hrdkorea.or.kr)
- 한국산업인력공단 NCS검색창(https://www.ncs.go.kr/index.do)
- 한국정보평가협회 홈페이지(https://www.kie.or.kr)

저자소개

김용국 KIM YONG KOOK

학력

· 호서대학교 서울벤처대학원 경영학 박사(융합서비스경영)
· 성균관대학교 경영대학원 경영학 석사(IMBA)
· 서강대학교 경영전문대학원 MBA SHAPE 수료
· 기계공학사, 경제학사

경력

· 현) 경주화백컨벤션뷰로 & 컨벤션센터 사장
· 현) 한국전시장운영자협회 이사
· 현) 경주DMO사업 추진위원장
· 현) 경주MICE얼라이언스 운영위원장
· 한국기계산업진흥회 상무이사
· 한국기계산업진흥회 글로벌전략본부장
· 한국기계산업진흥회 사업본부장
· 한국전시산업진흥회 이사
· 한국전시주최자협회 이사
· 한국공인검사원 이사
· 해외전시운영위원회 위원
· 전시산업상생발전위원회 위원

· 자본재산업발전유공자정부포상 심사위원장
· 한국포장기계대상정부포상 심사위원
· 국가경제사절단참가기업 선정심의위원
· 재) 경남테크노파크 전략산업마케팅활성화사업 운영위원
· 재) 충북테크노파크 전략산업클러스터사업 평가위원
· 동아시아문화도시 추진위원 및 신라왕들의축제 운영위원

자격
· 경기도경제과학진흥원 평가위원
· 창업진흥원 창업지원사업 평가위원
· KCA브레인플랫폼 면접위원
· 한국컨설턴트사관학교 공공기관면접관 전임교수
· 창업지도사1급, 채용면접관1급, 국제전시기획사
· 일반기계기사, 건설기계기사, 기계안전기사, 교통안전관리자

수상
· 국무총리표창(2010)
· 산업통상자원부장관표창(1994)
· 문교부장관상(1980)

7장

면접! 대화의 기술
(The art of conversation)

한모성

1. 면접은 순발력 있는 대화

대화(對話, Conversation)란 사전에서 정의하기를 '서로 마주 대하여 이야기를 주고받는 의사소통 방식'이라고 정의하고 있다. 이 목적과 의도가 있는 대화를 채용에서는 면접이라고 하고 일정한 형식으로 면접자와 면접관이 서로 화제를 가지고 상대방에게 묻고 답하면서 그 사람의 직무수행 능력과 지식, 직장생활에서 다른 사람과 융합할 수 있는지의 자질 등을 검증하는 것이다.

아무리 지식이 많고 직무수행 능력이 탁월해도 대화를 통하여 상대방에게 자기의 능력을 전달하지 못하면 그것은 무용지물이 될 수도 있다. 우리나라 속담에 이런 말이 있다. '구슬이 서 말이라도 꿰어야 보배다'. 이는 아무리 좋은 것이 많아도 그것을 쓸모 있게 다듬고 정리해야 가치가 있다는 것이다. 따라서 면접에서 순발력 있는 대화의 기술(The art of conversation)이 절실한 것이다.

루이스 맨스는 '인간은 대화를 통하여 존재하며 대화를 통해 자신이 누구이며 어디로 가는지 깨닫게 된다'고 하였으며 노스웨스턴대학의 인류학 교수인 에드워드 홀(Edward Hall) 박사는 상대방과의 대화 시 거리에 대한 중요성을 다음과 같이 역설하였다.

❶ 친밀한 거리(Intimate distance): 정서적으로 가까운 사람들과의 친밀한

개인적인 상호 작용 거리로 돈독한 사이(0~0.5m)

❷ 개인적 거리(Personal distance): 가족이나 친구, 직장 동료와의 일반적인 대화거리(0.5~1.2m)

❸ 사회적 거리(Social distance): 비 개인적인 용무로 인한 평상적 사회 모임 등에서의 사람들과의 거리, 업무처리나 사교에 필요한 거리(1.2~3.6m)

❹ 공공적 거리(Public distance): 연설하는 거리, 큰 소리로 말하는 거리, 교실 같은 공간의 거리(3.6m 이상)

❺ 고객과의 거리: 한쪽 팔 길이가 적당(1m)

통상적으로 우리는 서로 일정한 거리를 두고 대화라는 매개체를 통하여 상대방의 성격, 인품, 자질, 그 사람 생각의 깊이 등을 파악한다. 따라서 성공적인 대화가 되려면 상대방의 마음을 얻을 수 있는 대화를 해야 한다. 나아가 자신의 의사를 전달하고 상대의 행동을 유발하여 내가 원하는 좋은 결과를 얻는 것이 대화의 기술이다.

면접도 이와 같다고 본다. 면접관이 의도하는 질문 내용을 잘 파악하고 원하는 답변을 조리 있게 하면 좋은 점수를 얻을 수 있을 것이다.

2. 면접! 노하우(Knowhow)

면접(Interview)의 종류는 다양하지만 통상적으로 우리가 아는 입시,

승진, 채용 등으로 분류할 수 있으며 생활 속에서 사람과 사람이 만나고 헤어지고 하는 일상의 삶, 사업을 하기 위한 만남, 직장생활, 개인적인 대인관계, 학창시절 등 사람을 만나는 것이 면접의 한 과정이라고 말할 수 있다.

이러한 과정에서 일정한 구속력과 형식을 갖추고 만남의 결과가 우리의 삶의 방향을 설정하는데 중대한 결과를 가져오는 것을 면접이라고 하고 자연스럽고 일정한 형태의 구속력 없이 만나고 헤어지고 하는 것을 우리는 삶이라고 말할 수 있으며 내가 경험하고 느낀 면접을 잘 보는 나만의 노하우는 다음과 같다.

1) 자신감을 높일 수 있도록 개인스피치(Personal speech)를 연습하라

면접을 잘 보려면 정확한 발음과 자신감 있는 목소리로 답해야 한다. 예상질문을 작성하고 답변 내용을 녹음한 뒤 반복해서 들어보는 것도 하나의 방법이다.

골프 격언에 '연습만이 살 길이다'라는 말이 있듯이 반복해서 연습하면 차츰 긴장하는 것도 완화가 되고 자신감을 갖게 될 수 있다. 본인의 목소리를 들어보면 처음에는 무척 어색하고 쑥스럽지만 몇 번을 해보면 나의 목소리, 말의 빠르기 등을 알 수 있고 복식 호흡을 하면 폐활

량도 늘어나고, 떨리거나 불안전한 목소리를 내는 것도 방지해준다. 내용도 중요하지만 듣는 상대에게 불편함을 주는 어투나 긴장해서 말을 빠르게 한다거나 더듬거리는 단점을 수정·보완하므로 실제 면접에 가서 질문 내용을 정확히 파악하여 면접관이 원하는 답변을 할 수 있게 되므로 좋은 결과를 얻을 것이다.

2) 세련된 몸짓(Gesture)

면접의 시간은 길지 않다 통상적으로 20분, 길어야 30분 정도로 한정된 시간에 면접관이 질문하는 시간을 제외하고 나면 본인 표현할 수 있는 시간은 15분에서 20분 정도다. 그 시간에 그동안 준비해온 본인의 모습을 다 표현하기란 쉽지 않다.

따라서 외형적인 부분이 면접에서 중요하다. 면접자의 이미지를 업(Up)시켜서 본인의 모습을 면접관에게 좋게 보이기 위해서다. 일반적으로 우리가 상대와 대화할 때 낱말은 7% 영향을 끼치고 음성은 38%, 몸짓은 55%까지 영향을 미친다고 말하고 있다.

이것은 상대방이 말하는 낱말도 중요하지만 음성 또는 말하면서 하는 몸짓(Gesture) 등 언어 외적인 부분이 93%나 차지하는 것을 알 수 있다. 그래서 감정 부분이 상대를 평가하는 데 많은 영향을 끼친다는 것도 알 수 있다.

그러니 면접에서 면접관과 대화할 때는 단어도 중요하지만 음성, 몸짓 등이 많은 영향을 미친다고 볼 수 있다. 말을 할 때 손을 불필요하게 움직인다든지 발을 떤다든지 몸을 좌우로 흔드는 것은 정서적으로 불안정하게 보이는 행동으로 상대방에게 좋은 인상을 주지 못한다. 아무리 답변내용이 좋다고 하더라도 면접관에게 보이는 모습은 아름답지 못할 것이다.

의자에 앉아있을 때는 자연스럽고 편안하며 바른 자세로 앉아서 손은 탁자 위나 무릎 위에 놓고 말을 하면서 약간의 강조 부분이 있을 시 손을 자연스럽게 쓰는 것이 좋다. 탁자 위에 메모할 수 있도록 준비가 되어있는 경우는 면접관의 질문 내용을 간략하게 받아적는 것도 좋은 자세 중 하나다.

3. 면접에 임하는 마음가짐

첫째, 복장은 단정하고 행동은 경직되지 않고 부드러우면서도 예의가 있는 자세를 갖추어야 한다.

둘째, 평소 말을 잘하는 사람은 면접에서도 유리한 강점 중의 하나다. 면접관이 질문하고자 하는 내용을 충분히 듣고 답변을 하면서 상대방의 공감대를 이끌어내는 여유가 있으면 더욱 좋다.

셋째, 항상 밝고 적극적이며 긍정적인 자세로 면접에 임해야 하며 답변을 할 때 경솔하거나 오만한 자세로 면접을 본다면 결코 좋은 자세가 아니다.

넷째, 면접을 볼 때 내용도 중요 하지만 형식도 중요하다 정확한 용어사용으로 존칭과 경어를 사용하여 상대방의 기분을 상하지 않게 하는 것이 중요하다.

다섯째, 말을 할 때는 정확한 발음과 적절한 몸짓 그리고 적당한 속도로 말을 해야 한다.

여섯째, 답변은 가급적 간결하고 논리가 있어야 하며 어려운 용어보다는 평이하고 이해하기 쉬운 단어로 답변하는 것이 필요하다. 상대의 니즈를 충족시키기 위하여 자신의 생각을 정확히 표현하는 것이 중요하다.

일곱째, 자기소개서를 작성하는 데 있어서 장황하고 거창하게 꾸미는 소설을 쓰지 말아야 하며 본인이 지금까지 걸어온 내용을 간략하고 깊이 있게 쓰는 노력이 필요하다. 다른 사람이 쓴 것을 카피해서 쓴다든지 시중에 나와 있는 내용을 적당히 내 것으로 구성한다든지 하면 표가 나기 때문에 본인에 관하여 진솔하게 나를 표현하는 것이 중요하다고 볼 수 있다. 본인의 장단점, 다른 사람과의 공감능력, 성장과정, 학생시절, 가족관계, 본인의 삶에 대한 자세 등을 잘 표현하면 된다.

여덟째, 직무기술서는 다음 표와 같이 업무에 필요한 지식과 수행능력을 중심으로 작성하여야 하며 양식에 표기된 내용을 중심으로 작성하는 것이 바람직하다.

NCS 기반 직무기술서

직무기술서			
채용분야		분류 체계	
핵심직무			
직무수행내용			
필요지식			
필요기술			
직무수행태도			
직업기초능력			
자격사항			

4. 나의 위기 극복 면접의 이야기

면접관이 나에게 다음과 같이 질문하였다. '군산에 ㅇㅇ대학교에서 근무하고 있는데 산학협력단에서 근무할 당시 ㅇㅇ대학교 가족회사를 800개 정도 모집하여 활기차게 운영하였다고 자기기술서에 적었는데 그 방법에 대하여 설명하고 거기서 본인은 어떤 역할을 하였는지 설명해보라'는 것이었다.

나는 그 질문에는 자신 있었다. 왜냐하면 내가 직접 업무를 추진한 분야고 진행 사항을 잘 알기 때문이었다. 덕분에 자신 있게 설명하였다. 군산은 자유무역지구와 국가산업단지 그리고 다른 공업단지 등이 활성화되어있는 관계로 많은 공장들이 있어서 CEO와 대학교의 교수들이 일정한 주제를 가지고 토론과 협업을 할 수 있도록 세미나 등을 개최하므로 자연스럽게 유대관계가 형성된다. CEO는 전문가 그룹이 필요하고 대학교수는 학생들과 현장의 교육이 필요하므로 서로의 필요에 의해 가족회사가 활성화될 수 있었고 나는 그 당시 산학협력단의 부장으로 근무하면서 평소 내가 친하게 지내는 회사 CEO를 우리 대학의 교수와 연결함으로써 가족회사를 활성화하는 데 많은 기여를 했다고 설명하였다.

문제는 면접관의 다음 질문이었다.

> 면접관: 군산은 공장이 많아서 CEO들도 많을 것이니 조금만 노력하면 대학의 가족회사를 활성화하는 데 어려움이 없을 것으로 생각됩니다. 내 말이 맞지요? 그런데 만약 충북 지역같이 공장이 많지 않은 지역에 있는 대학교에서 가족회사를 활성화하기 위해서는 어떻게 해야 되겠습니까?

순간 나는 뒤통수를 한방 얻어맞은 듯이 당황하였고 블랙아웃 현상처럼 아무 생각이 나지 않았다. 면접을 준비하면서 내가 속해있는 대학을 중심으로 다양한 예상문제들을 준비하였지만 타 지역 대학의 주변 여건에 대해서는 전혀 준비하지 않았다. 아니 한 번도 생각해본 적 없었다. 그러나 승진을 목전에 앞둔 나로서는 어떻게 하든지 면접관이 원하는 답을 그 짧은 시간 안에 찾아야 했다.

물론 모르는 것은 모른다고 답변하라고 배웠지만 그 상황에서 '생각 안 해봐서 모릅니다'라고 했으면 면접 결과는 어찌 되었을지 아무도 모른다. 결론을 말씀드리면 나는 그 면접 후 승진하였다.

다시 말해서 그 질문에 내가 했던 답변이 정답을 아닐지 몰라도 면접관이 볼 때는 상당히 답변을 잘했다고 생각할 수 있다. 내가 말하고자 하는 것은 그렇게 당황한 순간에 어떻게 대처할 수 있었는지를 말하고자 한다.

우선 공장이 많지 않은 충북 지역에서 대학의 가족회사를 활성화하기 위해서 생각을 정리할 수 있는 시간이 필요했다. 그렇다고 면접하다

말고 "면접관님 잠시만요 내가 생각을 정리해서 말씀드리겠습니다"라고 혼자 생각을 정리할 수도 없는 것이고 무언가 계속 말을 하면서 면접관이 의도했던 답변을 찾아야 했다. 그때 내가 면접을 준비하면서 읽었던 내용이 떠올랐다. 모르는 질문이 나오면 당황하지 말고 '시소의 법칙'으로 위기를 극복하라는 것이다.

시소는 한쪽이 내려가면 다른 한쪽은 올라간다. 다시 말해서 모르는 문제에 대하여 압박을 받아 말문이 막히는 것을 내려간다면 그 순간 내가 잘 아는 유사한 내용을 말하면서 생각을 정리한다면 면접장의 분위기도 어색하지 않고 자연스럽게 나는 무언가를 말하면서 생각을 정리하는 시간을 가질 수 있는 것이다.

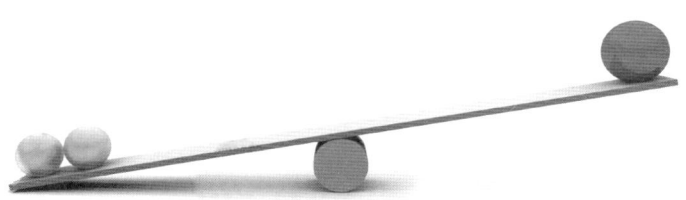

나는 이렇게 답변하기 시작했다. "저는 충북 지역을 여러 번 방문한 적이 있습니다. 충북 지역은 공장은 많지 않지만 자연환경을 잘 보존하고 있고 문경새재, 단양팔경 등 천연의 관광자원을 많이 보유하고 있으며 인심이 후하여 살기 좋은 지역으로 알고 있습니다"라고 말하면서 충북 지역 대학의 가족회사 활성화 방안을 정리하여 답변하였다.

사실 천연의 관광을 끌어들인 것은 내가 정리할 시간이 필요했기 때문이다. 이처럼 꼭 답변을 해야 하는 상황에서 생소한 질문을 받게 되면 내가 아는 유사한 내용을 먼저 말하면서 짧은 시간 안에 내용을 정리하여 답변하는 기술(Skills)이 필요하다. 이것은 평소 면접을 준비하면서 틈나는 대로 이런 상황을 가정하여 많은 고민을 해보고 어떻게 대처할 것인가에 대하여 생각해보는 노력이 필요하다.

만약 면접장에서 이런 고민도 안 해보고 "그 질문에 대해서는 생각 안 해봤는데요. 다음에 그 부분에 관하여 공부하도록 하겠습니다"라고 답변하면 면접관은 이렇게 말할 것이다. "알겠습니다. 그럼 다음 질문하지요".

이렇게 되면 그 면접관의 점수가 좋게 나올 수는 없을 것이라고 생각한다. 어쩌면 당락의 변수가 될 수도 있다. 승진이나 채용면접에서도 마찬가지지만 어려운 상황이 닥쳤을 때 그 위기를 극복할 수 있는 능력을 보는 것도 면접에서 중요 포인트가 될 수 있다.

5. 순발력 있고 재치 있는 면접자

공무원을 채용하는 면접은 지원자 개인도 중요한 일이지만 국가적으로도 중요한 일이다. 공정하고 객관적이며 능력 있는 유능한 인재를 모집해야 하기 때문이다.

공직생활을 하면서 수없이 많은 면접을 해봤는데 그중에 인상 깊었던 공무원채용면접관으로 선발되어 면접했던 내용을 소개하고자 한다.

통상적으로 면접은 지원자가 자필로 작성한 자소서를 면접관에게 주면서부터 시작된다. 그런데 지원자 중 한집안에서 언니와 동생이 동시에 시험에 합격하여 이 면접장에 와서 면접을 보고 있다는 것을 면접하는 과정에서 알게 되었다.

면접관이 언니에게 물었다. "만약 1명만 채용한다면 언니와 동생 중 누가 합격했으면 좋겠습니까"라고 물었다. "'물론 면접을 잘 본 사람이 합격해야겠죠'라는 답변 말고 둘 다 면접은 잘 봤다는 가정에서 하는 말입니다". 지원자의 순발력과 위기대처능력 등을 알아보기 위해서였다.

지원자는 "내가 되었으면 좋겠다 하면 이기적이게 보일 수 있고 반대로 동생이 되었으면 좋겠다 하면 통상적이고 가식적인 답변이 될 수 있겠죠. 그런데 다른 한편으로 저희 부모님 입장에서 보실 때는 동생보다는 나이가 더 많은 언니가 먼저 합격하기를 원하지 않을까요"라고 답했다.

그 답변은 전혀 예상하지도 못했던 답변으로 생각하기에 따라서는 지혜롭고 순발력 있는 답변이었다고 생각한다. 그 짧은 순간에 부모님의 입장을 생각해낸다는 것이 평소 부단한 노력과 면접을 준비하면서 다양하게 공부를 통하여 내공이 쌓이지 않으면 생각할 수 없는 답변이어서 인상 깊었던 것으로 기억된다.

신동석의 『면접의 신』에서 "지원자의 답변능력이란 공무원으로서 국가에 대한 마음 등이 표출되어야 함은 기본이며 답변을 통하여 문제해결능력 또한 발휘할 수 있어야 한다. 또한 얼마나 계획적인 인생을 살아왔는지, 인내력은 있는지, 올바른 표현능력은 갖추었는지에 대한 여러 사항 등을 답변을 통해 파악하게 된다. 물론 그 지원자의 능력을 답변 능력만으로 알 수 있는 것은 아니지만 제한되고 정해진 틀 안에서 만들어낼 수 있는 방법으로는 질문과 답변이 최선이며 이 또한 공무원으로서의 실력이라고 할 수 있다. 같은 답변을 하더라도 더욱 따뜻하고 안정적이며 대안과 계획을 갖춘 답변이 더해지면 합격으로 가는 길은 더욱 쉬워질 것이다"라고 말했는데 나도 여기에 적극 공감한다.

6. 인사 만사(人事 萬事)

내가 근무하고 있는 대학의 직원을 1명 채용하는데 면접관으로 간 일이 있다. 총 8명의 지원자 중 1명을 우리 대학에 공무원으로 채용하는 면접이었다. 2명의 면접관이 하루 내내 심도 있는 면접을 시행하였다.

모두가 면접을 잘 준비하였기에 그중에서 1명을 선발하는 것은 참으로 고뇌의 시간이었다. 심사숙고 끝에 답변도 성실하게 잘하였고 심성도 착해 보이며 능력도 있어 맡을 업무에 대한 지식을 많이 가지고 있는 지원자 1명을 최종합격자로 선발하였다.

그는 지금도 대학에 근무하고 있는데 직원들이 하나같이 인성 좋고 일 잘하는 사람 뽑았다고 이구동성으로 칭찬이 자자하다. 그러다 보니 나도 직원들로부터 좋은 말을 듣는다. 짧은 면접을 통하여 이런 좋은 사람을 선발하는 능력이 있다고 말하는 것을 들을 때 기분이 나쁘진 않다.

만약 그 면접에서 사람을 잘못 뽑았으면 두고두고 그 원성이 나에게로 향할 것을 생각하니 간담이 서늘함을 느끼며 인사 만사(人事 萬事)라는 말을 새삼 떠올리게 한다.

면접을 통하여 사람을 선발하여 공직이든 회사에 도움이 될 수 있는 유능한 인재를 선발한다는 것이 얼마나 힘들고 어려운 일인가 하는 생각을 하게 된다.

면접관도 유능한 인재를 선발하기 위하여 많은 노력을 해야 하고 다양한 경험을 통하여 조직에 필요한 사람을 선발할 수 있는 안목을 넓혀야 한다.

7. 면접에서 나올만한 예상질문

1) 자기소개의 시간

면접관이 지원자를 확인한 후 자기를 소개할 수 있는 시간을 1~3분 정도 진행하라고 하는 경우가 많다. 이 질문을 대비하여 지원자는 자기를 소개할 수 있도록 준비해야 한다. 자기소개는 평소 본인의 사회성, 인간관계, 성격, 가치관, 공공기관의 경우는 공직관 등을 간략하게 준비하는 것이 좋다.

2) 지원동기

우리 회사나 기관에 지원하게 된 동기를 묻는 경우를 대비하여 지원하고자 하는 회사나 기관의 홈페이지를 보고 적절한 지원동기를 답변할 수 있도록 준비하는 것이 좋다.

3) 상사가 부당한 지시를 할 경우 어찌할 것인가?

이러한 질문이 있을 경우 답변하기가 쉽지 않지만 지원자는 당황하지 말고 "상사의 부당한 지시가 법이나 규정을 위반한 것이라면 단호하게 거부해야 한다고 표현해야 하고요. 그렇지 않은 경우라면 조직이 처한 상황이나 여러 가지 여건을 고려하여 적절하게 수행하겠습니다"라고 답변하는 것이 좋다.

4) 마지막으로 하고 싶은 말

면접관이 끝으로 하고 싶은 말이 있으면 간략하게 하라고 하는 경우를 대비하여 마무리할 말을 1~2분 정도 준비하는 것이 좋다.

5) 그 외의 질문

· 우리 회사나 기관의 비전에 대하여 아는 대로 얘기해보세요.
· 본인의 업무가 아닌데 상사가 하라고 지시하는 경우는 어찌할 것인가?
· 급한 업무와 중요한 업무 중 어느 업무를 먼저 할 것인가?
· 직원들 간의 갈등이 있을 때 어떻게 해결하려고 노력할 것인가?

참고문헌

· 신동석, 『면접의 신』 글라이더, 2018.
· 공공기관전문면접관 교재
· 공무원은퇴지원교육 교재
· 기타 인터넷검색 자료 등

저자소개

한모성 HAN MO SUNG

학력
· 전북대학교 행정대학원 행정학 석사

경력
· 공공기관전문면접관 교육 및 실습(33기)
· 군산대학교 총무과장, 산학협력과장 등
· 전주지방검찰청 시민검찰모니터위원
· 전주지방군산지청 검찰시민위원
· KPO명강사협의회 회원
· 한국와이즈맨 전북지방 군산클럽회장 역임
· 인사혁신처공무원채용면접위원
· 대전세종충남지역혁신플랫폼면접위원
· 전주지방검찰청자체 직원채용면접위원
· 군산대학교 직원채용 및 승진면접위원
· 군산대학교산학협력단 직원채용면접위원
· 전북대학교, 공주대학교 직원채용 및 승진면접위원
· 대학직원기획력 평가위원
· 군산대학교 학생 및 직원대상 창의적문제해결(트리즈)강의

자격

- 채용면접관1급(KCA, 2022)
- 대한웰다잉지도사2급
- 진로직업지도사1급
- 트리즈(TRIZ)전문강사
- 기술가치평가사
- 창업지도사2급
- 노인통합교육지도사2급
- 평생교육사2급(교육부)
- 행정사(행정안전부)

저서

- 「개인특성과 직무특성이 조직시민 행동에 미치는 영향에 관한 연구」, 2002.

수상

- 교육부총리표창 2회
- 군산대학교총장표창
- 전북대학교행정대학원장표창
- 국제와이즈맨한국전북지구총재공로패

8장

경찰·공공기관 채용면접 핵심을 잡다

김경숙

1. 선배 면접관의 경찰스토리

취업의 문이 점점 좁아지는 요즘 경찰관 지망생들은 늘어만 간다. 경찰관 채용시험에 대비하는 수험생들이 노량진 일대에서 몇 년씩 공부하고 있는 모습이 안쓰럽다. 오랜 세월 경찰에 몸담으며 신임 경찰관 채용면접관으로도 활동하였다. 이 시대에 경찰에서는 어떤 인재상을 원하는지, 또 통과되는 면접은 어떻게 해야 하는지 면접포인트를 알려주어 당당히 합격의 주인공이 되길, 미래 후배들을 응원한다.

그동안 41년의 경찰생활을 마무리하고 2022년 12월 31일부로 정년퇴임을 했다. 다양한 부서에서 근면, 성실, 열정으로 일과 배움을 병행하면서 최선을 다한 경찰관이었음을 자부한다. 특히, 신임 경찰관들이 발령을 받기 전 수습기간 동안 실무교육과 더불어 경찰관으로서의 마음가짐·자세 등에 대해 자세히 알려주어 경찰관 생활을 잘할 수 있도록 도움을 주기도 했다.

여성청소년·외사·안보·교통·면허·수사·경무·지구대 등에서 일하면서 특히, 수사와 동시에 사회적 약자보호에 세심한 신경을 쏟아야 하는 학교폭력 가·피해 부모와 교사 갈등관계 및 비행소년 상담, 다문화인·탈북민 상담, 면허시험장 방문시험 불만 민원인 등에게 실질적 맞춤형 상담으로 그들의 마음을 가볍게 해준 경험이 많이 있다.

또한 내부적으로 후배 경찰관들의 멘토로서 그들의 고민과 생각은 무엇인지 함께 맛있는 밥과 차를 마시며 소통하고 해결의 실마리를 찾기도 했다.

당시 형편상 고등학교를 졸업하고 경찰관으로 들어와서 대학교와 대학원 석사, 박사 과정까지 마쳤다. 승진 공부와 함께 자녀 양육까지 1인 다역을 하면서 참으로 바쁘게 여기까지 온 것 같다. 그것은 '나는 할 수 있다'는 굳은 신념으로 긍정적 마인드와 열정 그리고 감사의 마음이 늘 자라고 있었기 때문에 가능했다.

이 글을 쓰는 것은 경찰관 선배의 경험을 통하여 간접 체험과 구체적인 힌트를 얻을 수 있기를 바라는 마음이다. 짧은 시간의 대면접촉에서 자신을 최대한의 가치로 어필하는 것이 면접시험에서 합격의 지름길이다. 정신 자세와 인성, 가치관, 조직순응도, 경찰관으로서 돌발상황 대처능력, 특히 경찰 관련 지식과 관심, 발전 가능성 등 미래 직무수행을 위한 잠재능력을 면접관이 주관적으로 예측 평가한 것이기 때문에 사실 어찌 보면 필기시험보다 더 마음의 부담을 안고 있는 것이 면접시험일 것이다. 면접은 피해갈 수 없다. 피할 수 없다면 면접 핵심을 확실히 잡고 즐겨보자.

"여러분도 할 수 있습니다. 아자아자~ 합격!! 파이팅!"

2. 경찰관 채용면접 핵심

1) 면접관은 누구인가?
- 상대를 알면 승리는 내 것

신임 경찰관을 선발할 때 경찰조직은 당연히 경찰로서 우수하게 업무수행을 할 수 있으며 인성을 겸한 능력 있는 고급인재를 선발하고자 할 것이다. 경찰관 채용면접을 앞둔 사람이라면 먼저 면접관의 구성과 성향을 알아보자.

첫째, 개별면접의 면접관은 4명으로 경정·경감급 현직 경찰관, 외래교수, 대기업 홍보·인사팀장 등으로 구성된다.

둘째, 집단면접은 40대 전후 경감, 경위급. 외래교수, 프로파일러 등으로 구성된다.

개별면접과 집단면접 구성원은 대체로 과거 성장 과정이 어려운 시기를 겪은 보수적 성향이 강한 특징이 있다. 또한 여러 난관을 극복하고 분야별 영역에서 최고의 전문가로 경찰업무 등 관련 지식이 풍부하다. 예리한 전천후 평가 감각으로 공정성을 갖고 면접관으로 임한다.

2) 면접관은 어떤 사람을 경찰관으로 선발할까?

　모든 면접이 그렇듯 경찰관 채용면접에서도 단정한 첫인상이 참 중요하다. 수험생이 여성일 경우에는 남성 못지않은 당당한 모습을 어필해보는 것도 괜찮다. 답변 시에도 두괄식으로 결론을 먼저 말한다. 논리적이며 감성적 답변은 자기 자신의 정확한 인지능력과 면접관의 공감을 이끌어낼 것이다. 봉사정신과 충성심, 열정과 성실, 인내 그리고 무엇보다도 윤리와 인성이 어떤 사람인지 살펴볼 것이다. 이익창출과 직결되는 기업체 면접이 창조적 아이디어와 혁신 등을 핵심으로 보는 것과는 관점이 조금은 차이가 있을 것이다.

　경찰관은 밤낮 구별 없이 오직 국민의 생명과 신체·재산을 지키는 것이 사명이기에 이기적인 마음으로는 경찰관으로서 임무수행이 제대로 되지 않을 것이다. 충성과 봉사는 국가를 사랑하는 마음과 나 아닌 다른 상대를 배려함에서 시작되기 때문이다. 면접을 위한 준비 차원이 아니라 우리의 삶에서 사회적 약자보호시설 등 고아원, 양로원 또는 주변의 어려운 이웃에게 따뜻한 마음과 손길을 펼쳐 봉사가 삶의 일부분이 되게 하는 것은 어떨까. 면접장에서 실제 삶을 진솔하게 말한다면 그에게는 합격의 축하 메시지가 메타버스를 타고 날아올 것이다.

　또한 경찰 활동이 대부분 능동적인 것으로 열정과 인내, 성실 없이는 그 어떤 것도 이루기 어렵다. 어떤 직업보다 경찰관으로서 윤리와 도덕성, 정직성 등이 엄격히 요구된다. 그러므로 인성이 좋은 사람을 경찰관으로 선발하려고 할 것이다. 현직 경찰관이 면접관일 때 첫 번째로 보는 관점은 동료로서 같이 일하고 싶은 사람인지 깊이 있는 질문으로 파악해볼 것이다. 성품이 모나지는 않는지, 협동성이 좋은지, 경찰관 직무에 적합성이 있는지 등을 고려할 것이다. 늘 온유하고 겸손한 마음으로 동료를 배려하고 인내하며 참을 줄 아는 직무능력과 함께 능동적으로 솔선수범하는 자가 후배 경찰관으로 들어오기를 바랄 것이다.

경찰관이 되고 싶은 포부와 강점, 약점(보완함으로 강점이 될 수 있도록)과 함께 기승전결로 스토리텔링하여 자기소개서를 미리 준비해보자. 면접관에게 호감을 주도록 차분하고 밝은 모습으로 소신과 자신감을 가지고 면접에 임한다면 좋은 점수를 얻을 것이다.

3) 면접사례
- 성공과 실패, 질문 유형

경찰관으로 재직할 때 모 지방경찰청 면접관으로 활동 시 기억에 남는 성공과 실패 사례 두 가지를 소개한다. 또한 최근 면접에 합격한 신임 경찰관들에게 수집한 질문 유형을 간단히 소개한다.

(1) 성공 사례

지금도 기억에 남을 정도로 예쁜 이름을 가진 수험생이 개별면접장으로 들어왔다. 면접관들이 면접 명부에 있는 이름을 먼저 보고 기다리던 중 면접장으로 들어오는 각 시험생마다 느껴지는 첫인상이 있다. A씨는 처음에는 면접관들에게 크게 호감을 주는 인상은 아니었다고 본다. 자기소개를 하는데 면접관들이 점점 A씨의 말에 귀를 기울이게 되었고, 아예 본인의 단점을 다 드러내어 이름에 관한 사연(태어났을 때 할머니가 이름이라도 예쁘게 지어줘야지 하며 지어준 이름이라고…)을 위트 있게 얘기할 때 면접관들 모두가 박장대소하고 웃어버렸다. 짧은 시간이었는데도 스토리텔링으로 어필한 그의 반전 매력에 모두가 높은 점수를 주지 않을 수 없었다. 3년 후쯤 어느 날 경찰청 근무 때 우연히 만나게 되었는데 어느새 경찰청으로 입성하여 한 계급이 승진되어있었고 조직에 중추적인 일을 잘 추진하고 있었다. 당시 그를 뽑은 면접관으로서 내 입가에는 흐뭇한 미소가 흘러나왔다.

(2) 실패 사례

개별면접 중인 한 시험생에게 여러 가지 질문 중 그동안 살아오면서 기억에 남을 만한 좋았던 기억과 나빴던 기억이 있었는지를 물었다. B씨는 대답으로 학원에서 집단면접 준비 시 같은 시험준비생들과 그룹토론 타임에 경찰관이 되고 싶은 동기에 대해 돈을 벌기 위해 경찰관으로 지원했다고 말했다고 한다. 이에 대하여 그룹 중 1명으로부터 "사명감이 아닌 돈 때문에 경찰관으로 지원한 것은 다른 직업을 찾아야 하지 않느냐"며 심한 비난에 가까운 공격을 당한 것이 기분 나빴다고 했다. 말하는 동안 그때의 감정을 그대로 드러내며 얼굴이 찡그려지는 것을 보고 면접관들은 높은 점수를 줄 수 없었다. 비록 그러한 일이 있었다 할지라도 평온한 모습을 유지하며 상대의 발언에 약간의 불편한 점은 있었으나 그 후 어떻게 보완을 해서 아름답게 마무리가 되었는지를 면접관들에게 어필해주었더라면 그리 나쁜 점수를 받지 않았을 것이다.

(3) 최근 임용된 신임경찰관 면접질문 유형

- 개인면접질문 핵심(10가지)
· 촉법소년 연령 하향에 대해 어떻게 생각하는지?
· 학창시절에 소통을 통하여 갈등관계를 해결한 경험이 있는지?
· 경찰에 부패가 발생하게 되는 조직의 구조적 원인은?
· 집단의 이익을 위하여 개인의 이익을 희생한 경험이 있는지?
· 리더십을 발휘한 경험이 있는지?
· 경찰이 청렴해지기 위해서 어떤 방안들이 있는지?
· 적극행정에 대해서 알고 있는지?
· 셉티드기법에 대해서 알고 있는지?
· 경찰관이 되기 위해서 노력했던 일은 무엇인지?
· 학교폭력 예방 방안은 무엇인지?

- 집단면접질문 핵심(10가지)
· cctv가 순기능도 있지만 초상권 침해 등 반대 여론에 대한 생각은?
· 개인정보유출 방지를 위해서 경찰관이 할 수 있는 일은?
· 4차 산업을 경찰업무에 어떻게 적용할 것인지?
· 경찰업무가 아닌데도 주민들의 신고가 계속될 때 해결방안은?

- 함정수사판례, 경찰은 어느 범위까지 관여할 수 있는지?
- 경찰의 총기 사용이 소극적인 이유는? 개선방안이 있다면?
- 112종합상황실 근무자가 가져야 할 역량과 타부서에 지원하는 방법은?
- 기성세대와 MZ세대 갈등해결 방안이 있다면?
- 내부고발 제도를 어떻게 생각하는지?
- 가정폭력 상황 발생 시 경찰의 대처방안은 무엇인지?

4) 면접포인트
- 자신의 강점·장점을 경찰활동과 연결 어필

면접은 상품 가치다. 짧은 면접시간 동안 면접관에게 자신이 경찰관으로서 적격성을 갖추고 있다는 것을 강점과 장점을 중심으로 자세와 표정, 말과 행동을 통하여 호감 있게 잘 표현할 수 있어야 한다. 강점으로는 예를 들면 학창시절 개근상, 봉사상 등 포상경력, 무도단증, 유도·축구·배구선수로 대회 출전 등 체력의 강함, 외국어능력, 봉사정신 투철, 어려움 극복경험(인내심 강함), 리더십 발휘 경험 등을 강점과 장점으로 표현한다.

인간은 누구나 강점과 약점을 동시에 갖고 있다. 혹 면접관의 약점에 대한 질문을 예상하고 미리 준비한다. 이럴 때 약점과 부족함도 있음을 인정하고 솔직한 표현으로 보완적 방안을 말한다면 솔직한 인간미와 함께 더욱 진정성과 신뢰감을 줄 수 있다. 자신의 약점과 단점에 대하여는 어떻게 보완하겠다는 반전의 포인트로 오히려 면접관을 사로잡을 수 있는 기회가 올 수 있다.

3. 경찰 관련 기초 지식을 알아두기

경찰관이 되고 싶다면 평소 경찰과 관련된 지식과 상징성을 나타내는 것들은 무엇인지 관심을 가져보자. 좀 더 나아가서 면접관의 질문에 현직 경찰관 수준으로 답변한다면 고득점 하지 않을까 조언해본다.

경찰의 임무가 무엇인지(국민의 생명·신체 및 재산의 보호/사회 공공의 안녕과 질서유지), 경찰의 비전(가장 안전한 나라, 존경과 사랑받는 경찰), 경찰계급(11개 체계: 순경, 경장, 경사, 경위, 경감, 경정, 총경, 경무관, 치안감, 치안정감, 치안총감), 경찰기관(경찰청부터 지·파출소, 치안센터), 경찰부서와 그 부서에서 취급하는 사무, 흉장과 계급장, 경찰장의 의미 등 경찰에 대해 사전에 충분한 고찰과 이해를 하고 면접에 임한다면 많은 도움이 될 것이다.

1) 경찰정신 고찰(사이버경찰청)

(1) 6·25전쟁 이후 경찰활동

국가와 민족의 존속과 번영을 위해 구국·호국 경찰로 '경찰에 투신', 목숨을 걸고 임무수행 하겠다는 결연한 의지를 표현한다.

(2) 현대의 경찰 - 봉사(奉仕), 희생정신, 국민의 공복(公僕)

「헌법 제7조 1항」은 '공무원은 국민 전체에 대한 봉사자이며 국민에 대하여 책임을 진다'이다.

2) 경찰역사에 영향을 끼친 인물

(1) 백범 김구 선생(백: 미천한 백성, 범: 평범한 보통사람)

❶ 일제 강점기 시절 독립운동가, 대한민국 임시 정부(1919)의 초대경무국장(현, 경찰청장)
❷ '한인애국단'을 만들어 항일 무장투쟁
❸ '애국안민 정신'이 경찰의 뿌리가 되었다(임시정부수립, 경찰 100주년 - 2019).

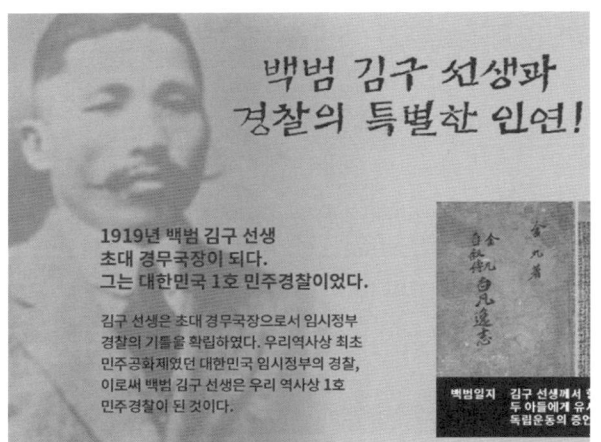

출처: 사이버경찰청

(2) 정옥성 경감

2013년 강화도 선착장 바닷가에서 자살기도자를 구하려다 실종됐다. 숭고한 구조 활동은 희생정신의 표상이 되었다(강화경찰서 흉상제막식, 인천사랑회 2,000만 원 기부).

(3) 차일혁 경무관

1951년(6·25전쟁 당시) 전투경찰대 근무 시 유격대 결성, 빨치산 토벌대장으로 활약했던 전쟁 영웅(지리산 화엄사 근교 은거지)이다.

조국을 지킨 경찰관 전쟁영웅들

조관묵 경감
1950년 11월 강원도 양구에서 주민 2천여 명 대피시킨 후 적 4천에 맞서다 동료 30명과 전사

김해수 경감
1950년 7월 영월 발전소 탈환 위해 교전 중 적 73명 사살하고 전사

차일혁 경감
1953년 9월 남부군 사령관 사살 등 대표적 경찰 전쟁영웅
*충무무공훈장 1
화랑무공훈장 5

강삼수 경감
산청서 유격대 10여 명으로 공비 322명 사살, 61명 생포했던 일명 '지리산 귀신'
*충무무공훈장

출처: 사이버경찰청

3) 경찰장

■ 상징표

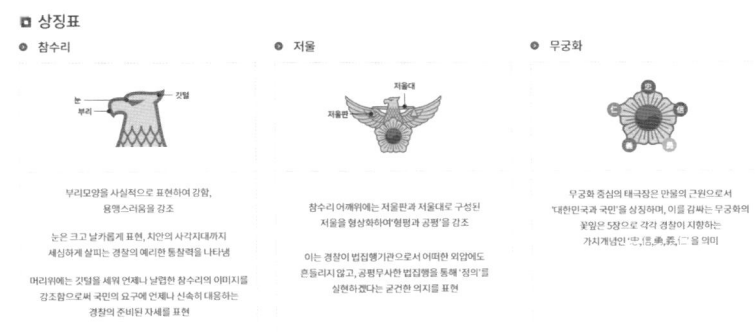

● 참수리
부리모양을 사실적으로 표현하여 강함, 용맹스러움을 강조
눈은 크고 날카롭게 표현, 치안의 사각지대까지 세심하게 살피는 경찰의 예리한 통찰력을 나타냄
머리위에는 깃털을 세워 언제나 날렵한 참수리의 이미지를 강조함으로써 국민의 요구에 언제나 신속히 대응하는 경찰의 준비된 자세를 표현

● 저울
참수리 어깨위에는 저울판과 저울대로 구성된 저울을 형상화하여 '형평과 공평'을 강조
이는 경찰이 법집행기관으로서 어떠한 외압에도 흔들리지 않고, 공평무사한 법집행을 통해 '정의'를 실현하겠다는 굳건한 의지를 표현

● 무궁화
무궁화 중심의 태극장은 만물의 근원으로서 '대한민국과 국민'을 상징하며, 이를 감싸는 무궁화의 꽃잎은 5장으로 각각 경찰이 지향하는 가치계념인 '忠,信,勇,義,仁'을 의미

출처: 사이버경찰청 홈페이지

4) 경찰 가슴표장

◘ 가슴표장

가슴표장의 전체 형태는 마패 모양으로 태양과 달을 뜻하는 두 개의 원을 겹치게 만들었으며, 태양을 뜻하는 앞쪽의 원에는 한 가운데에 태극을 배치하고 그 주위를 태극 5개로 둘러싸 무궁화를 형상화하며, 달을 뜻하는 원의 윗부분에는 부채모양으로 '경찰'을 표기하고 그 밑에는 'POLICE'를 표기함

● 가슴표장이란?
경찰관 제복착용시 좌측 가슴부위에 부착하고 있으며, 사복부서 근무자들은 가죽케이스에 넣어 상시 휴대하고 있습니다. 또한 2001.8.15 기존 독수리 모양의 흉장을 개선하여 현행흉장을 보급, 착용중에 있습니다.
국가와 국민을 위해 태양과 달이 되어 밤낮없이 국민을 비추어 주고 국민의 재산과 생명을 보호하는 임무를 헌신적으로 수행하고 있는 경찰 본연의 임무와 이를 수행하는 강인한 경찰정신을 보여줍니다.

출처: 사이버경찰청 홈페이지

5) 경찰조직 현황(2021)

경찰조직

지방청	경찰서	지구대	파출소
18개소	258개소	616개소	1,418개소

출처: 경찰백서 2021.

경찰 1인당 담당인구 현황(외국과 비교)

한국	프랑스	미국	영국	독일
402명	279명	299명	284명	258명

출처: 경찰청 경찰통계연보 2020.

계급별 현황

구분	총원(%)
치안감 이상	38(0.03)
경무관	88(0.06)
총경	634(0.48)
경정	2,971(2.28)
경감	14,815(11.4)
경위	51,406(39.58)
경사	20,826(16.03)
경장	23,173(17.84)
순경	15,904(12.24)
계	129,855

출처: 경찰청 경찰통계연보(2021.12.31.)

경찰 조직 및 기구

▫ 기 구 : 1차장 8국 9관 32과 18담당관

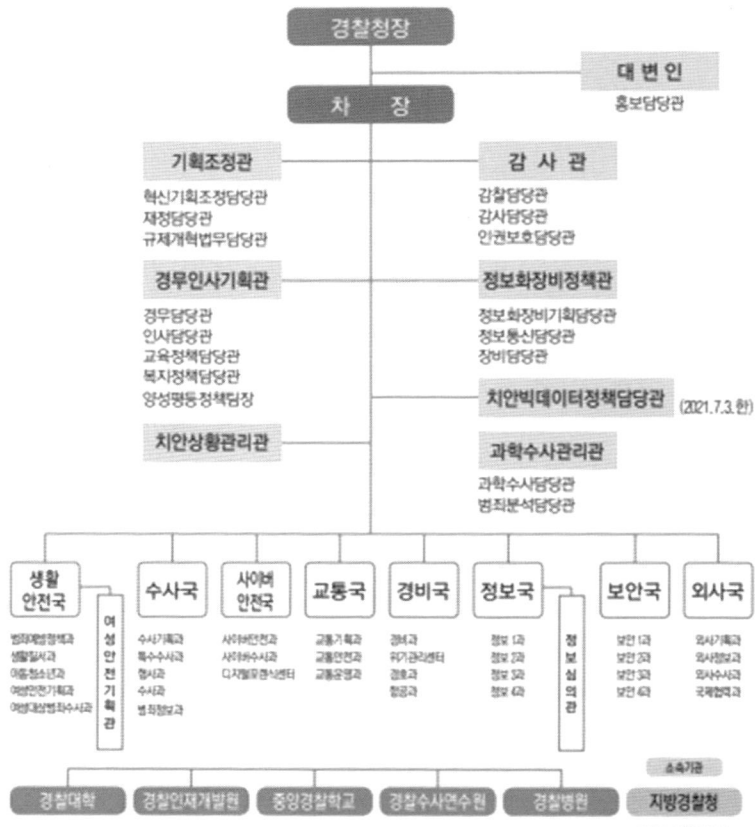

4. 공공기관 채용면접 대비 마음가짐

최근 채용면접 방식이 과거 서류전형을 탈피하여 블라인드 채용면접, NCS 기반의 채용면접, AI면접, VR면접, 소규모 상시채용, 직무중심 채용 등으로 추세가 변화하고 있다.

1) 공공기관의 채용면접, 블라인드 방식 등 트렌드

공공기관에서도 최근 공기업 등의 면접 트렌드인 블라인드 채용면접 방식으로 확산되고 있다. 과거 서류전형에 나타난 출신지, 가족관계, 학력, 외모 등 편견과 차별을 줄 수 있는 요소를 배제하고 순수 실력을 평가하여 인재를 평가하는 방식이다.

또한 직무중심의 NCS 기반 채용방식(산업현장에서 직무를 수행하기 위하여 요구되는 지식, 기술, 태도 등 국가가 체계화한 것)으로 공공기관 채용면접에도 도입되고 있다. 최근 기업체에서 AI면접과 VR면접도 등장하고 있는 추세로 향후 공공기관에도 도입될 가능성을 생각해본다. 실제로 퇴직을 앞둔 공무원들에게 퇴직지원 교육과정에 VR면접 체험을 해보도록 교육장에 비치하고 있다.

2) 공공기관의 특성을 알고 채용면접에 대비

최근 공무원 사회에서도 변화하지 않으면 살아남을 수 없다는 위기의식이 점점 높아지고 있다. 과거에는 한 번 공직사회에 들어오면 끝까지 직장을 다닐 수 있다는 생각에 자기계발을 소홀한 것이 사실이었다. 그러나 요즘 공직사회는 보이지 않는 경쟁과 긴장감이 감돈다. 혁신적, 진취적, 창의적 아이디어가 공기업에서만 요구되는 것은 아니다. 인사철만 되면 각 기능별로 유능한 직원 모집에 열을 올린다. 특수프로젝트 등 진취적으로 업무를 진행하는 부서에서는 업무추진능력이 높은 공무원을 공모로 선발한다. 또한 지역사회 유관기관 간 경계를 넘어서 공동 프로젝트를 협력하여 추진하고 있는 경우도 늘어가고 있다.

공공기관 채용면접을 준비하고 있다면 최근 공무원사회의 변화 트렌드를 잘 읽어야 한다. 근면, 성실, 정직, 겸손한 태도 등은 면접관에게 좋은 인상을 줄 수 있는 인재상이라 할 것이다. 최근에 일어난 사회적 이슈 등을 사전에 파악하고 면접관의 시사적 질문에 대비하는 것도 현명하다. 문서작업이 많은 공무원의 업무 특성상 워드프로세서, ITQ, 보고서 만드는 능력 등을 미리 갖추고 면접장에서 강점으로 어필한다면 좋은 결과를 얻을 수 있을 것이다.

면접관의 질문에는 기승전결 방식으로 간결하게 핵심적인 사항을 답변하는 것이 중요하다. 마지막 하고 싶은 말이 있는지 묻는 면접관의 질문에는 지원하는 기관(기업) 등의 관심도를 표현하며 열심히 할 수 있다는 대답을 하고 마지막 퇴장할 때까지 예의 바른 태도를 유지한다. 면접장에서는 누구나 긴장할 수밖에 없다. 나 아닌 다른 사람도 다 똑같은 조건이라고 생각해보면 조금은 마음이 편해질 것이다. 모쪼록 좋은 결과 있길 바라는 마음이다.

최종 점검용 면접 리스트

1. 자신의 컨디션(건강 등) 확인하기
2. 용모가 단정한지 체크하기
3. 표정 및 음성 확인하기
4. 면접시간 및 담당자 연락처 체크하기
5. 면접장소 및 교통편 알아보기
6. 면접복장 확인하기
7. 지원한 이력서 및 자기소개서 내용 숙지하기
8. 지원한 기관(회사) 정보를 다시 확인하기
9. 예상질문을 정리하고 내용 숙지하기
10. 면접 시 요청한 서류가 있다면 준비하기

출처: 고용노동부 노사발전재단 발표

참고문헌

· 정용옥, 『2021 고득점을 위한 백문백답 경찰면접』, 좋은책, 2021.
· 김영기 외 20인, 『공공기관·대기업 면접의 정석』, 브레인플렛폼, 2020.
· 사이버경찰청 홈페이지
· 고용노동부 노사발전재단 홈페이지

저자소개

김경숙 KIM KYUNG SOOK

학력
· 한세대학교 일반대학원 경찰학 박사
· 한세대학교 법무대학원 경찰학 석사

경력
· 현) 경기도 파주경찰서 생활안전과장
· 현) 서영대학교 겸임교수
· 서울경찰청 신임경찰관 채용면접관
· 파주시 정신건강복지센터 채용면접관
· 파주시 청소년복지센터 채용면접관
· 파주시 학교평화 심사평가위원
· 파주시 청소년연구용역 심의위원 참여자문
· 파주시 교육혁신포럼위원회 위원
· 파주경찰서 여성청소년과장
· 한반도 문학시인(신인상), 수필가
· 국제문학작가협회 부회장
· 자치경찰학회 감사 역임

자격

- 채용면접관1급
- 공공기관NCS기반블라인드전문면접관(교육이수)
- 심리상담사(교육수료)
- 카운슬러대학심화과정(교육이수)
- 학교폭력예방교육사1급(상담사)
- 가정폭력상담사(교육수료))
- 성폭력상담사(교육수료)
- 미디어중독예방교육사(교육수료)
- 도형심리상담사(교육이수)
- 행정사자격증(교육수료)

저서

- 「북한이탈주민의 성공적인 정착을 위한 보안경찰 역할에 대한 개선방안 연구」, 2017.

수상

- 녹조근조훈장
- 국무총리표창(모범공무원)
- 국정원장표창
- 안행부장관표창
- 경찰청장표창
- 경기도지사표창
- 서울청장표창
- 경기북부경찰청장표창
- 경기도북부자치경찰위원장표창
- 파주시장표창

9장

품질관리담당자의 직무전망, 필요역량, 핵심면접질문 예시

최여명

1. 품질경영의 개념과 중요성

현재, 역사상 가장 역동적이고 빠른 변화의 시기를 겪고 있다. 4차 산업혁명 속에서 진행되고 있는 디지털 전환으로 경영의 패러다임이 완전히 새롭게 바뀌어 가고 있는 전환기를 통해 산업 간 융합 속에서 수많은 기회를 맞이하였다는 점은 매우 흥미로운 일이다. 품질경영 분야도 국내·외에서 지난 수십 년 동안 축적하여 발전된 수많은 이론적 기법에서 새로운 변화를 받아들이고 있다.

그 중요성이 제조업을 기반으로 한 산업영역에서 서비스까지 확대되었고 이에 따라 완벽한 제조와 서비스 창출이라는 목표 아래 품질경영 중심의 새로운 가치를 창출해나가고 있다. 품질경영은 조직에 품질을 어떻게 적용하고, 그 문화를 전사적으로 확산시켜 나아갈지에 대해 생각하는 아주 의미 있는 학문적, 실무적 분야다.

이제는 제조업과 서비스업, 대기업과 중소기업을 구분하지 않고 수많은 가치를 창출하는 과정에서 언제나 품질은 중요한 경영전략 요소이며, 조직의 경영자는 어떻게 하면 제품과 서비스에 대한 품질 수준을 높게 끌어올려 고객만족을 통한 지속이용의도와 충성도에 긍정적인 영향을 줄 수 있을지에 대해 많은 고민을 하고 있다. 이러한 관점에서 성공적인 품질경영을 위한 품질의 구체적인 개념과 중요성을 살펴보고, 품질경영 실행을 통한 성과달성에 필요한 인재채용 시 고려하는 핵심역량과 입사지원자 입장에서 면접 준비에 필요한 주요 질의사항에 대해 살펴보겠다.

품질이란 일반적으로 '제품의 질'이라고 그 정의를 이해하고 있는 경우가 대다수다. 이렇게 보는 시각은 매우 협소한 것이라 할 수 있다. 모호한 품질의 개념, 그리고 사람마다 생각하는 그 의미가 다양하기에 품질의 구성요소를 구체적으로 살펴보고 명확히 이해할 필요가 있다.

품질은 넓은 시각에서 두 가지 범주를 갖고 있다. 첫째는 고객만족을 위한 소비자 또는 사용자 관점에서 통용되는 '사용 목적에 대한 적합성'으로 정의하고 있다. 이는 소비자를 만족시키기 위해 필요한 구체적 제품특성을 소비자 욕구충족 관점에서 '제품특성'과 '무결점'이라는 두 가지 범주로 품질의 양면성을 고려한 것이다.

품질의 두 가지 범주

제품특성 (좋은 품질이라는 관점)	무결점 (좋지 못한 품질에 대해 예방하고 방어하는 관점)
소비자 욕구충족 및 만족을 위한 특성으로 다음을 의미하고 있다.	제품이나 서비스를 생산하는 과정에서 오류 및 결점이 없는 특성으로 다음을 의미하고 있다.
· 고객만족 증대에 영향을 주는 요인 · 제품이나 서비스가 팔릴 수 있도록 하는 요인 · 조직의 이익을 창출하는 요인	· 재작업과 낭비의 감소 · 고장률의 감소와 보증비용의 감소 · 고객불만의 감소 · 검사 및 시험시간과 비용의 감소 · 수율 및 성과의 향상

역사적으로 품질에 대한 정의는 시대적 흐름과 다수의 학자들에 의해 그 정의가 발전되어왔고, 조직에 일반적이고 잘 알려진 경영관리 관점과 사회·문화적 관점으로도 볼 수 있다. 이러한 관점은 크게 제품 기반, 제조 기반, 가치 기반, 사용자 기반의 접근법에 따라 정의될 수 있다.

1) 제품 기반 접근에 의한 관점

제품이나 서비스가 갖는 특성으로 정의하려는 접근법이다. 역사적으로 보았을 때 가장 오랫동안 해당 개념이 사용되어왔다. 이는 소비자가 어느 정도 수준의 제품 품질을 원하는지에 따라 그 평가가 다를 수 있다는 특징을 지니고 있다.

2) 제조 및 생산 기반 접근에 의한 관점

제품이나 서비스를 생산하는 자의 관점으로 표준화된 규격, 시방에 대한 일치성 등을 기준으로 판단하는 관점이다. 이는 측정이라는 행위를 통해 기준에 일치하는지에 대한 여부를 적합, 부적합으로 판단하는 특징을 지니고 있다.

3) 가치 기반 접근에 의한 관점

일반적으로 가치는 소요되는 가격 또는 시간 대비하여 얻은 성과나 결과물에 대한 품질 수준 정도로 정의하고 있으며, 가치가 높은 것은 좋은 품질을 지녔다고 인지하는 특징을 지니고 있다.

4) 사용자 기반 접근에 의한 관점

이는 제품이나 서비스를 사용하는 소비자의 기대와 소비자의 사용 경험을 통해 품질을 평가하는 접근이다. 소비자의 기대를 충족시켜주거나 그 기대를 뛰어넘을 때 소비자의 사용 관점에서 품질이 좋다고 인지하는 특징을 지니고 있다.

앞서 살펴본 품질의 개념을 조직의 경영관리에 적용하여 실행하는 '품질경영'의 중요성이 날로 증가하고 있는 상황이다. 품질경영이란 조직의 최고경영자의 리더십 아래 품질의 개념을 조직경영의 최우선 과제로 하는 것을 원칙으로 한다. 즉, 품질경영은 고객만족을 통한 조직의 장기적인 성공은 물론 전반적인 경영활동에 모든 구성원과 이해관계자의 적극적 참여를 통해, 종합적 경영관리체계 속에서 이루어지는 모든 활동을 의미한다고 볼 수 있다.

품질경영의 구성요소

구성요소	내용
품질기획	품질목표를 세우고, 품질목표를 달성하기 위해 필요한 프로세스와 자원을 규정하는 것
품질관리	품질의 요구사항을 충족하는 데 중점을 두는 것
품질보증	품질의 요구사항이나 기준이 충족될 것이라는 신뢰와 믿음을 제공하는 데 중점을 두는 것
품질개선	품질의 요구사항을 충족시키는 데 필요한 능력을 증진하는 것에 중점을 두는 것

2. 품질관리담당자 직무전망과 필요역량

조직의 전사적 품질경영을 실행하기 위해서는 이에 적합한 인재를 채용하고, 올바른 인적자원관리 방안 수립에 필요한 직무분류와 직무정의를 우리나라 '국가직무능력표준(NCS)'에서 파악할 수 있다. NCS에서는 품질경영에 대한 직무를 크게 '품질경영시스템인증관리, 품질경영혁신활동, 품질전략수립'으로 구분하여 인재가 가져야 할 능력요소를 구체적으로 나타내고 있다.

이를 통해, 품질관리담당자는 구매부터 생산에 이르기까지 제품이나 서비스에 대한 전 과정에 걸쳐 품질표준화를 달성하고, 지속적인 개선과 생산성 향상을 도모하는 업무를 담당하는 것으로 파악할 수 있다.

- 품질관리담당자의 직무

· 조직 경영상 가장 유리하다고 판단되는 품질의 수준을 지정한다.

· 소비자의 요구에 적합한 품질을 지닌 제품이나 서비스를 경제적인 수준에서 생산할 수 있도록 설계한다.

· 생산에 필요한 작업표준을 개발한다.

· 제품이나 서비스가 소비자의 요구 수준을 만족하는지 측정한다.

· 생산 전 과정의 표준화, 안전화를 기초로 신뢰구간을 설정하고, 장기적인 관점에서 안정화를 도모한다.

· 품질에 산포가 발생하였을 때 해당 부분을 개선한다.

· 제품이나 서비스의 품질에 대한 소비자 만족도나 새로운 요구를 파악하여 신속하게 품질경영에 반영한다.

· 조직의 생산 전 과정을 지도하고 감독한다.

1) 품질관리담당자 채용 시 우대사항

품질관리담당자는 일반적으로 전문대학 이상에서 경영학, 산업공학 등을 전공으로 한 인재를 선호한다. 전공 내에서도 통계적 관리기법, 실험계획법, 생산시스템, 신뢰성 공학 등에 대한 과목을 이수하고 한국산업인력공단에서 실시하는 국가기술자격증인 품질관리기술사, 품질경영기사, 품질경영산업기사 등 관련 자격증 취득자에 대해 우대를 한다.

직무 관련 자격증

- **국가기술자격증**
  · 품질관리기술사, 품질경영기사, 품질경영산업기사 등
- **국가공인자격증**
  · SMAT, CS Leaders, 유통관리사, 물류관리사 등
- **국제공인자격증**
  · 국제품질기사, ISO인증심사원, 6시그마 등

2) 품질관리담당자 직무전망

　4차 산업혁명과 글로벌화에 따른 국가나 기업 간 경쟁 심화로 인해 소비자의 요구사항을 만족시킬 수 있는 고품질, 무결점 제품이나 서비스의 생산이 중요한 화두가 되고 있다. 이에 따라 규격에 부합하는 제품이나 서비스를 생산하고 품질을 강화하는 다각도의 노력이 이루어지고 있다. 따라서 품질기획 단계에서부터 부적합을 최소화하고 소비자의 요구사항에 맞는 품질수준을 달성하고 유지하기 위해 생산과 유통의 전 과정을 포괄적으로 이해하고 관리하는 품질관리담당자의 역할이 더욱 커질 전망이다.

전문가 분석에 따른 품질관리담당자 직무전망

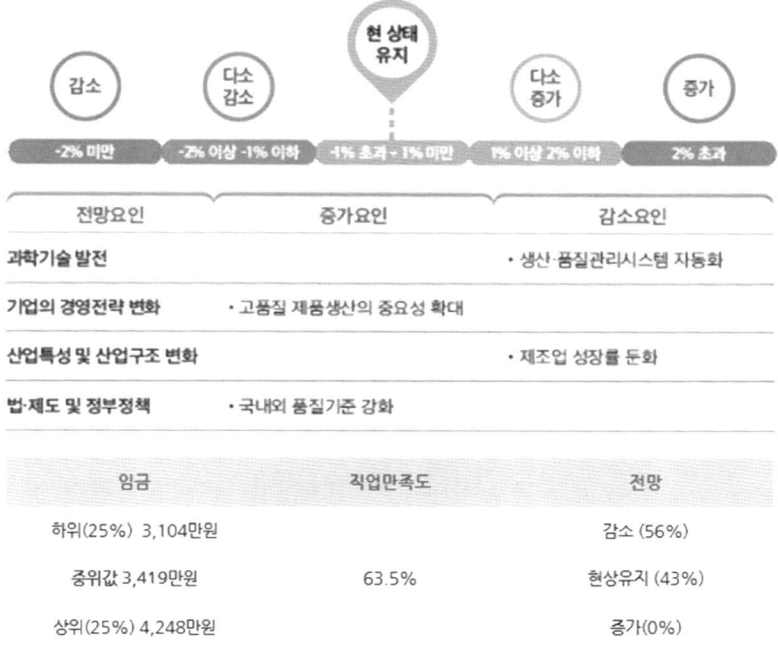

출처: 워크넷 홈페이지

NCS 기반의 품질경영시스템인증관리 직무

- 능력단위 명칭	
품질경영시스템인증관리	
- 능력단위 정의	
품질경영시스템 인증 관리란 품질전략 실현을 위해 품질경영시스템 인증을 준비하여 품질경영시스템을 구축, 인증을 시행하는 능력이다.	
필요한 지식	· 경영 전반에 대한 이해(품질경영방침) · 품질경영시스템 요구사항 이해 · 품질경영시스템 관련 국제표준 이해
필요한 기술	· 품질정보 및 예측 기법 분석능력 · 교육 계획 수립 및 운영능력 · 품질경영 현황 파악능력
필요한 태도	· 사실적 접근방법에 기반을 둔 사고 · 원칙을 지키려는 노력

출처: 국가직무능력표준 홈페이지(NCS 및 학습모듈검색)

NCS 기반의 품질경영혁신활동 직무

- 능력단위 명칭	
품질경영혁신활동	
- 능력단위 정의	
품질경영혁신활동이란 제품 및 업무 품질을 확보하고 품질경영을 향상시키기 위해 품질경영혁신활동 체계를 정립, 혁신 활동을 전개하고 이에 대한 효과성을 평가하는 능력이다.	
필요한 지식	· SWOT, 3C 등 각종 경영환경 분석 기법에 대한 지식 · TQM, 6시그마 등 품질혁신 추진 방법에 대한 지식 · 부문별, 기능별 과제 해결 프로세스에 대한 지식
필요한 기술	· 혁신활동 계획수립 및 혁신활동 추진능력 · 혁신활동 결과보고서 작성능력 · 혁신활동 실적 및 추진사항 관리능력
필요한 태도	· 품질경영혁신활동의 필요성을 중시하는 태도 · 혁신활동을 활성화하고자 하는 태도 · 품질경영에 대한 책임감

출처: 국가직무능력표준 홈페이지(NCS 및 학습모듈검색)

NCS 기반의 품진전략수립 직무

- 능력단위 명칭
품질전략수립

- 능력단위 정의
품질전략수립이란 품질방향을 설정하고 품질목표를 달성하기 위해 품질전략수립, 품질전략실행, 품질 모니터링 활동을 수행하는 능력이다.

필요한 지식	· 경영전반 지식(재무, 마케팅, 품질경영방침) · 품질관리(QC)기법 및 신 QC 기법 · 품질보증활동 이해 · 제품안전 및 유해물질 규제에 대한 지식 · SWOT, 3C, BCG 매트릭스, PERT-CPM 등 경영환경 분석 기법
필요한 기술	· 경영환경 분석능력 · 품질정보 및 예측 기법 분석능력
필요한 태도	· 현상을 기반으로 미래를 예측하고 대응하는 자세 · 사실적 접근방법에 기반을 둔 사고

출처: 국가직무능력표준 홈페이지(NCS 및 학습모듈검색)

품질관리담당자 채용 시 핵심면접질문 예시

- 생산과 품질의 정의는 무엇이라고 생각합니까?
- 품질관리와 품질경영의 차이는 무엇이라고 생각합니까?
- 본인의 성격과 연관하여 품질관리담당자 직무를 잘할 수 있는 이유를 구체적으로 말씀해주세요.
- 본인의 설득능력에 대해 말씀해주세요.
- 주어진 목표 이상의 목표를 설정하여 달성한 경험이 있는지 말씀해주세요.
- 당사에서 취급하는 제품, 서비스의 프로세스에 대해 잘 이해하고 있습니까?
- 당사에서 취급하는 제품이나 서비스의 개선 아이디어가 있는지 말씀해주세요.
- 직무와 연관된 곳에서 아르바이트 등 사회활동 경험이 있습니까?
- 논리적으로 문제를 해결한 경험이 있습니까?
- 6시그마의 구체적인 단계와 이를 응용하여 적용해본 사례가 있습니까?
- SWOT, BCG 매트릭스 등 경영분석 기법을 설명해주세요.
- 소비자 클레임과 만족은 무엇이라고 생각합니까?
- 품질경영 직무에 적용 가능한 전공과목과 습득한 핵심지식을 설명해주세요.
- 입사 후 첫날을 상상하면서 본인의 일과에 대해 말씀해주세요.
- 품질관리담당자가 가장 중요하게 생각해야 할 것이 무엇인지 말씀해주세요.
- 타인이 꺼리는 일을 스스로 나서서 해결해본 경험이 있는지 말씀해주세요.

참고문헌

- 박영택, 『품질경영 들어가기』, 한국표준협회미디어, 2020.
- 유한주 외 3인, 『고객만족과 지속가능성장의 원천 품질경영』, 생능, 2019.
- 워크넷 홈페이지(직업정보찾기, https://www.work.go.kr/consltJobCarpa/srch/jobDic/jobDicDtlInfo.do?pageType=jobDicSrchByJobCl&jobCode=3124&jobSeq=28)
- 국가직무능력표준 홈페이지(NCS 및 학습모듈검색, https://www.ncs.go.kr/unity/th03/ncsSearchMain.do)

저자소개

최여명 CHOI YEO MYEONG

학력
· 서울벤처대학원대학교 융합산업학과 경영학 박사
· 인하대학교 공학대학원 산업경영공학과 공학석사
· 한국발명진흥회 주관 학점은행제 지식재산학 전공 지식재산학사
· 남서울대학교 광고홍보학과 경영학사

경력
· 현) 말콤경영컨설팅 대표전문위원
· 현) ISO인증심사원 양성과정 공인강사
· 현) (사)국제차세대융합기술학회 종신회원·차세대인문사회분과 학술논문 심사위원
· 현) 중소기업중앙회 단체표준 품질관리담당자 양성/정기과정 강사
· 현) 한국서비스진흥협회 교육위원
· 현) 스마트4차산업혁명협회 전문위원
· 현) 한국브랜드마케팅협회 연구위원
· 현) 한국기술사업화진흥협회 전문위원

자격
· 채용면접관1급, 평생교육사2급

- 창업지도사1급, 브랜드관리사1급
- 국제공인경영컨설턴트(ICMCI CMC)
- 국제공인마케팅전문가(AMA PCM)
- 국제공인품질기사(ASQ CQE)
- 품질경영산업기사, 품질관리담당자(KSA)
- 창업보육전문매니저
- 기술경영사, 기술평가사
- 기술사업가치평가사
- 기술사업화 전문코디네이터
- 비즈니스모델 컨설턴트
- 서비스경영 컨설턴트
- 국가공인서비스경영(SMAT)1급
- 협동조합 코디네이터
- 기업금융지도사
- 기업회생관리사
- M&A거래사
- 품질경영진단사, 품질기법운용사
- 품질통계분석사, 공정품질관리사, 생산관리사
- KS인증심사원, 단체표준인증심사원
- ISO9001(품질경영시스템) 검증심사원
- ISO14001(환경경영시스템) 검증심사원
- ISO45001(안전보건경영시스템) 검증심사원
- ISO37001(부패방지경영시스템) 검증심사원
- ISO37301(준법경영시스템) 검증심사원
- ESG심사원
- 전경련 ESG전문가, 기업경영전문가
- 6 Sigma Black Belt

· KOLAS 측정불확도 추정(설비교정분야)

수상

· (사)국제차세대융합기술학회 융합학술발표대회 우수논문상 수상, 논문명: 「C2C 지식거래 플랫폼의 E-서비스 품질이 지각된 가치와 지속이용의도에 미치는 영향: 회복척도의 조절 효과」, 2022.
· 인하대학교 공학대학원 공학대학원장상 수상 2019.

공정하고 객관적인 면접관 역량

김학운

1. 면접의 이해

1) 면접의 정의

면접시험은 서류전형과 필기시험 등을 통하여 평가할 수 없는 부분인 지원자의 직무수행과 관련한 능력, 적성, 자질, 발전성 등을 검정하는 것이다. 또한 응시자의 신체적 특징과 적극성, 긍정성, 논리성, 발전 가능성 등의 인격적, 지적 특징을 종합적으로 평가할 수 있다(백한울안, 2014).

면접시험에서는 정답이란 있을 수 없으며, 같은 응답을 하더라도 반드시 동일한 점수를 받는다고 할 수 없다. 면접시험은 일반적인 평가를 지원서류 확인 등의 자료적 평가, 외적인 평가, 질의응답을 통한 내용적 평가로 바람직한 인물을 선발하는 데 있다. 기업 등 구인부서에서는 집단면접, PT면접 등 면접형태를 다양화하고 새로운 면접 시스템을 개발할 뿐 아니라 면접시험에 비중을 더 두는 경향이 있다.

그동안 면접 평가는 의례적 절차로서 몇 가지 형식적인 질문에 그치는 경향이 있었으나 최근에는 면접 평가의 비율이 점차 확대되고 있는 실정이다. 필기시험만으로 측정할 수 없는 요소들을 평가하기 위해서 면접의 전문성을 강화하고 그 결과를 점수화하여 지원자의 적격성 판단에 실질적인 활용을 한다.

2) 변화해가는 면접트렌드

최근 직무수행능력을 중심으로 한 행동중심면접, 역량면접이 도입되어 역량면접에서는 주로 지원자의 행동 특성을 실제 경험을 통하여 증명하도록 요구하게 된다. 따라서 국가직무능력표준(NCS)에서 직업기초능력의 종류와 구조를 이해하고 직무수행능력을 올바르게 평가할 수 있는 면접관의 역량이 강조되고 있는 것이다.

면접관이 덜 공정하고 덜 객관적이라는 역량을 보완하기 위해 인공지능(AI)기술이 도입되고 있다. 현재 인공지능기술을 채용에 도입하는 초기 단계로 충분한 데이터를 확보하지 못한 상황이지만 AI면접을 더 선호하는 이유는 코로나19 대응 방안으로 안전하다는 것 외에 인공지능기술이 가져다주는 공정성이다.

인공지능 기술을 채용에 적용하면 기존의 대면면접에서 문제로 지적되어왔던 청탁 등으로 인한 채용비리, 그리고 면접관의 선입견과 편견의 후광효과, 최근효과 등 면접관의 주관적 판단에 영향을 받을 수밖에 없는 평가오류 문제를 해결할 수 있다(장병선, 2021).

최근 코로나19라는 역경 상황 속에서도 성공을 일궈낸 기업의 바탕에는 바로 인재가 있었다. 그 사실을 통해 인재의 필요성을 설명하고 반대로 잘못된 사람을 뽑으면 기업에 어떠한 손해를 가져오게 되는지에 관한 이야기를 통해, 채용이야말로 회사의 생존을 위한 당면 과제임을 지적한다.

기업을 움직이는 것은 사람이므로 한 사람을 잘못 채용하면 조직이 어마어마한 비용을 지불하게 된다. 즉, 면접이야말로 회사의 흥망성쇠와 직결되는 기업 경영의 핵심 키워드고 그 관문을 진행해야 하는 것이 바로 면접관임을 주지시켜, 올바른 면접의 필요성이 대두된다.

3) 면접관에 대한 우려의 시선

채용전문면접관이 꼽은 2022 채용트렌드에 '면접관 역량과 자질'을 언급하며 64%가 면접관의 교육이 강화되어야 한다고 제시하였다.

면접을 통하여 직무능력을 평가한다는 것은 매우 신중하고 어려운 작업이라고도 할 수 있겠다. 객관적이고 공정한 평가를 위협하는 것은 면접관의 편견, 선입견, 고정관념이 크게 작용한다고 볼 수 있다. 지원자의 인상, 말투 등 첫인상 요소의 영향으로 주관적 평가가 이루어질 수 있다.

면접시험 평가위원으로 들어간 사람 중에 하루종일 면접위원으로 있어도 주 질문은커녕 후속 질문 하나 할 줄 모르는 면접관도 있었다며 면접관 자질론을 거론, 면접관 역량교육을 강조하였다.

'면접관부터 면접하라'는 표현처럼 면접관 교육하는 대기업들이 몇 년 새 부쩍 늘어났다. 지원자의 훈련된 답변을 변별하고, 직무역량을 파악하는 면접 기술의 중요성 인식이 강화되고 있다.

지원자들은 지금까지 많은 노력과 준비가 담긴 인생의 큰 기로에 있는 매우 중요한 순간이다. 면접관이 전문 소양과 역량이 있어야 하는 이유는 그래야 기업이나 공공기관에서 요구하는 인재를 선발할 수 있고 면접관의 편협한 사고로 조직에 좋은 인재임에도 탈락시킬 수 있기 때문이다.

그러므로 기업이나 공공기관의 요구와 면접지원자의 욕구가 일치되도록 오류를 최소화하여 적재적소에 인재를 선발하는 중요한 역할이 면접관이기 때문에 객관적 전문성을 겸비하고 전문적 소양과 안목을 갖춘 면접관이 되어야 한다.

일부 기업에서 사원면접관 제도를 시행하는데 대리나 과장급 실무진들이 면접관으로 참여하여 보다 실제 사내 상황에서 발생할 수 있는 여러 사안을 집중적으로 질문하여 지원자들의 반응을 평가하는 방식이다(진서현, 2013). 그러나 사원면접관이 전문면접관의 역량을 발휘하는 데는 한계가 있다.

취업을 앞둔 청년의 49%가 불쾌한 면접을 경험하고 구직자의 77%가 불공정한 채용평가를 경험하고 있다. 기업이 요구하는 인재상은 전혀 반영하지 않고 면접관의 느낌과 경험으로만 주먹구구식으로 면접을 진행해왔기 때문이다.

인사담당자들이나 면접관은 면접 과정에서 전통적 방식의 비구조화면접 방식을 고집하는 기업들이 있는데, 이는 지원자들에게 주어져야 할 균등한 기회를 박탈하는 것과 같다. 지원자에 따라 서로 다른 질문을 하고 상이한 평가 잣대를 적용한다면 평가결과의 일관성을 잃게 되고 과학적인 선발의 운영과 관리가 어렵기 때문이다(진서현, 2013).

상당수의 기업들이 채용면접관들의 역량 향상을 위해 노력하고 있는 것은 면접관의 전문성 결여로 인하여 면접관이 지원자와 상호작용을 할 때 면접의 신뢰도를 오염시킬 수 있으며 면접관과 지원자 간 신뢰도가 달라지는 문제를 사전 예방하는 것이다.

평가영역 측면에서 보면 평가되어야 할 영역이 충분히 고려되지 않아 누락되는 내용 영역이 생길 수 있고 불필요한 영역이 고려되는 문제가 발생할 수도 있다(한덕웅, 2001).

국내 기업들은 인재를 선발하기 위하여 다양한 선발면접을 활용하고 있지만, 지원자를 고객으로 인식하지는 못하고 있다. 선발면접은 면접관과 지원자의 역동적 상호작용이며, 지원자도 면접과 관련한 의사결정을 하고, 면접에 불만을 느낀 지원자는 해당 기업에 유, 무형의 피해를 입힐 수 있다는 점이 간과되어왔다(박기성 등 4인, 2013).

4) 면접관이 갖춰야 할 역량

2020년 기업 인사담당자 222명 대상 조사결과 응답자의 54.4%가 '인공지능 기술의 적용이 불공정 평가를 방지하는 데 도움이 될 것'이라고 답했고 그중 인공지능 기술을 도입할 의향이 있다고 답한 기업은 45%에 달하였다.

AI면접의 부정적 측면은 지원자의 역량이나 잠재력을 이끌어내 평가하는 것이 어렵다. 현재 방식에서는 면접관에게 어느 정도 재량권이 있기 때문에 지원자가 너무 긴장을 하고 있으면 긴장을 완화시키고 역량을 드러내도록 도와줄 수 있다. 또한 어떤 역량에서 부족하더라도 다른 것이 우수해 보이면 통합적으로 고려하여 앞으로의 직무수행능력을 판단할 수 있었다(이병철, 2021).

그러나 기업들이 AI면접을 선호하는 가장 큰 이유는 면접에서 외모, 학력, 연령, 성별 등 선입견이나 감정이 개입되기 마련인데 AI면접은 개인의 취향이나 감정을 배제하고 지원자들을 공정하게 평가한다는 인식을 줄 수 있기 때문이다.

따라서 면접관의 공정하고 객관적 역량 강화는 의무라고 해도 과언이 아니다. 면접관은 유전적 성향과 환경에서 체험한 경험으로 인한 어떤 고정관념을 대부분 갖고 있다. 개인적 환경 경험의 편견과 사회적 배경에 따른 선입견, 예를 들면 면접관·지원자의 성별에 대한 사회적 고정관념이 있다(진서현, 2010).

면접관의 자신감 역량 부분에서 면접관이 질문할 때 지원자와 눈맞춤을 하지 않으면 면접관으로서 자신감이 부족해 보이고 지원자에게 신뢰성을 주기 어렵다. 이러한 사례는 면접관 스스로의 자신감 결여에서 온다고 해도 과언은 아니다.

면접관은 면접의 공정성과 객관성을 향상시키는 데 노력해야 한다. 면접관 구성 시 면접관의 성격을 고려하는 것이 조직의 입장에서 좋은 지원자를 선발하는 데 효과적일 것이다.

최근 면접관을 구성할 때 면접관의 성별, 연령에 대해 고르게 구성함으로써 면접자에 대한 편견을 최소화하고 객관적으로 선발하기 위해 노력하고 있다. 이에 면접관의 성격도 함께 고려하여 구성한다면 지원자에 대한 관대한 평가 혹은 겉으로 보이는 모습으로 판단하는 과오를 줄이는데 기여할 수 있을 것이다(임솔아, 2016).

지원자가 면접시험에 합격하기 위해서는 기업이 요구하는 인재상을 고려하여 자신이 지원한 기업에서 추구하는 최상의 이미지를 형성해야 할 필요가 있겠다. 면접자도 기업이 요구하는 인재상을 숙지하여 객관적 안목과 공정함으로 면접 평가에 임해야 한다.

자신의 주관적 관점이나 어떤 감정, 선입견, 고정관념은 버리고 객관화하는 노력과 역량이 있어야 올바른 면접위원으로 신뢰를 얻을 수 있다. 면접시험에서는 '정답'이란 있을 수 없으며, 같은 응답을 하더라도 반드시 동일한 점수를 받는다고 할 수 없다.

면접시험은 일반적인 평가를 지원서류 등의 확인에 의한 자료적 평가, 외적인 평가, 질의응답을 통한 내용적 평가로 기업에 바람직한 인물을 선발하는 데 목적이 있다. 지원자의 자기관리능력, 수리 및 정보처리능력, 문제해결능력 등 기본 소양과 직무수행역량을 따져봐야 한다.

2. 대인지각과 인상형성

> 어느 호텔에 한 접객주임이 새로 채용되어 고용인들에게 청소를 시키고 있었다. 그런데 저쪽 귀빈실 고급 소파에 인상도 좋지 않고 옷차림도 지저분한 한 노인이 걸터앉아 담배를 피우고 있었다. 주임은 아무래도 고급 호텔의 분위기를 흐릴 것 같아 슬며시 그에게 다가가 조그만 쪽지를 건네주었다. 거기에는 '남의 눈에 띄지 않게 즉시 이곳을 떠나주시오'라고 씌어있었다. 그런데 며칠 지나지 않아 이번에는 접객주임에게 이런 메모가 전달되었다. '남의 귀에 소문나지 않게 이 호텔을 떠나주시오' 그 노인은 호텔 경영주였다.

우리는 다른 사람을 처음 만날 때 자기도 모르는 사이에 그에 대해 판단하는 일이 많다. 우리 앞에 나타난 사람의 겉모습을 보고 우리는 그 사람의 신분, 직업 등을 대충 알 수 있고 더 나아가 그의 성격, 취미,

능력, 감정 등을 짐작한다.

면접장에서도 예외는 아닐 듯하다. 아주 제한되고 단편적인 정보에 근거하여 인상을 형성함에도 불구하고 우리는 그가 갖고 있는 특성들에 대해 모두 알았다는 식의 결론을 짓는다. 그게 맞고 맞지 않고는 나중의 문제다. 나의 편협한 사고로 기울어진 평가를 할 수 있다는 것이다.

우리는 누군가를 만날 때마다 그 사람의 내면적 속성을 판단한다. 그리고 이러한 판단에 근거하여 그 사람의 행동을 예측하고 자신의 행동을 결정한다. 인간관계에서 가장 먼저 일어나는 일은 상대방에 대한 첫인상을 형성하는 일이다.

우리는 어떤 사람을 처음 만나는 즉시 또는 몇 마디의 말을 나누고 나면 곧 그 사람에 대한 인상을 갖는다. 이러한 인상형성은 자기도 모르는 사이에 그리고 순식간에 일어난다. 이렇게 형성된 인상은 정확한 것일 수도 있고 그렇지 않을 수도 있다.

면접자와 지원자의 상호작용에서 면접자의 고정된 선입견, 편견, 고정관념이 강하다면 면접 평가에서 왜곡이나 오류를 범할 수도 있다.

1) 인상형성의 단서

첫째는 얼굴 생김새다. 얼굴 생김새와 얼굴 표정은 그 사람에 대한 인상을 형성하는 매우 중요한 단서가 되고, 얼굴 표정 역시 개인의 성격을 판단하는 중요한 단서로 사용된다.

둘째는 옷차림새다. 옷이 날개라는 말이 있듯이 옷차림새는 인상형성에 중요한 영향을 미친다. 개인의 사회경제적 지위, 교육수준, 직업뿐만 아니라 성격, 가치관, 흥미 등과 같은 심리적 특성 같은 인상형성에 영향을 미친다.

셋째는 행동단서다. 인상형성에 영향을 미치는 행동단서에는 몸의 움직임과 제스처, 몸의 자세, 타인과의 거리 등과 같이 다양한 비언어적 단서가 포함된다. 이러한 행동단서들은 그 사람의 성격, 능력, 가치관, 사고방식 등을 추론하는 단서가 된다.

첫인상형성은 대체적으로 공통점이 있지만 개인차가 존재한다. 첫째는 '좋다-나쁘다(Good-bad)'로 만난 사람이 좋은 사람인지 나쁜 사람인지 판단하는 평가차원이며, 둘째는 '강하다-약하다(Strong-weak)'로 능력 차원이며, 셋째는 '적극적이다-소극적이다(Active-passive)'로 대표되는 활동성 차원이다. 이 3가지 차원에서 특히 평가차원의 영향은 압도적이다. 우리는 누군가를 만나면 무엇보다 먼저 좋은 사람인지 나쁜 사람인지를 가려내려는 경향이 있다(권석만, 2017).

면접관은 무의식적으로 평가차원이 작동하지는 않는지 그 평가가 어느 정도 수준인지, 그런 생각은 따로 분리하는 연습이 필요하다.

2) 인상형성의 과정

인상형성의 과정에서 '이마가 좁다'는 외모의 특성은 '속이 좁다', '인색하다', '고지식하다' 등과 같이 성격에 대한 인상으로 번진다. 이렇게 외관적 인상에서 다른 성격적 인상으로 파생되어 나가는 것은 특정한 외관적 특성이 특정한 성격적 특성과 연합되어있다는 통념이 있기 때문이다.

흔히 곱슬머리인 사람은 고집이 세고 꼼꼼하다고 여겨지고, 키가 큰 사람은 관대하지만 책임감이 부족하다고 생각된다.

우리는 여러 사람에 대한 직접적 또는 간접적 경험에 근거하여 외모와 심리적 특성 간에 대해서 나름대로 소박한 이론 체계를 지니고 있다. 이렇게 우리는 자신도 모르는 사이에 인간의 성격특성에 대한 이론 체계를 구성하여 인상형성에 사용하고 있는데 이러한 이론 체계를 암묵적 성격이론(Implicit personality theory)이라고 한다. 암묵적 성격이론은 외관적 단서에 근거하여 성격특성을 추론하는 인지 판단의 기초가 된다.

그러나 동일한 외모 특성을 지닌 사람들은 각기 매우 다른 성격적 특성을 나타낸다. 이러한 개인차를 무시하고 암묵적 성격이론이 융통성 없이 적용될 때 고정관념(Stereotype)이 생긴다(권석만, 2017).

고정관념은 '어떤 부류의 사람들은 어떠한 특성을 가지고 있다'는 일종의 믿음인데 합당하지 않은 것들이 많다. 특히 성별, 인종, 직업, 외모, 특정학교, 지역 등에 대한 고정관념들이 많다. 고정관념과 비슷하다는 편견(Prejudice)은 다른 집단의 사람들에 대해 불공정하고 편협하거나 비호의적인 태도이다. 그러므로 편견은 태도와 마찬가지로 신념, 감정, 행동경향이라는 세 요소를 갖는데 편견적인 신념은 언제나 고정관념이 된다(박지영, 2004).

미국에서 사회심리학은 지난 20년 동안 사회 인식의 오류와 편견에 초점을 맞추어 지배되어왔다. 심리학자와 일반인 모두 고정관념은 나쁘고 부정확하다고 가정한다. 고정관념이 어느 정도 정확할 수 있다는 생각은 혐오스러운 것으로 여겨져 왔고, 고정관념의 정확성에 대한 문제를 제기하는 사람들은 인종차별주의자, 성차별주의자, 혹은 더 나쁜 것으로 여겨져 왔다.

사람들은 편견을 알게 모르게 가지고 있다. 특히 자신도 모르게 자신이 가지고 있던 편견이 튀어나오기도 한다. 그건 사람들이 위선자라서가 아니라 사회와 문화에 영향을 받기 때문이다. 암묵적 편견은 지금까지의 경험을 바탕으로 평생에 걸쳐 만들어지므로 하루아침에 고칠 수는 없다.

흑인이나 소수민족보다 백인이 우월할 거라는 편견, 남성이 여성에 비해 똑똑하다고 생각하는 편견, 이러한 현상을 설명하는 심리학 용어로는 '암묵적 편견'이 있다. 바로 무의식적으로 작용하는 편향적 태도다.

지각에서 많은 오류를 야기하는 고정관념에 의한 지각이란 인간에 대한 경직적인 편견을 갖는 지각을 뜻한다. 어떤 사람이나 사물을 볼 때 그들이 속한 사회적 집단에 대한 고정관념에 비추어 지각함으로써 부정확하게 지각하는 것이다.

고정관념은 어떤 상황에서 모호성을 적게 해주고 사람을 빠르고 쉽게 분류할 수 있게 해준다. 그러나 지나치게 단순평가를 해버림으로써 판단의 오류를 가져오게 된다.

(1) 핵심특성 중시

특히 인상형성에서 '좋다-나쁘다'의 평가차원이 중요한 역할을 하듯이, '좋은 사람' 또는 '나쁜 사람'이라는 평가정보가 중요한 핵심특성을 이루는 경우가 많다.

어떤 사람에 대해서 '좋은 사람'이라는 평을 들으면 그 사람이 잘

생기고 똑똑하며 예의가 바를 것이라는 예상을 하게 된다. 이처럼 어떤 사람에 대해서 좋은 사람이라는 인상을 형성하면 다른 긍정적 특성을 모두 가지고 있을 것이라고 평가하는 경향이 있는데 이를 후광효과(Halo effect)로 즉, 사람에 대한 어떤 한 특성이 다른 면을 이해하는 데 영향을 미쳐서 앞의 선입견이 뒤의 요소에도 영향을 미치는 것이다(우영제, 2005).

(2) 나쁜 평 중시

어떤 사람의 장점과 단점에 대한 정보의 양이 비슷할 때 우리는 그 사람에 대해 중립적 인상을 형성하는 것이 아닌 부정적인 인상 쪽으로 기운다.

이렇게 긍정적 정보보다 부정적 정보가 인상형성에서 더 큰 비중을 차지하는 현상을 부정성 효과(Negativity effect)라고 부른다.

그 이유는 사람들이 대체로 다른 사람에 대해서 칭찬은 잘해도 좀처럼 단점을 말하지 않는 사회적 분위기에서 부정적인 평을 듣게 되면 훨씬 더 중요하고 신뢰 가는 정보로 느끼기 때문이다.

(3) 첫인상의 중시

어떤 사람에 대한 여러 가지 정보를 순차적으로 전달받게 되면 전달되는 순서에 따라 인상형성이 달라진다. 만약 먼저 전달되는 정보와 나중에 전달되는 정보가 상충된다면 먼저 접하는 정보가 나중에 접하는 정보보다 최종적인 인상형성에 더 중요한 역할을 한다. 이런 현상은 초두효과(Primacy effect)라 한다.

(4) 기타 특성

사람들은 일반적으로 다른 사람들이 자신과 비슷할 것이라고 가정하는 경향이 있다. 성격이 활달한 사람은 다른 사람들도 자신처럼 스스럼없이 말을 잘 할 것이라고 생각하며 대중가요를 좋아하는 사람은 다른 사람들도 대중가요를 좋아할 것이라고 판단하는 경향이 있는데 이런 현상을 가정된 유사성(Assumed similarity)이라 한다. 특히 상대방의 나이, 고향, 학력, 사회경제적 지위 등이 자신과 유사할 때 더욱 두드러지게 나타난다.

또 자신과 관련성 여부에 의해 인상형성에 왜곡이 생겨날 수 있다. 이 중 대표적인 것이 자기봉사적 지각(Self-serving perception)이다. 자기봉사적 지각은 자존심을 유지하기 위한 편향적인 지각으로 사람들은 자신이 속한 집단의 구성원을 다른 집단의 구성원보다 더 호의적으로 지각하는 경향이 있다.

성격과 지각에서 학습과 동기부여는 지각하는 사람의 퍼스낼리티와 밀접하게 관련이 있다. 즉, 본인이 어떤 성격을 소유하느냐에 따라

지각하는 관점과 개성이 달라질 수 있고 그것이 행태와도 관련이 깊다
(우영제, 2005).

따라서 면접 평가에 면접관의 주관적 판단을 최소화시키고 객관적이고 공정한 판단력을 향상시켜 인재 선발능력이 탁월하도록 해야 한다.

3. 대인지각과 면접관의 오류

편견과 고정관념은 개인에 대한 객관적 이해를 왜곡하는 주요한 원인이다. 그럼에도 불구하고 우리 사회에는 개인의 얼굴 모습, 혈액형, 출신 지역 등이 그의 성격과 관련되어있다는 잘못된 편견이 존재한다. 특히 사회적으로 널리 퍼져있는 편견은 다른 사람에 대한 우리의 인상형성에 영향을 미칠 수 있다.

책임감 있는 면접관으로서 나는 다른 사람에 대한 인상을 형성할 때 어떤 특성에 주목하는가? 면접지원자에 대한 인상형성에 영향을 미치는 나의 고정관념이나 견해, 편견에는 어떤 것들이 있는가?

지원자에 대한 평가오류 유형은 지원자의 인상, 자세 등으로 속단하는 등 면접관의 비과학적, 단락적 사고와 일부만으로 전체를 판단하는

후광효과, 면접관이 보고 싶은 것만을 보는 선택적 인지, 면접관 자신과 비교하는 대비 오류, 여러 후보자 평가 시 발생하는 고정관념과 생각, 최신의 정보만을 중시하는 시간적 오류, 면접관의 면접기법 부족 및 제대로 파악·판단하지 못하는 해석상의 오류 등이 있다.

4. 면접위원이 범하기 쉬운 오류와 방지책

1) 첫인상에 의한 판정

많은 면접자들은 면접 직후의 초기 단계에서 상대방에 대한 판정을 내린다. 특히 처음 3~4분 이내에 얻어진 인상을 바탕으로 상대방을 범주화시켜서 판정을 내린다.

만일 면접 초기의 정보가 면접관에게 가장 큰 영향을 미친다면 이를 초두효과라 한다. 면접 후반 정보가 가장 큰 영향을 미친다면 이를 최신 효과라고 부른다. 두 효과 중 어느 것이 더 우세한지는 명확하지 않다. 어떤 면접관은 초두효과에 더 영향을 많이 받고 어떤 면접관은 최신효과에 더 영향을 받는다.

특히 부정적인 정보에 관한 초두효과는 응시자에게 비호의적인 결과를 가져온다. 즉, 응시자가 면접 초기에 면접관에게 부정적인 인상을 주면 면접 중반에 부정적인 인상을 주었을 때보다도 나쁘게 평가될 가능성이 더 크다.

또한 면접관은 시간이 흐르면서 새로운 상황이 주어졌을 때보다 나쁘게 평가될 가능성이 더 크고 시간이 흐르면서 새로운 정보를 얻기보다는 먼저 내린 자신의 결정을 확인하고 지지하는 정보를 얻는 방향으로 질문하는 경향이 있다.

방지책은 응시자에 대하여 지속적으로 관심을 기울이고 최종적인 판단은 충분한 관찰이 이루어진 이후로 미루는 것이다.

2) 부적 정보의 효과

면접관들은 응시자에 대한 정적인 정보보다는 부적인 정보에 의해 판단을 내리는 경향이 있다. 즉, 많은 면접관은 지원자를 채용하지 않을 이유를 찾는 경향이 있고 그 이유가 발견되는 경우, 그 지원자를 떨어뜨린다. 왜냐하면 면접 결과에 대한 피드백은 훌륭한 수행을 보이는 종업원보다는 문제를 일으킨 종업원에 의해 알려지기 때문이다.

방지책은 정적인 정보에도 같은 비중을 두어서 결점이 되는 면을 보완할 수 있는 지원자의 장점이 있다면 이러한 점에도 관심을 기울여야 한다. 즉, 지원자마다 장단점이 무엇인지를 파악하려고 노력한다.

3) 면접관의 고정관념과 개인적 성향

면접관들은 각자의 경험으로부터 형성된 나름대로의 평가기준과 고정관념을 가지고 있다. 따라서 사전에 평가기준의 합의 없이는 면접관 사이에 의견의 불일치가 일어날 가능성이 매우 높으며, 면접관의 개인적 성향도 영향을 미친다.

면접관은 면접에서 자신이 도구이기 때문에 자기인식과 자기분석이 되어있어야 한다. 나를 명확하게 객관적 관점에서 바라봐야 하며 내 안에 어떤 욕망과 모습이 있는지 나 자신의 독특한 심리적 특성이 있는지 인식할 필요가 있다. 즉, 자신의 성격을 이해하고 있어야 한다.

4) 시각적 단서의 영향

일반적으로 언어적 단서보다 외모, 복장, 예절, 몸짓 등의 비언어적 단서가 판단에 더 큰 영향을 미친다. '시각 + 청각 단서' 조건과 '청각 단서' 조건 간의 면접 평가 결과를 비교한 실험에서 두 조건의 평가가 일치되지 않았다.

방지책은 외모, 복장 등의 비언어적 단서를 평가항목에 포함시키면 이러한 시각적 단서가 다른 평가 항목에 영향을 미치지 않게 독립적으로 판단하도록 노력한다.

5) 면접관과 피면접자 간의 유사성

면접관의 신념, 가치관, 태도, 생활배경이 피면접자와 유사할수록 좋게 평가하려는 경향이 있다. 왜냐하면 대인매력에 관한 이론에 따르면 사람은 자기와 유사한 사람을 좋아하는 경향이 있기 때문이다.

방지책은 무자료 면접을 시도하고 면접관의 개인적 선호에 의해 판단을 내리지 말고 평가기준에 따라 판단을 내리는 것이다.

6) 대비효과

바로 직전에 면접한 사람과 대비해서 다음 사람에 대한 판단을 내리는 경향이 있다

방지책은 다른 지원자들과 비교에 의한 상대적 평가를 내리지 말고 정해진 기준에 근거하여 절대적 평가를 내린다.

7) 후광효과

후광효과는 전체적 인상 또는 특정사항에 영향을 받아 그에 맞도록 판정해버리는 경향으로 면접관은 피면접자의 한 가지 좋은 점 혹은 나

쁜 점을 발견하면 모두 좋게 또는 나쁘게 평가하는 경향이 있다(김대영, 2002).

방지책은 각 평가항목에 대해 독립적인 판단을 내리도록 한다.

5. 면접관의 대인지각 오류 수정 연습

그 사람이 갖고 있는 편견, 선입견, 고정관념은 태어날 때부터 형성된 유전적 산물이고, 살아오는 과정 속 환경에서 체득된 경험으로 만들어진 관념이다. 관념(교육)은 유전, 지식, 경험으로 습관이 된 것으로 그 당사자는 알아차리지 못하는 나만의 방식이다. 관념에 의해 감정이 유발되고 그것이 '나'라고 인식된다.

이러한 나만의 방식인 관념은 인간이 갖고 있는 이기적 사고와 자기중심적 생각으로 고유한 자신을 표현하는 것이다. 오래된 정보인 관념은 수정할 수 있고 새로운 관념의 투입이 가능하다. 즉, 객관적으로 바라볼 수 있는 노력이 필요한 것이다. 이것은 마음 바꾸기 훈련으로 가능하다.

이 그림은 오리 주둥이로 보이기도 하고 토끼 머리로 보이기도 한다. 한 가지 사물에서 두 가지가 보이는 것 대부분 자신이 보고자 하는 한 가지만 보일 수 있지만 다양한 관점으로 자세히 바라보면 또 다른 것이 보인다.

내가 보이는 것만으로 주장하는 오류를 범하지 말자. 즉, 나의 주장이 결코 다 옳은 것은 아니다. 편견, 선입견, 고정관념은 버려야 한다.

편견, 선입견, 고정관념이 곧 나 자신이라는 생각이 들 때마다 그것은 느낌, 기억일 뿐이다. 그것은 내가 태어날 때부터 유전적으로 받은 것이고 내 삶의 환경과 경험 속에서 만들어진 나만의 자아상(自我像)이다. 따라서 자신의 생각, 감정, 습관, 인식들이 들 때, 매 순간순간 그러한 것들을 분리하는 연습이 필요하다.

고정된 생각, 감정, 피해의식은 그저 나의 기억, 느낌일 뿐이다. 그것은 내가 아닌 내가 만든 관념이다. 그러한 감정들을 분리해보는 연습, 그리고 객관적으로 바라보며 생각, 감정, 습관, 인식들을 매 순간순간 분리하여 객관적으로 나 자신의 감정을 인식해보자.

면접지원자의 초두효과나 후광효과에 대한 감정도 포함, 그러한 감정들이 나 자신이라는 생각이 되는 것을 분리하는 연습이 필요하다. 첫인상 외모 등 선입관, 고정관념에 따라 특정한 틀로 규정될 때 그 규정되는 단어를 분리하자.

참고문헌

- 감성근 외 4인, 『취업의 비법』, 한올, 2022.
- 권석만, 『인간관계의 심리학』, 학지사, 2017.
- 박지영, 『유쾌한 심리학』, 파피에 2004.
- 시부야 쇼조, 『야심만만심리학』, 리더북스, 2004.
- 우영제, 『미래사회와 인간관계』, 백산출판사, 2005.
- 김대영, 「면접자 간 토의와 부가질문의 사용이 면접의 신뢰도와 타당도에 미치는 영향」, 호서대학교 대학원 석사학위논문, 2002.
- 김혜리, 「취업지원자의 외적 이미지가 면접관의 평가에 미치는 영향」, 국제문화대학교 대학원 석사학위논문, 2008.
- 박기성 외 3인, 「면접관의 자아개념과 면접관의 지원자에 대한 긍정적 반응 증진행동의 영향관계」, 경영교육연구, 2013.
- 백한울안, 「면접 속설에 대한 높은 신뢰를 보이는 청년 구직자들의 특성 연구」, 서강대학교 대학원 석사학위논문, 2014.
- 이병철, 「인공지능 면접시스템 개발과 수용요인에 관한 연구」, 서울과학종합대학교대학원 박사학위논문, 2021.
- 양유경, 「승무원 채용을 위한 평가항목 비교」, 숙명 호스피탈리티 대학원 석사학위 논문, 2011.
- 임솔아, 「면접자의 인상 관리전략이 개인-직무, 개인-조직적합도 평가에 미치는 효과」, 한림대학교 대학원 석사학위논문, 2016.
- 장병선, 「기업 채용에 있어서 인공지능 기술도입이 퇴사율에 미치는 영향」, 인천대학교 대학원 석사학위논문, 2021.
- 진서현, 「공개채용면접 과정에서 입사성공의 예측 및 결정요인에 관한 연구」, 강남대학교 대학원 박사학위논문, 2013.
- 한덕웅, 「공무원 채용을 위한 합리적 면접 기법 개발」, CSC정책연구 보고서2001-13, 2001.

저자소개

김학운 KIM HAK WOON

학력
· 용인대학교 태권도학과 학사
· 용인대학교 무도학 석사
· 중앙대학교 이학 박사(스포츠심리학)

경력
· 현) 혜화경찰서 정보안보외사계장
· 현) 국제다문화스포츠협회 스포츠공정위이사
· 전) 경찰대학 태권도교관, 리더십전문강사
· 전) 중국인민공안대학 교환교수
· 전) 용인대학교교양교육원 외래강사(대인관계심리학)
· 전) 법무부법교육 출장강사
· 전) 경찰인재개발원 외래강사

자격
· 한국직무스트레스학회 학술대회 수료
· 채용면접관1급 자격증
· 한국능률협회 컨설팅 과정 수료

저서

· 『유소년 축구선수를 위한 카운슬링』, 광림북하우스, 2008.

수상

· 행정안전부장관표창

· 경찰청장표창

· 국기원장표창

공공기관
토론(집단)면접 해결전략

이범오

1. 토론(집단)면접의 정의

면접(面接)의 사전적 의미는 '서로 대면하여 만남'이라고 정의하고 있다. 면접관과 피면접관과의 어떠한 목적을 가지고 만나서 행하는 대화의 한 유형이라고 할 수 있다.[1] 특히, 토론(집단)면접은 많은 지원자들의 다양한 대화능력을 경제적으로 비교·검증할 수 있고, 직무 수행에 요구되는 전문성, 리더십, 소통능력 등 공공기관 및 사조직에서 필요한 평가를 단시간에 평가할 수 있는 장점이 있다. 다만 경쟁자 앞에서 다른 자신의 의견을 피력하고, 상호 대화를 통해 진행해나가야 한다는 부담과 소심한 성격인 경우 자신의 대화를 진행해야 할지 고민을 많이 하게 되어 심리적으로 위축되는 단점도 있다.

토론면접은 면접관 및 피면접관 입장에서 해당 채용의 성격과 경쟁 정도에 대해 면접대상자들에게 사전에 충분한 정보를 제공하고, 효율적으로 토론(집단)면접을 수행하는 것이 중요하다고 볼 수 있고, 대인적 대응능력을 관찰할 수 있는 제도라고 할 수 있다.[2]

---

1 https://namu.wiki(2022.12.12. 검색)

2 토론면접과 집단면접은 동일한 개념으로 서술하기로 한다. 집단면접에 대하여는 다음을 참고했다. 출처: 최창식, 「집단토론 면접에서의 초기 커뮤니케이션 전략 선택 인지된 직무 상호의존도와 경쟁률의 상호작용 효과」, 언론정보연구, 56권 2호, p331, 2019.

2. 면접자의 전략

1) 서론

2015년부터 인사혁신처는 공무원 및 공공기관의 면접시험에서 '공직가치관 및 인성면접' 비중을 확대·적용하고 있다. 면접의 실효성과 면접관들에게 많은 시간을 부여하고, 다양한 평가기법을 활용해 면접자를 평가하도록 제도를 개선하고 있다. 특히 공직가치관 검증에 필요한 질문 유형을 직급별로 발표과제, 토론과제, 경험 등 단계를 다양하고, 심층적으로 거치도록 구성한다고 공지하였다.[3]

현대사회는 수많은 현상과 다양한 조직이 존재하며 급변하고 있다. 특히 현대의 조직은 사람의 활동을 통하여 목적이 달성되고, 구성원의 능력 등에 따라 여러 가지 성과가 나타난다. 그러므로 조직에 적합한 인재를 선발하는 것을 필수적이다.

인재 선발 시 주로 사용하는 토론(집단)면접은 지원자들을 직접적으로 관찰하여 타인과의 협동심 및 리더십을 평가할 수 있는 효과적인 방법이라고 보는 것이 일반적이고, 토론면접은 종합적인 인물의 평가, 성격이나 성품의 판별, 지원동기, 언어능력, 두뇌회전능력, 인생관, 협동성

---

3 https://www.mpm.go.kr(인사혁신처)

등을 관찰하는 데 중요한 역할을 한다.[4]

면접자가 먼저 준비되어야 할 내용은 선발하는 기관에서 어떤 인재를 원하는지 확실히 알아야 한다. 선발하는 기관에서는 좋은 인재(Good)를 원하는지 아니면 적합한(Right) 인재를 원하는지를 먼저 체크를 해야 한다.

우리가 주목해야 할 것은 적합한 인재를 찾아내는 것이 우선순위가 되어야 할 것이다. 특히, 내부 면접관들이라면, 유능하고 품위있는 면접을 통해 적합한 인재를 찾아낼 수 있어야 한다.

2) 면접관의 역할

(1) 면접진행에 대하여 숙지와 이해를 해야 한다

주로, 공공기관에서는 위원장이 면접을 진행하게 된다. 그러므로 면접질문하기, 평가를 위한 정보를 입력하고, 토론과 답변내용을 경청하고, 관찰하는 진행과정을 완전히 이해해야 한다.

---

4   김동준·조호대, 「우리나라 소방공무원 면접 평가 개선방안」, 한국융합과학회지, 제7권 제3호, p143, 2018.

(2) 면접 평가에 대하여 이해를 해야 한다

평가 시 메모작성, 평가배율을 조정하고, 최종 평정표 점수를 기입하는 프로세스를 이해해야 한다.

(3) 면접위원장으로 선정되었을 경우

위원장이 특별한 권한은 없으나 면접을 매끄럽게 진행하고 정확한 평가결과를 최종 조율하는 역할을 감당해야 한다. 공공기관인 경우, 대부분 외부위원들이 면접위원장으로 선정되는 경우가 많다는 점을 참고하기 바란다.

3) 면접관의 태도

(1) 언어적 요소, 비언어적 요소 모두 유의해야 한다

답변이나 발표, 토론의 내용에 대하여 유의해야 하고, 특히, 음성언어, 행동언어에 대하여 유의해야 한다. 미국 사회학과 교수인 앨버트 메라비언(Albert Mehrabian)은 '메라비언의 법칙'을 발표하였는데, 중심 내용은 다음과 같다. "한 사람이 상대방으로부터 받는 이미지는 시각이 55%, 청각이 38%, 언어가 7%에 이른다고 말하고 있다. 중요한 시각은 상대방의 자세, 용모와 복장, 제스처 등 외적으로 보이는 부분을 말하며, 청각은 목소리의 톤(tone)이나 음색(音色)처럼 언어의 품질을 말하고, 언어는 말의 내용을 의미한다. 상대방에 대한 호감 또는 비호감을 느끼는 데 있어서 상대방이 하는 말의 내용이 차지하는 비중은 7%로 그 영향이 미미한 반면 시각적 이미지는 55%로 호감도 결정에 크게 좌우한다"고 주장하고 있다.[5] 이는 효과적인 의사소통에 있어 말보다 비언어적인 요소가 더 중요하다고 볼 수 있다.

(2) 직무를 감당할 능력, 적합한 인성을 검증할 수 있어야 한다

예컨대, 경찰이라면, 국민의 생명과 안전을 보호할 능력이 있는지 철저히 검증할 수 있어야 한다. 구체적으로는 공무원의 품위를 지키고 협력할 수 있는지 검증할 수 있어야 한다.

- 좋은 면접관
- 사전 면접 준비에 모임할 마음가짐이 되어있는 면접관
- 모집 분야에 대한 정보를 파악하고 있는 면접관
- 지원서류 검토, 질문확인사항을 확인한 면접관
- 지원자에게 감사인사를 하는 면접관
- 지원자에게 긴장을 완화시키는 면접관
- 마무리 인사와 안내를 충실히 하는 면접관

---

[5] 김근렬·정재욱, 「네크라인 형태에 따른 정량적 감성반응 분석」 디지털디자인학연구, 제17권 제1호 p2, 2017. 김용국 외 1명, 「Design and Implementation of YouTube-based Educatio」 한국컴퓨터정보학회, 제27권 제5호, p39, 2022.

· 평정요소에 따라 정확히 평가하는 면접관

· 면접 시 따뜻하게 대해주는 친절형 면접관

· 연봉, 복지, 담당업무 등 궁금한 것을 꼼꼼히 알려주는 해결형 면접관

· 자기소개서를 꼼꼼히 읽고 질문하는 관심형 면접관

- **나쁜 면접관**

· 개인적 주관으로 질문, 평가하는 면접관

· 지각하거나 지원자를 기다리게 하는 면접관

· 첫인상이나 선입견에 입각한 질문, 평가하는 면접관

· 지원자에게 훈계하는 면접관

· 답변에 지나치게 개입하는 면접관

· 지원자와 토론이나 논쟁하는 면접관

· 부정적인 반응, 즉 표정, 몸짓에서 부정적 의미를 전달하는 면접관

· 감정적 평가나 다른 사람에게 영향을 받는 면접관

· 단답형, 폐쇄형 질문*을 하는 면접관

* **단답형(Short answer type) 질문이란?**

기억의 회상을 요구하는 객관적 테스트의 한 형태. 이 형식은 낱말 한 개나 짤막한 어귀로 대답할 수 있는 질문으로 구성된다. 주로 기억하고 있는 비교적 객관적 지식이나 정보를 재생하게 하되, 채점이 아주 객관적으로 될 수 있도록 해답이 짧고 뚜렷해야 한다. 짧은 시간에 많은 문제를 실시할 수 있기 때문에 편리하기는 하나, 단편적이고 특수한 지식의 추정에 편중될 위험성이 크고, 다른 중요한 교육목표를 이 형식으로 측정하기는 매우 어렵다는 단점이 있다.

출처: 네이버지식백과, 1995.6.29., 서울대학교 교육연구소

> *** 폐쇄형(Closed-ended question) 질문이란?**
>
> 주어진 보기에 대해서만 반응하도록 하는 설문지 질문방식, 정해진 답의 수가 한정된 질문을 말한다.

출처: 네이버지식백과, 1995.6.29., 서울대학교 교육연구소

(3) 면접관의 역량 – 여성지원자

성차별로 오해하거나 인정되는 질문은 삼가야 한다. 또한 육아, 결혼, 출산, 가족 등에 관한 질문은 삼가야 한다.[6]

- 잘못된 질문사례

· 결혼하셨나요? 언제 결혼할 예정인가요?

· 연애는 해보셨나요?

· 지금까지 연애할 때 가장 길었던 기간은 얼마나 되나요?

· 아직 아이가 없으니 다행이네요. 우리 기관에서 성실할 수 있겠나요?

· 남자 고르는 기준이 있나요?

· 콧대가 높으면, 자존심이 세다고 하는데 어떻게 생각하시나요?

---

6   남녀고용평등과 일·가정 양립 지원에 관한 법률 제7조(모집과 채용)
    1. 사업주는 근로자를 모집하거나 채용할 때 남녀를 차별하여서는 아니 된다.
    2. 사업주는 근로자를 모집·채용할 때 그 직무의 수행에 필요하지 아니한 용모·키·체중 등의 신체적 조건, 미혼 조건, 그 밖에 고용노동부령으로 정하는 조건을 제시하거나 요구하여서는 아니 된다 (2022.5.19. 시행).

(4) 면접관이 유의해야 하는 태도

면접관은 지원자와 상호의 메시지에 반응할 수 있어야 하고 지원자의 생각을 제대로 해석해낼 수 있어야 한다. 그러기 위해서는 의사소통능력이 중요하다. 한마디로 대화를 잘 이끌 수 있어야 한다. 그래야 '좋은 인재 선발'이 가능하게 된다. 실무상으로 면접관은 지원자에 비해 상대적으로 사회적 지위가 높다. 그러므로 다음과 같은 사항에 유의해야 한다.

- 말투: 간결하고 또박또박한 말투, 말끝을 정확하게 맺어야 한다.
- 표정: 중립적이고 부드러운 표정, 지원자가 긴장할 경우 미소 짓는다.
- 태도: 바르고 단정한 태도가 필요하다.
- 언어: 질문의 의도를 정확히 전달한다. 훈계나 지시 말고 내용이 필요하다.

(5) 면접관의 숙지해야 할 사항

① 미리 면접 정보의 지식을 숙지해야 한다

면접관은 조직의 인재상을 숙지하고, 체계화된 면접대화의 진행 단계와 평가기준을 숙지해야 한다. 면접에 성공하고자 한다면(면접자, 피면접자 공통) 필수적으로 전제되어야 하는 사항이다. 미리 소속기관의 인재상을 파악하고, 면접 시 사용할 대화를 체계적으로 이해하며, 지원자의 서류 검토가 병행되어야 한다.

② 대화에 적극적으로 참여해야 한다

적극적으로 질문하고, 피면접자의 대화에 대하여 경청하고 있음을 반응 신호로 표현해야 한다. 주어진 질문 이외의 추가 질문에 대하여도 준비를 해야 한다. 면접관이 해당 면접에 집중하고 있으며, 적극적으로 이 대화에 참여할 의지가 있다는 것을 지원자에게 보여줘야 한다.

③ 편안한 분위기로 참여해야 한다

지원자의 긴장 상태는 주로 면접이 시작될 때 나타난다고 한다. 그러므로 면접 시 미소를 지으며 대화하고, 지원자가 위축되어있을 때 긴장 완화를 위한 표현을 지향해야 한다. 긴장하고 있는 지원자를 위해 편안한 분위기를 만들어야 한다. 예컨대 면접장까지 오면서 힘들지는 않았는지, 식사는 했는지 등을 묻는 방법이 있다.

④ 구체적인 정보를 최대한 수집하라

경험을 말하게 하거나, 명확한 대답을 하지 않는 경우, 추가하여 질문하고, 피면접자의 정보를 끌어낼 수 있도록 노력하라. 급히 피면접자가 하는 말을 중간에서 마무리하도록 요청하지 말고, 피면접자의 구체적이고 명확한 정보를 수집하기 위한 전략이라는 것을 명심해야 한다.

⑤ 피면접자를 인격적으로 대하라

사적인 대화가 아닌 공적 대화로서의 대화 예절을 지켜야 한다. 부정적인 감정 표현을 삼가야 한다. 또한 권위적인 말투, 태도는 지양해야 한다. 상대방의 감정을 존중하고, 인격적으로 접근해야 한다.

ⓖ **호의적인 말투가 필요하다**

상대방에게 부드러운 어조로 말하거나, 적절한 빠르기로 말하라. 면접은 상호 의사소통이 기본이다. 그러므로 협조적이고 지원자를 배려하는 마음이 필요하다. 말투가 적절하지 않은 경우 피면접자는 부정적으로 볼 수 있다. 면접관은 최대한 부드러운 말투로 말을 하고 이를 훈련할 필요성이 있다.[7]

3. 피면접자의 전략

1) 서론

최근 공공기관 및 일반회사에서는 우수한 인재 및 조직에서 필요한 인재를 확보하기 위해 다양한 도구를 활용하고 있다. 그중 집단면접 방식은 피면접자들이 면접 방식, 절차 등이 잘 진행되었다고 수긍하는 합리적, 호의적, 심리적 상태를 유발하는 제도다.

이는 이러한 면접을 통해 자신이 이 조직에 적합한지, 장래성이 있는지, 발전가능성이 있는지 등 면접을 통한 회사의 장래성도 예측할 수 있는 좋은 기회라 할 수 있다.

---

7 이혜용 외 7명, 「효과적인 면접을 위한 면접관의 의사소통 격률과 전략」, 한국화법학회, 제29권, p105, 2015.

토론면접 및 다양한 인재 선발에 대한 제도는 조직이 지원자의 능력과 희망에 적합한지, 지원자가 조직에 필요한지 명백히 확인할 수 있어야 한다. 왜냐하면, 면접관과 지원자 간의 대인 간 상호작용은 면접의 기본적 특징이라 할 수 있기 때문이다. 피면접자는 다음과 같은 전략이 필요하다.[8]

2) 피면접자의 전략

(1) 능동적으로 준비해야 한다

면접관이 말한 질문만 대답하는 것뿐만 아니라 적극적이고, 능동적인 태도로 면접 과정에 참여해야 한다. 면접에서의 합격 결정에 직접적 관련이 있는 업무 경험, 학력 수준, 서류전형, 자격 조건 등에 능동적으로 대처해야 한다.

미국의 사회학자 McDaniel(1994)은 "공공기관 및 회사의 면접 과정은 피면접자의 답변을 기초하여 피면접자의 업무 성과를 예측하는 절차이고, 해당 조직에 적합한지, 능력 있는 지원자인지를 확인하는 등 좋은 인재를 채용하려는 데 그 목적이 있다"고 주장한다.

---

8   최창식, 「집단토론 면접에서의 초기 커뮤니케이션 전략 선택 인지된 직무 상호의존도와 경쟁률의 상호작용 효과」 언론정보연구, 제56권 2호, p331, 2019.

(2) 자신의 의견을 최대한 피력해야 한다

다른 피면접자들 면전에 자신의 의견을 피력해야 한다. 어떻게 커뮤니케이션할지를 보다 구체적으로 고려해야 한다. 예컨대, 참여한 피면접자가 다른 의견이나, 부정적 태도를 보일 경우 바로 수용할 것인지 반박할 것인지 등 적절한 커뮤니케이션 전략 선택이 필요하다.

(3) 인상 관리가 필요하다

집단토론면접에서는 면접관 외에도 경쟁자들에게 주의를 기울여야 한다. 좋은 인상을 주는 것이 자신이나 피면접자들에게 효과적이다. 집단토론면접에 참여하는 피면접자들에게 자신의 주장을 피력하는 것이고, 조직에 적합한 인물로서의 좋은 인상도 함께 심어줄 수 있는 기회이기 때문에 집단토론면접에서 어떻게 말하고 행동할 것인지 종합적 사고가 필요하다.

(4) 예측할 수 있어야 한다

면접자는 소속기관에서 근무할 경우, 업무성과에 높은 타당성을 보일 수 있는지 예측해야 한다. 공기관 등 사조직 및 회사는 소속 기관에 필요하고, 유능한 사람을 선발하기 위하여 면접하고, 지원자는 본인이 희망하는 조직에 투신하기 위하여 면접에 참여한다. 이러한 면접에서의 지원자는 면접 경험을 사회구성원들에게 전파하여 해당 기관이나 기업에 대해 호의적이거나 반대로 다른 의견을 제시하여 이미지 형성에 영향을 줄 수 있다는 점을 명심해야 한다.

직무와 간접적 관련이 있는 요인으로 커뮤니케이션, 성별, 복장 등이 준비되었는지 확인해야 한다. 면접은 선발 도구 중에서 가장 중심적 역할을 수행하고, 회사에서 어떠한 주안점을 주고 있는지 지원자는 파악하는 것이 중요하다. 그러므로 면접관들이 지원자의 입사 후 업무성과를 타당하게 평가하는 관심사를 어떤 의도로 질문하는지 예측할 수 있어야 한다.

4. 맺음말

공공기관 및 사조직에서의 인적자원(Human Resource)관리는 조직 관리 차원에서 중요한 요소이고, 자산이라고 할 수 있다.[9] 최창식의 연구에 의하면, 집단토론면접은 면접자가 참가한 가운데 주어진 주제에 관해 각자가 가지고 있는 정보를 나누고 의견을 교환하는 방식으로 이루어진다. 집단토론에서 면접관은 피면접자들의 의사전달능력, 의사상호작용능력이 있는지 관찰할 기회를 얻게 된다. 또한 자신이 속한 조직의 문화 및 분위기에 적응할 수 있는지, 대인적 대응능력이 있는지 살펴볼

---

9 이창길, 『인적자원행정론』, 법문사, p17, 2019.

수 있는 기회가 있다.[10]

앞에서는 면접관의 전략, 피면접자의 전략에 대하여 서술하였다. 반대로 생각하면, 면접관은 피면접자의 입장에서 피면접자는 면접관의 입장에서 질문과 대답, 어떠한 의도로 그러한 대답을 하는지, 그러한 질문을 하는지 알게 되면, 서로가 도움될 수 있을 것이다. 또한 집단토론면접 대상자에게 있어 면접에서 좋은 평가를 받고, 자신이 희망했던 자리를 획득하는 것은 당연한 목표라 할 수 있다. 그러나 집단토론에서 어떻게 상황이 진행될 것인지 다른 피면접자들의 태도는 알 수 없기 때문에 이점을 유의해야 한다.[11]

최근 한국가스공사의 면접을 분석한 연구 결과를 보면, 실제로 진행된 면접에서의 잘못된 점, 수범사례, 향후 면접에서 필요한 사항이 무엇인지 등 다양한 연구결과를 내놓았다. 이외에도 다른 기관의 면접을 포함한 인사관리에 대한 연구결과도 다수 존재한다. 그러므로 면접 시 진행되었던 실제사례를 통해 자신이 희망하는 기관의 인적자원관리 현황을 분석하고 이에 대해 철저히 준비한다면 많은 도움이 될 것이다.[12]

---

[10] 최창식, 「집단토론 면접에서의 초기 커뮤니케이션 전략 선택 인지된 직무 상호의존도와 경쟁률의 상호작용 효과」, 언론정보연구, 제56권 2호, p331, 2019.

[11] 최창식, 「집단토론 면접에서의 초기 커뮤니케이션 전략 선택 인지된 직무 상호의존도와 경쟁률의 상호작용 효과」, 언론정보연구, 제56권 2호, p331, 2019.

[12] 박윤서·오정옥, 「공공기관 인적자원관리의 현황 분석 및 개선 방안:한국가스안전공사 사례」, 연구사회과학논총, 제24권, p79, 2021.

참고문헌

· 이창길, 『인적자원행정론』, 법문사, 2019.
· 최창식, 「집단토론 면접에서의 초기 커뮤니케이션 전략 선택 인지된 직무 상호의존도와 경쟁률의 상호작용 효과」, 언론정보연구, 제56권 2호, p331, 2019.
· 김동준·조호대, 「우리나라 소방공무원 면접 평가 개선방안」, 한국융합과학회지, 제7권 제3호, p143, 2018.
· 김근렬·정재욱, 「네크라인 형태에 따른 정량적 감성반응 분석」, 디지털디자인학연구, 제17권 제1호, 2017.
· 김용국 외 1명, 「Design and Implementation of YouTube-based Educatio」, 한국컴퓨터정보학회, 제27권 제5호, 2022.
· 이혜용 외 7명, 「효과적인 면접을 위한 면접관의 의사소통 격률과 전략」, 한국화법학회, 제29권, 2015.

저자소개

이범오 LEE BEOM OH

학력
- 한국방송통신대학교 법학과 졸업
- 고려대학교 법무대학원 경찰법학과 석사 졸업
- 동국대 일반대학원 경찰행정학과 박사 졸업

경력
- 현) 동국대학교 경찰사법대학원 대우교수
- 현) 고려사이버대학교 경찰행정학과 외래교수
- 전) 경찰청 사이버테러대응센터
- 전) 서울성동경찰서 아동청소년계장

자격
- 행정사
- 탐정조사사
- 공공기관면접관1급
- 학교폭력상담사1급

저서
- 『살아! 넌 소중하니까』, 한국NCD미디어, 2022.

· 『자치경찰론』, 그린, 2022.

수상

· 청룡봉사상(조선일보 주관)

영어면접의 성공전략과 합격의 비밀

차연신

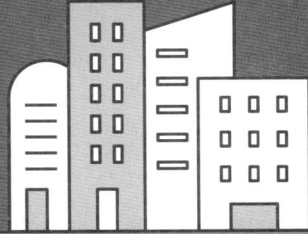

1. 영어면접의 이해

오늘날 영어면접의 중요성은 날로 커지고 있다. 과거에는 외국기업에 국한되어 영어면접을 시행하였다면, 현재는 국내 대기업, 중소기업 구분 없이 폭넓게 실시하고 있다. 그만큼 영어의 비중은 날로 커지고 있다. 문제는 영어면접이 과거에 비해 수준이 상당히 높아졌고, 단순히 영어회화의 유창함을 떠나 직무역량과 관련된 배경지식을 얼마만큼 표현할 수 있는지, 해당 분야의 용어와 시사 및 이슈에 대한 상식은 가졌는지 등 다방면에 있어서 영어의 수준을 평가하고 있다는 점이다.

우선 지원하는 기업 또는 기관에 대한 정보부터 충분하게 학습을 하고 이 부분을 어떻게 영어식으로 잘 표현할 수 있는지 철저한 준비가 필요하다. 즉 단순한 영어표현이 아닌 지원하는 곳에서 요구하는 훌륭한 인재상이 무엇인지를 생각하면서 영어면접을 준비하는 것이 우선이다. 이는 영어를 암기하여 유창하게 구사할 수 있다고 되는 것이 아니다. 면접관이 대화 내용에 대해 돌발 질문을 하게 되면, 단순히 암기만 하였을 경우 당황하게 되어 제대로 답변하기 어렵게 된다.

모든 면접이 마찬가지겠지만, 영어면접도 객관적인 스펙만큼 임기응변식 대처능력 또한 중요하다. 지원하는 회사나 기관의 임무, 비전에 대한 충분한 숙지와 함께 자신의 가치관, 태도, 자신감 등을 표현할 수 있는 영어능력 또한 갖추어야 한다.

2. 기업의 영어면접 방식

국제경쟁력을 갖춘 인재 선발을 위해 각 기업의 영어면접 방식도 다양하다. 단순히 자기소개와 지원동기를 말하는 것부터 일대일 인터뷰 방식, 시사 이슈에 관한 토론방식 등 여러 가지로 준비해야 한다. 그렇다면 영어면접을 어떻게 준비하는 것이 현명한 방법일까? 외국계 기업 및 국내 기업의 영어면접을 본 경험을 토대로 면접을 시행하는 기업별 면접 요령과 준비의 핵심을 살펴보기로 한다.

1) e-mart

이마트는 영어면접을 신입채용 시 시행한다. 원어민 면접관이 참여하고 비즈니스의 각 상황을 제시하면서 지원자의 대처능력을 평가한다. 2차 심층면접을 영어로 보는 방식으로 다수의 지원자와 함께 면접한다. 지원자 개인에 관한 간단한 내용과 이마트 기업에 관한 전반적인 내용까지 광범위하게 영어로 물어보며 파악을 한다.

이마트에 입점시킬 가공식품 제조업체, 주류업체, 커피제조업체 바이어 등 대화를 이끌어가는 방법에 대한 질문이 출제되었다. 일정 수준의 표현능력이 되면 합격시키고 있으므로 토익스피킹 180점 정도면 무난하게 합격한다.

2) 롯데백화점

영어 기사를 읽고 답변하는 방식으로 진행한다. 기사를 파악하고, 10여 분간 정리 후 자신의 견해를 정리해 발표한다. 이전에는 일하기 좋은 기업에 대한 질문이 출제되었다. 참고로 능숙하게 영어면접을 잘 할 때 가점이 있다.

3) 현대자동차

면접 방식은 일대일 방식으로 인터뷰를 진행한다. 영어발표 방식으로도 진행되는데 시간은 약 20분 소요된다. 그림을 삽입하고 질문하는 방식도 있다. 예를 들어 검은색, 회색, 흰색, 빨간색 등의 자동차 색깔에 대한 그림을 열어놓고, 이를 설명하는 식의 질문도 한다. 토익스피킹 170~180점 이상을 받는 정도거나, 혹은 어느 정도 잘 알아듣고 대화할 수 있는 정도가 된다면 무난하다.

4) LG화학

고객의 불만·민원처리에 대한 대응 방법 등에 관한 질문들이 영어로 나온다. 지원자가 알고 있는 제품이나 서비스의 장단점, 특징 또는 전공분야에 대해서도 질문한다. 직무와 관련된 질문이 주로 출제된다.

서류심사 시 영어 또는 중국어를 선택할 수 있으며, 선택한 언어로 일대일 인터뷰형식 면접이 진행된다. 자기소개나 일상대화를 비롯하여 정치, 경제, 사회, 문화 등 전반적인 것에 관해 묻기도 한다(출처: 잡코리아).

이외에도 기업마다 다양한 방식으로 영어면접을 시행하고 있다. 삼성물산은 자료를 배포하고 요약보고서를 작성하게 한 후 영어로 Presentation한다. 셀트리온은 비즈니스 Email을 작성하게 하고 원어민과 1:1 인터뷰하는 방식으로 진행한다.

3. 실제 영어면접 사례

1) 금융기관 면접

필자는 ○○ 은행의 IB(Investment Banking) 해외 전문가 채용영어면접관으로 참여하였다. 면접관은 내부 1명, 외부 1명 등 2명이었으며, 지원자는 3명이 1조를 이루어 조별로 총 40분간 실시하였다. 해당 분야에 대한 Topic(주제) 3개를 제시하고 지원자들이 자율적으로 택일하여 이에 대한 견해를 약 5분 동안 발표하면 나머지 지원자 2명과 면접관이 관련 내용에 대해 질의응답하는 방식이었다. 주제는 주로 국제금융 사회 이슈, 정치경제 이슈, 해외사업에 대한 이슈 등이었다. 이러한 과정에서 면접관은 지원자들의 발표능력, 질의능력을 살펴보며, 해당 분야의 배경지식, 용어 선정의 전문성, 영어표현 방식, 발표태도 등 다방면을 평가하게 된다.

영어면접은 영어로 지원자를 알아보기 위한 것이다. 단지 영어로 진행되는 것이고 영어준비와 함께 기업분석을 철저히 해야 한다. 과거의 단순 지원동기나 포부를 물어보는 수준을 이제는 넘어선 것이다. 해당 분야의 산업 동향을 뒷받침하는 전문용어는 물론, 경제, 시사, 국제뉴스까지 광범위한 상식을 많이 쌓아두고 영어로 정리해서 연습해두는 것이 무엇보다 중요하다. 질문과 발표의 전문성 깊이에 따라 평가 배점에 많은 영향을 미칠 수 있기 때문이다.

2) 시사점

최근 채용의 객관성과 공정성을 담보하기 위해 블라인드 채용이 상용화되어있다. 이력서상에는 이름, 나이, 출신학교, 종교, 전 직장 등에 대한 정보가 아예 없다. 단지 과거 인턴 경력 사항과 지원동기 및 자기소개서만 있을 뿐이다. 이는 출신학교, 전 직장 등에 대한 선입견을 갖지 않기 위함으로 아주 객관적이고 공정한 면접이 진행된다. 즉, 영어실력만을 측정하는 면접이니만큼 오직 영어의 능력만 평가하는 것이다. 스펙보다 더 중요한 영어의 능력만이 객관적으로 판가름 된다.

그리고 지원자 다수인 3명을 동시에 평가하는 방식이어서 발표자 평가 이외에도 경청하고 존중하며 질의하는 태도 또한 매우 중요하다. 즉 다른 지원자의 답변에 귀를 기울여야 하며, 질문 수나 답변이 어려운 질문 내용 등도 평가요인이 되기 때문에 이에 대한 주의도 요구된다. 아울러 면접시간의 제약으로 명확한 질문과 간결한 답변이 요구된다.

4. 성공적인 영어면접 준비전략

영어면접은 빠른 시일 내에 준비가 어려운 만큼 평소에 꾸준히 회화 공부를 해두어야 한다. 스크립트를 준비해 가는 것도 좋지만 자연스러운 언어구사능력을 보여주는 것이 좋다. 실제 현대자동차 영업 면접을 본 실제 응시자는 원어민과 일대일 인터뷰를 하였는데, 지원자의 답변에 따라 다양한 질문을 던지기 때문에 외우는 영어방식으로는 면접 대응하기가 어렵다고 말했다. 만일 면접이 임박해 시간이 없다면 회사를 선택한 이유나 직무를 선택한 이유, 지원동기 등, 그 직무에 대한 지식만큼은 확실하게 대답을 준비하는 것이 좋다. 직무에 대한 영어 실력을 보여줄 수 있음과 동시에 자신이 적합한 이유를 어필하는 요인으로 작용한다.

1) 첫 문장을 말할 때부터 자신감 있게 하라!

사실 면접관 관점에서 지원자의 첫 문장이 면접관의 귀에 기억되지는 않는다. 첫 문장이 중요한 이유는 지원자의 첫 말 한마디가 남은 영어면접의 pace를 좌지우지하기 때문이다. 어떤 면접이든 면접이란 늘 긴장이 된다. 하물며 우리말 면접도 긴장되는데 영어면접은 오죽할까? 실제로 간단한 인사부터 발음이 얼어붙어 같은 인사를 2~3번씩 반복하거나 당황해서 얼굴이 빨개지는 지원자들이 많다.

처음부터 당황하기 시작하면 남아있는 질문은 침착하게 대응하기 어려운 상황이 된다. 긴장되더라도 차분하게 생각하며 첫 문장을 잘 말해야 한다.

2) 의식적으로 '천천히' 말하라!

사람은 긴장을 하면 심장박동 수가 빨라진다. 심장이 뛰는 소리가 꼭 자기 귀에 들리는 것처럼 가슴이 떨리게 마련이다. 긴장하면 말이 빨라지게 되고 조절하기가 힘들어지는데 영어면접을 하는 상황에서 웬만한 실력과 강심장을 가지고 있지 않으면 발음, 내용, 표정, 자세 등을 통제하기가 매우 어렵다.

말이 빠르다 보니 문장도 엉망이 되고 내용도 두서없게 된다. 이런 상황에서 면접관이 지원자의 말을 이해하기가 어렵게 된다. 실제로 알아듣기가 어려워 다시 질문을 하거나 답변을 부탁하면 지원자는 더 긴장하게 되고 말은 더 빨라진다. 한마디로 악순환이 된다. 그러므로 영어면접은 의식적으로 '천천히' 말하도록 한다.

본인이 느리다 혹은 천천히 말해도 이미 긴장한 상태이기 때문에 실제로 말하는 속도가 빨라질 수가 있다. 그러므로 꼭 기억하라! 영어면접장에서 긴장이 되면 될수록 더 또박또박, 천천히 말하는 것을 명심해야 한다.

3) 문장을 최대한 짧고 간결하게 하라!

면접관은 온종일 같은 장소에서 지원자들을 면접한다. 그러나 면접관들도 사람이기에 최선을 다해 듣는다 해도 집중력의 한계점이 분명히 존재한다. 그러므로 면접장에선 귀에 쏙쏙 들어오도록 깔끔하고 간결한 문장으로 말하는 것이 좋다.

영어면접장은 지원자의 영어 communication능력을 보는 자리다. 즉 내가 영어실력을 뽐내기 위해 긴 문장으로 말하는 것보다 알아듣기 좋은 표현, 상황에 필요한 말들을 사용해서 나의 답변을 면접관에게 깔끔하게 전달하는 능력을 키워야 한다.

4) 최악의 상황도 대비해야 한다!

최고의 모습을 준비하는 것도 중요하지만 최악의 상황도 준비를 해야 한다. 영어면접에서 최악의 상황은 영어문장을 틀리게 말하는 것이 아니라 질문에 대한 대답의 확신이 없어 생각하며 얼버무리다가 아무 말도 못 하는 것이 가장 최악의 상황이다.

틀린 답, 틀린 문법이라도 일단 말해야 평가할 무엇이라도 생기는데 그렇지 않고 얼버무리다가 아예 대답을 못 하면 그건 가장 치명적인 결과를 낳게 되는 것이다. 다음과 같은 때를 대비하자.

(1) 질문을 못 알아들었을 때

"Sorry? I'm sorry can you repeat?". 이렇게 촌스럽게 못 알아들은 티를 내지 말고, "Could you be more specific?"라고 질문을 던져야 한다. 그러고도 못 알아들었다면 "I'm not sure whether I understood you correctly"라고 말하고 알아듣는 단어랑 연결되는 내용 중 자신이 준비한 내용과 연결하여 지혜롭게 말을 이어가야 한다. 또는 자기 어필만 해도 된다. 그리고 나서 문장 마지막에 "I'm not sure whether this answers your question"이라고 말한다.

(2) 생각지도 못한 질문으로 당황하여 영작이 안 될 때

"To be honest, I've never thought about it. But I think it is important(good) question. I will ponder on that question and consider that before starting my work here. Thank you for good question"(솔직히 말하자면 생각해본 적은 없지만 중요한(좋은) 질문 같습니다. 그 질문에 대해 생각해보고 그 부분을 여기서 업무 시작하기 전 꼭 참고하도록 하겠습니다. 좋은 질문 주셔서 감사해요)라고 말한다.

5) 그룹면접이나 토론면접은 스터디로 준비하라!

그룹면접이나 토론은 지원자들에게 더 어렵게 다가온다. 전혀 예측하지 못한 질문이 나올 수 있고, 지원자들의 실력 비교도 더욱 확실하게 된다. 이에 준비하기 위해서는 평소 뉴스나 신문, 관련 분야 정보 등에 대한 학습을 통해 대비하는 것이 필요하다.

실제 대한항공에서 영어면접을 한 응시자는 기업의 영어면접이 단순 준비를 하는 수준은 이미 다 파악하고 있고, 흔한 질문에 흔한 대답으로는 시선을 끌기 어렵기 때문에 평소 신문 및 관련 산업 분야에 대한 꾸준한 공부가 필요하다고 강조한다. 그룹면접을 위한 준비로 친구들과 토론면접 등을 훈련해보고 모의면접도 해봄으로써 그룹면접이나 토론면접에 익숙할 때까지 준비하는 것이 필요하다.

6) 반복되는 답변도 자신 있게 말하라!

답변을 잘 준비하였으나 실지 비슷한 질문들이 또 나올 경우, '아까 한 말인데 또 같은 대답하면 이상하겠지!'라고 판단하여 말을 바꾸려고 하는 바람에 서투른 영어가 나와서는 안 된다. 영어면접관의 관점에서 그 짧은 시간에 앞에 말했던 복잡한 내용을 말하는 정보를 즉각적으로 이해하기는 어렵다.

그래서 지원자가 비슷한 내용으로 말하더라도 했던 내용을 또 말한다고 느끼지 않을 가능성도 크다. 지원자 입장에서 열심히 연습했으니 '아~ 이거 또 같은 대답 반복인데!'라며 걱정할 수 있다. 하지만 한 번의 대답으로 면접관 머리에 각인되지는 않는다. 그러므로 마음 편하게 비슷한 내용이라도 자신감 있게 대답하는 것이 좋다. 오히려 그때가 자신의 장점 등이 반복적으로 어필되어 유리할 수 있다.

7) 새로운 단어보다 아는 단어로 자신 있게 표현하라!

어려운 단어를 외우고 학습하기 시작하면, 인터뷰하다가 '아, 이 단어 외웠었는데 그게 뭐였지?' 하면서 버퍼링이 시작되고 침묵과 얼버무리이 반복되다 망칠 수 있다. 실전에서는 최대한 잘 알고 있는 단어로 자신감 있게 표현해야 한다. 콩글리시? 어차피 모국어가 아니므로 한국사람은 콩글리시를 완전히 피할 수 없다. 최소한 침묵보다는 훨씬 낫다. 중요한 건 아무 말 않거나 얼버무리는 것보다는 아는 단어와 자신 있는 표현을 구사해서 면접관이 잘 알아듣도록 하는 것이 중요하다. 유창성은 바로 그렇게 구현된다. 이러한 기조를 마음에 두고 준비한다면 효과적인 영어면접 준비에 도움이 될 것이다.

8) 클로징 멘트를 준비하여 강점을 부각해라!

영어면접을 잘 보았으면 모르지만, 혹시 준비한 내용을 말하지 못했거나 아쉬운 마음이 들었거나 부족하다고 느꼈을 경우, 면접이 종료되기 직전 마지막 맺음말을 사전에 준비할 필요가 있다. "I have an additional comment"라고 말하고 자신의 강점 등을 부각하는 것도 면접에서 좋은 점수를 받는 요령일 수 있다.

5. 영어면접에 자주 나오는 질문과 답변전략

1) 자기소개 시 장점을 부각할 수 있는 영어단어

다음은 영어로 자기소개할 때 긍정적으로 성격을 어필할 수 있는 단어다. 면접 때는 다음과 같은 단어들을 활용한다.

장점을 부각할 수 있는 영어단어

Punctual	시간을 잘 지키는	Analytic	분석적인
Cooperative	협조적인	Sociable	사교적인
Interpersona	개인간의	Proactive	진취적인
Dedicated	섬세한, 정교한	Precise	꼼꼼한
Perfectionist	완벽주의자	Reliable	성실한, 근면한
Honest	정직한	Focused	높은 집중력을 지닌
Organized	체계적인		

2) 영어면접 예상 질문과 필수 표현

다음은 역량을 평가하는 영어면접에서 자주 나오는 질문 유형들에 대해 살펴본다.

(1) 역량에 관한 예상 질문 리스트

질문	뜻
How did you do to ensure that the deadline was met?	기한에 맞추기 위해 어떻게 했습니까?
How would you organize your activities differently next time?	이런 업무를 또 맡게 된다면 어떤 방식으로 개선하고 싶습니까?
Tell me about your experience in dealing with important tasks on time.	중요한 작업을 기한 내 처리해야 했던 경험을 말해보세요.

질문	뜻
Tell me about your most recent experience of missing a deadline.	기한을 놓쳤던 가장 최근 경험에 대해서 말해보세요.
Why did you miss the deadline?	왜 기한을 놓치게 되었습니까?
How responsible were you for this?	그 일에 얼마나 책임이 있었나요?
How did you do to try to overcome this problem?	그 문제를 극복하기 위해 어떻게 했습니까?

질문	뜻
Give me an experience of when you had to support others in a team.	팀에서 다른 사람을 지원해야 했던 경험을 말해보세요.
Why did they need your support?	왜 그들은 당신의 지원이 필요했을까요?
What did you do to support others?	지원하기 위해 무엇을 하였습니까?
How did that change things?	어떻게 상황을 변화시켰나요?

질문	뜻
Tell me about an occasion when you had a hard time working as a team.	팀으로 일하면서 어려움을 겪었던 경우를 말해보세요.
What caused the problems?	무엇이 문제의 원인이었나요?
How did you respond?	어떻게 대처하였습니까?
What was the outcome?	결과는 어떠했습니까?

질문	뜻
Tell me about your experience of predicting problems beforehand.	문제를 사전에 예측할 수 있었던 경험을 얘기해보세요.
How did you know the possibility of a problem?	문제가 발생할 가능성을 어떻게 알았습니까?
How did you respond for that?	어떻게 대응하였습니까?
How effective was your response?	해당 대응방식은 얼마나 효과적이었습니까?

질문	뜻
Tell me about your recent frustrating experience.	최근 좌절했던 경험을 얘기해보세요.
Describe the situation.	상황을 설명해보세요.
How did you deal with the problem?	문제에 어떻게 대처하였습니까?

(2) 영어면접관에게 질문하기

면접은 서로 간의 양방향 커뮤니케이션이다. 면접관이 지원자를 적합한 인재인지 판단하는 동안, 지원자도 새로운 회사가 본인의 적성에 맞는지를 판단한다. 면접은 회사와 직무에 대해 알 수 있는 좋은 기회이므로 사전에 면접관에게 질문할 내용을 생각해 둔다.

영어면접에서 좋은 역질문의 예

질문	뜻
Why has the job become available?	해당 직무가 공석이 된 이유는 무엇입니까?
What training programs are there to ensure continuous personal and career development?	지속적인 개인 및 경력 개발을 보장하기 위해 어떤 교육 프로그램이 있습니까?

What plans does the organization have for future development?	이 조직은 미래의 발전을 위해 어떤 계획을 가지고 있나요?
How effective was your response?	해당 대응방식은 얼마나 효과적이었습니까?

(3) 면접 마무리

지원한 직무에 관심이 있는 경우, 인터뷰 끝에 꼭 관심을 표현하도록 한다. 과하게 어필하는 것이 아니라 회사 및 업무에 흥미가 있으며 본인이 조직에 큰 부가가치를 가져올 수 있다는 것을 어필한다.

그리고 면접이 끝나면 나갈 때까지 당당함을 잃지 말아야 한다. 심지어 영어면접을 부족하게 했을지라도 말이다. 면접관은 최종 채용결정을 내리기 전, 동료들과 논의하거나 다른 지원자 면접도 진행하고자 할 수 있다.

영어면접이 잘 진행되지 않았거나 이미 탈락했다는 느낌이 든다 해도 끝까지 최선을 다하여야 한다. 후에 면접관이 입사를 제안하고 본인도 직무가 마음에 들 경우, 즉시 수락하는 것이 좋다. 만일 생각할 시간이 필요하다면, 정중하게 양해를 구하고 답변을 할 수 있는 정확한 날짜를 말해준다.

모쪼록 영어면접을 잘 준비해서 차분하게 면접에 임하길 바란다. 이 책을 읽는 여러분 모두가 전략적으로 영어면접을 준비하여 좋은 결과가 있기를 기원한다.

참고문헌

- 김연욱, 『영어면접 333』 새창출판사, 2021.
- 김연욱, 『블라인드 채용 대비 취업전략』 마루기획, 2021.
- 민강연, 『괜찮다 영어면접』 밝은누리, 2021.
- 임경환, 『스마트 영어면접』 동양북스, 2018.
- 잡코리아(https://www.jobkorea.co.kr/goodjob/tip/view?News_No=14138&schCtgr=101010&Page=1)
- 로버트 왈터스(https://www.robertwalters.co.kr/career-advice.html)
- 리쿠르트 사이트(www.recruit.co.kr)

저자소개

차연신 CHA YEON SHIN

학력

· 한국외국어대학교 경영대학원 경영학 석사
· 동국대학교 문과대학 연극·영화학 학사

경력

· 현) ㈜와이에스PMC 대표이사
· 현) 글로벌공인중개사
· 현) 서울시글로벌외국인 부동산법률자문위원
· 현) 동국대학교 총동창회 상임부회장
· GMS 글로벌모빌리티스페셜리스트 이수
· 인천국제부동산 EXPO 영어MC 등
· 인천국제부동산 EXPO 영어통역 등
· 매일경제TV 부동산전문가패널 고정 출연(2017~2022)
· 서울경제TV 부동산전문가 고정 출연(2017)
· 아시아경제TV 부동산전문가 고정 출연(2018)
· 내외경제TV 부동산 전문프로 MC
· GS엔지니어링 외국인 임직원 교육강사
· 삼성엔지니어링 외국인 임직원 교육강사

자격

· 글로벌공인중개사(서울시 글로벌)

· Global Mobility Specialist(미국)

· 리더십지도사1급(한국상담협회)

· 명강의명강사1급(한국상담협회)

· 채용면접관1급(브레인플랫폼)

· 탐정사(탐정법인 록피아)

· 스피치지도사1급(한국상담협회)

· 인성지도사1급(한국상담협회)

수상

· 법무부장관표창

· 용산구청장표창

· USFK주한미군부동산컨설턴트대상

· 코리아헤럴드외국인부문컨설팅대상

채용과 면접의 핵심, NCS와 블라인드

조차란

1. NCS 기반의 블라인드 채용 이해

　최근 한국사회에서 일자리가 최고의 화두다. 우리나라 채용시장의 특징은 구직자들의 공무원, 공공기관, 대기업 선호 현상과 전반적인 경기 불안정이다. 취업 규모가 줄어들 것을 우려한 구직자들의 중복지원, 기업들이 신입보다는 경력자 선호 등이 원인이 되어 채용의 지속적인 확대에도 불구하고 취업경쟁은 더욱 치열해져 가고 있다. 최근 채용 트렌드를 요약해보면 다음과 같다.

- · 온라인 채용 보편화
- · 경력직 채용 선호
- · 소규모 상시 채용 확대
- · 비정규직 채용의 확대
- · 채용프로세스 대행 보편화
- · 화상면접 및 AI면접 대두
- · 채용의 양극화 현상
- · 인적성검사의 확대
- · 고용 패턴의 변화
- · 다수의 지원자 중복 합격
- · 회사에 분명한 인재를 필요로 함
- · 비대면 언택트 채용방식 속속 도입

1) NCS 채용의 핵심

　국가직무능력표준(NCS, National Competency Standards)은 산업현장에서 직무를 수행하기 위해 요구되는 지식(Knowledge)·기술(Skill)·태도(Attitude) 등의 내용을 국가가 체계화한 것이다. 직무능력이란 일을 할 수 있는 On-spec인 능력, 직업인으로서 기본적으로 갖추어야 할 공통 능력, 해당 직무를 수행하는 데 필요한 역량(지식, 기술, 태도)을 말한다.

그렇다면 국가직무능력표준(NCS)이 왜 필요할까? 능력 있는 인재를 개발해 핵심인프라를 구축하고, 나아가 국가경쟁력을 향상시키기 위해 국가직무능력표준이 필요하다. 기업은 직무분석자료, 인적자원관리도구, 인적자원개발프로그램, 특화자격 신설, 일자리정보 제공 등을 원한다. 기업교육훈련기관은 산업현장의 요구에 맞는 맞춤형 교육훈련 과정을 개설하여 운영하기를 원한다. 국가직무능력표준(NCS)의 개념도를 살펴보면 다음과 같다.

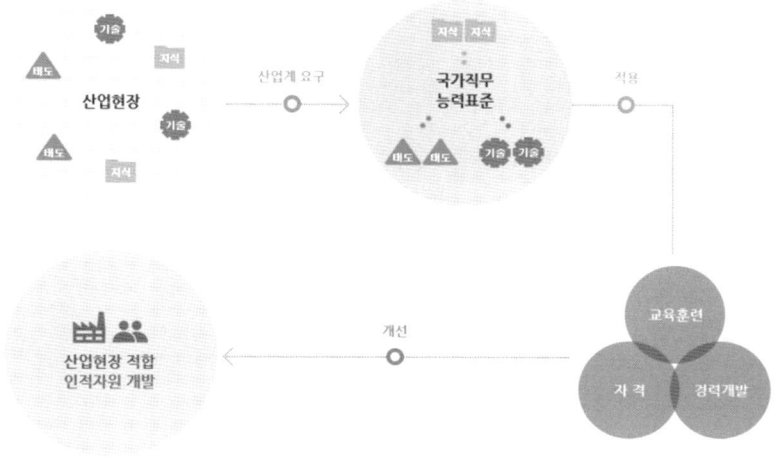

출처: www.ncs.go.kr

국가직무능력표준의 분류는 직무의 유형(Type)을 중심으로 국가직무능력표준의 단계적 구성을 나타내는 것으로, 국가직무능력표준 개발의 전체적인 로드맵을 제시하고 있다. 한국고용직업분류(KECO: Korean Employment Classification of Occupations) 등을 참고하여 분류하였으며 '대분류(24) → 중분류(81) → 소분류(269) → 세분류(1,064개)'의 순으로 구성되어있다.

분류	하위능력
대분류	• 직능유형이 유사한 분야(한국고용직업분류 참조)
중분류	• 대분류 내에서 직능유형이 유사한 분야 • 대분류 내에서 산업이 유사한 분야 • 대분류 내에서 노동시장이 독립적으로 형성되거나 경력개발경로가 유사한 분야 • 중분류 수준에서 산업별인적자원개발협의체(SC)가 존재하는 분야
소분류	• 중분류 내에서 직능유형이 유사한 분야 • 소분류 수준에서 산업별인적자원개발협의체(SC)가 존재하는 분야
세분류	• 소분류 내에서 직능유형이 유사한 분야 • 한국고용직업분류의 직업 중 대표 직무

출처: www.ncs.go.kr

국가직무능력표준의 분류 마련을 위해 직업분류, 산업분류 및 자격분류 전문가, 해당 산업 분야 전문가 대상 의견수렴 방법을 통해 직종구조분석을 시행하고 있다. 작업기초능력 영역과 하위능력은 다음과 같다.

직업기초능력 영역	하위능력
의사소통능력	문서이해능력, 문서작성능력, 경청능력, 의사표현능력, 기초외국어능력
수리능력	기초연산능력, 기초통계능력, 도표분석능력, 도표작성능력
문제해결능력	사고력, 문제처리능력
자기개발능력	자아인식능력, 자기관리능력, 경력개발능력
자원관리능력	시간관리능력, 예산관리능력, 물적자원관리능력, 인적자원관리능력
대인관계능력	팀웍능력, 리더십능력, 갈등관리능력, 협상능력, 고객서비스능력
정보능력	컴퓨터활용능력, 정보처리능력
기술능력	기술이해능력, 기술선택능력, 기술적용능력
조직이해능력	국제감각, 조직체제이해능력, 경영이해능력, 업무이해능력
직업윤리	근로윤리, 공동체윤리

출처: www.ncs.go.kr

정보통신-정보기술 개발분야 분류를 예시해보면 다음과 같다.

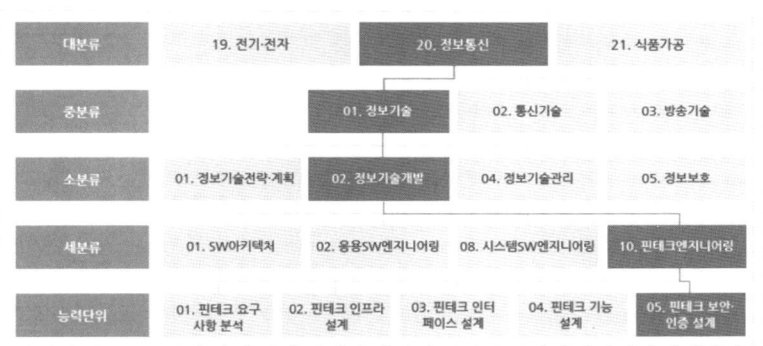

출처: www.ncs.go.kr

국가직무능력표준을 대분류, 중분류, 소분류, 세분류해보면 다음과 같다.

대분류	중분류	소분류	세분류
01. 사업관리	1	2	5
02. 경영·회계·사무	4	11	27
03. 금융·보험	2	9	36
04. 교육·자연·사회과학	2	3	8
05. 법률·경찰·소방·교도·국방	2	4	16
06. 보건·의료	1	2	11
07. 사회복지·종교	3	6	17
08. 문화·예술·디자인·방송	3	9	61
09. 운전·운송	4	8	31
10. 영업판매	3	8	18
11. 경비·청소	2	2	4
12. 이용·숙박·여행·오락·스포츠	4	12	46
13. 음식서비스	1	3	10
14. 건설	8	28	132
15. 기계	11	34	135
16. 재료	2	8	39
17. 화학	4	13	42
18. 섬유·의복	2	8	26
19. 전기·전자	3	33	108
20. 정보통신	3	15	95
21. 식품가공	2	4	21
22. 인쇄·목재·가구·공예	2	4	23
23. 환경·에너지·안전	6	18	57
24. 농림어업	4	13	54
계	80개	257개	1,022개

출처: www.ncs.go.kr

만약 정보통신분야 정보보호에 관한 NCS 기준을 파악한다면 직무기술서가 가장 중요한데 이 중 직무수행 요건인 지식(Knowledge)·기술(Skill)·태도(Attitude) 등을 반드시 확인하여야 한다. 필기시험이나 면접전형의 평가기준이 되기 때문이다. 따라서 해당 공공기관의 응시를 할 때 평가도구의 기본으로 사용되는 것이 직무기술서이므로 직무기술서를 파악하는 것이 중요하며 이와 함께 해당 직무의 작업기초능력 영역과 10개 하위 영역도 인성면접이나 필기시험의 범위가 되므로 가장 중시해야 할 내용들이다.

직무기술서상의 직무수행요건으로 정보통신분야 개인정보보호 직무수행 요건의 사례를 들면 다음과 같다.

□ 직무수행 요건

구 분	상 세 내 용
지식	• 개인정보 보호법 • 균형성과기록표(BSC, Balanced Score Card) • 미국국립표준기술연구소 성능 측정 안내서(NIST SP 800-55) • 사이버 활동에 영향을 미치는 기술적, 법적 트렌드에 대한 지식 • 정보보안 위험관리(ISO/IEC 27005) • 정보보호 거버넌스(ISO/IEC 27014) • 정보보호 및 SW사업대가기준 지식 • 정보보호 및 개인정보보호 관리체계(ISMS-P) • 정보통신망 이용촉진 및 정보보호 등에 관한 법률 • 조직의 핵심 사업 및 미션에 관한 지식 • 조직편성 및 인적자원 관리에 대한 지식 • 최신 정보통신기술 보안 취약성 및 위협에 대한 지식 • 핵심 성과 지표(KPI, Key Performance Indicator), 핵심 리스크 관리 지표(KRI, Key Risk Indicator) • 회계일반, 투자관리 지식
기술	• 경영환경 분석 능력 • 계획 및 일정 관리 도구 활용 능력 • 기획 보고서 작성능력 • 성과지표 개발 능력 • 요구사항 도출 능력 • 우선순위 도출 기술 • 전략 및 계획 수립 능력 • 전략 및 기획 보고서 작성능력 • 정보보호 성과보고서 작성능력 • 정보보호 성과자료 수집 및 분석 능력 • 정보보호 투자평가기법 활용 능력 • 정보자산 가치산정 능력

태도	· 경영리스크로 정보보호를 경영진에 알리고자 하는 태도 · 논리적 판단을 위해 종합적으로 사고하려는 태도 · 다양한 이해관계자가 참석하여 합의에 도달하려는 자세 · 새로운 사이버위협에 대한 동향을 파악하고 대응하려는 태도 · 성과평가 결과로 인한 갈등 조정 노력 · 원활한 커뮤니케이션을 위해 협업하려는 노력 · 자료 수집 및 정리를 체계적으로 수행하는 태도 · 정보보호 관련 법령을 준수하려는 태도 · 정보보호 성과를 경영진에 알리고자 하는 태도 · 정보보호 우수사례에 대한 수용 노력 · 정보보호와 관련된 최근 동향을 공유하려는 태도 · 현실에 대한 문제의식을 파악하려는 적극적인 태도
관련자격사항	-

출처: www.ncs.go.kr

2) 블라인드 채용의 이해

블라인드 채용이란 채용과정 등에서 편견이 개입되어 불합리한 차별을 야기할 수 있는 항목을 걷어내고, 실력(직무능력)을 평가하여 인재를 채용하는 방식이다.

블라인드 채용 추진경과를 살펴보면 2004년 국가인권위원회의 나이·학력 제한 폐지를 시작으로 2005년에는 공무원시험의 서류전형을 폐지하고 블라인드면접을 도입하였으며 2007년 공공기관전형을 개선하여 불합리한 제한을 금지하였고, 2015년 NCS를 도입하여 직무중심 채용을 실시하였다. 그리고 2017년 실력중심의 블라인드 채용을 도입하기에 이르렀다.

그 결과 2017년 7월부터는 322개 공공기관이 전체 블라인드 채용을 전면 시행했으며 2017년 8월부터 149개 지방공기업에 블라인드 채용을 실시하였다. 2017년 9월부터는 '블라인드 채용'이 전국 663개 지방 출자·출연기관을 포함한 모든 지방공공기관에 확대 시행되었다. 민간기업은 삼성, 현대자동차, SK 등 주요 그룹사를 중심으로 블라인드 채용이 확산되고 있는 추세다.

정부의 NCS 통합센터에 정의된 블라인드 채용은 다음과 같다.

블라인드 채용이란 채용과정(서류·필기·면접)에서 편견이 개입되어 불합리한 차별을 야기할 수 있는 출신지, 가족관계, 학력, 외모 등의 항목을 걷어내고 지원자의 실력(직무능력)을 평가하여 인재를 채용하는 것을 말한다. 블라인드 채용은 첫째, '차별적인 평가요소를 제거'하고, 둘째, '직무능력을 중심으로 평가'하는 것을 말한다(출처: 고용노동부 외, 「공공기관 블라인드 채용 가이드라인」, 2017).

블라인드 채용의 필요성

기존 채용제도의 불공정 해소
- 기업의 불공정 채용관행에 관한 사회적 불신해소
- 차별적 채용은 기업 경쟁력 저해요소라는 인식유도
- 직무중심 인재선발을 통한 공정한 채용제도 구축

직무중심 채용을 통한 사회적 비용 감소 필요
- 직무 관련한 채용을 통한 지원자의 취업준비 비용감소
- 기업 역시 직무재교육, 조기퇴사율 등 감소를 통한 채용 비용 감소실현
- 불공정 채용관행에 의한 사회적 불신 해소

출처: www.ncs.go.kr

블라인드 채용의 특징

1 **블라인드 채용은 지원자를 평가하지 않는다는 것은 아니다.**
직무능력중심 평가 + 차별요소 제외 = 블라인드 채용

2 **블라인드 채용의 평가요소(평가항목, 평가기준)는 직무를 수행하는 데 필요한 역량이다.**
평가기준 = 직무수행에 필요한 직무능력

출처: www.ncs.go.kr

블라인드 채용프로세스

블라인드 채용은 기존 직무중심채용 프로세스와 동일 (단, 모든 과정에서 차별적인 요소를 제외하는 활동이 추가)

채용설계 → **모집** → **선발**

- 채용계획
- 직무능력 정의 및 직무기술서 개발
- 전형설계
- 차별요소 결정

- 채용공고
- 모집과정 차별요소 삭제
- 지원서 접수 관리

- 서류, 필기, 면접 등
- 채용과정을 통한 직무적합 인재선발
- 구조화된 면접도구

출처: www.ncs.go.kr

블라인드 채용의 평가요소

- 직무에 필요한 직무능력을 토대로 차별적 요소를 제외한 평가요소 도출·정의
- NCS(국가직무능력표준) 활용 → NCS에 제시된 직무별 능력단위 세부내용, 능력단위 요소의 K·S·A를 기반으로 평가요소 도출
- 기업의 인재상·채용직무에 대한 내부자료 → 직무기술서, 직무명세서를 통해 지원자에게 사전안내

출처: www.ncs.go.kr

블라인드 채용의 기업 실천과제

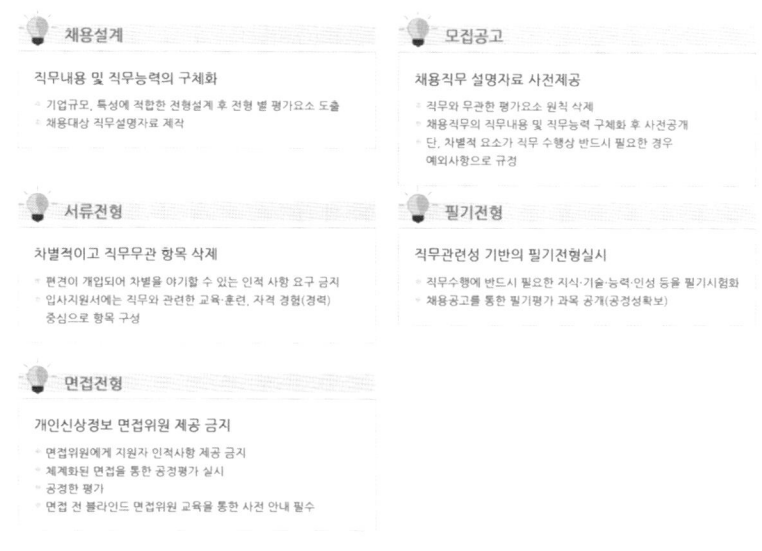

출처: www.ncs.go.kr

2. 블라인드 채용프로세스

NCS 통합센터에 정의된 블라인드 채용프로세스는 다음과 같다.

| Step01. 분석 | Step02. 설계 | Step03. 개발 | Step04. 실행 | Step05. 평가 |
| Analysis | Design | Development | Implement | Evaluation |

출처: www.ncs.go.kr

STEP01 분석단계	1. 채용대상 직무 NCS분류에서 확인하기
	2. 채용대상 직무관련 능력단위 확인하기 요구능력단위 도출 → 필수KSA도출 → 관련자격도출

▼

STEP02 설계단계	3. 채용프로세스 설정하기 (선발법 선정 및 적용단계 결정)
	4. 채용프로세스별 선발기준 설정하기

▼

STEP03 개발단계	5. 블라인드채용 공고문 개발하기
	6. 블라인드채용 서류전형 개발하기
	7. 블라인드채용 필기전형 개발하기
	8. 블라인드채용 면접전형 개발하기
	9. 인사담당자 및 면접관 교육하기

▼

STEP04 실행단계	10. 필기평가 시행하기
	11. 면접평가 시행하기
	12. 합격자 선정하기

▼

STEP05 평가단계	13. 블라인드채용 과정 평가하기
	14. 블라인드채용 성과 평가하기

출처: www.ncs.go.kr

3. 면접 평가의 원칙과 핵심

면접(面接, Interview)을 국어사전에 보면 '서로 대면하여 만나 봄' 또는 '면접시험'이라고 하여 '직접 만나서 인품(人品)이나 언행(言行) 따위를 평가하는 시험'이라고 명명하고 있다.

면접시험이 인재를 선발하기 위한 최종 관문임은 누구나 아는 사실이다. 중국 당나라 때 관리를 등용하는 시험에서 인물을 평가하는 기준으로 삼았던 것은 '신언서판(身言書判)'이다. 몸, 말씨, 글씨, 판단을 나타내는 말이다.

신(身)이란 사람의 풍채와 용모를 뜻하는 말로 태도나 성품, 열정이나 간절함, 표정이나 이미지를 말하는 것으로 첫 번째 평가기준이 된다. 언(言)이란 사람의 언변을 일컫는 말로 말을 조리 있고 분명하게 하는지를 보는 것으로 소통력, 표현력, 논리성 등이 평가기준이 된다. 서(書)는 글씨를 가리키는 말로써 글씨는 사람의 됨됨이를 말해주는 것으로 예전에는 글씨 쓰는 것을 중요시했지만 최근에는 시대의 변화에 맞춰 전문지식, 직무경험, 문제해결능력을 평가기준으로 하고 있다. 판(判)이란 사람이 사물의 이치를 깨달아 아는 판단력을 뜻하며 최근에는 시대의 빠른 변화로 인해 여기에 순발력과 추진력을 평가기준으로 더한다.

공공기관 채용과정에서 가장 일반적인 면접 방식은 면접관과 지원자가 서로 얼굴을 맞대고 진행하는 구술면접이다. 구술면접은 면접 대상이 몇 명인가에 따라서 개별면접과 집단면접으로 나누어볼 수도 있고, 면접이 얼마나 깊이 있게 이루어지느냐에 따라서 심층면접과 일반면접으로 나누어볼 수도 있다.

평가를 담당하는 면접관은 내부면접관과 외부면접관으로 구분되는데 공공기관은 채용비리를 예방하고 공정성과 투명성을 담보하기 위하여 면접 평가 시에 50% 이상을 외부면접관으로 위촉하도록 정부의 공정성 기준 지침이 내려져 있어 실제 시행하고 있지만, 일반 기업들은 자율적으로 기업의 상황에 맞게 시행하고 있다.

1) 면접의 종류

면접의 종류는 질문지에 따라 크게 두 가지로 나뉜다. 면접 시 질문 내용을 미리 결정하여 제시하는 구조화면접 방법과 상황에 따라 면접 질문 내용을 유연하게 신축적으로 조정하는 비구조화면접이 있다. 최근 공공기관은 구조화면접 방식을 많이 쓰는 편이며 공공기관들은 각자의 사정에 따라 혼합하여 반구조화면접 방식을 쓰고 있기도 하다.

구조화된 질문지는 대부분 채용전문 회사에서 개발하는 경우가 많다. 이때 문항개발의 기준이 되는 것이 'NCS 작업기초능력 영역 및 하위능력' 10가지와 전공분야별 '직무기술서'이다. 최근 많이 이루어지고 있는 NCS 기반의 직무면접의 경우 '직무기술서'가 기준이 되며 인성면접, 발표면접, 토론면접의 경우에는 작업기초능력 영역을 기반으로 직무기술서 영역을 융합하는 문항개발이 트렌드다.

면접관들에게 질문의 범위가 정해지고 질문지 범위 내에서 질문하도록 권유하고 있는 것이 구조화된 질문방식으로 피면접자에게 공정성과 형평성을 고려하여 똑같은 공통된 질문을 피면접자 모두에게 하는 경우도 있고 각각 다른 질문을 하는 경우도 있지만 공통된 질문을 하는 경우가 많은 것이 현실이다.

면접 인원과 관련하여 면접관과 피면접자간 1:1, 1:다, 다:1, 다:다의 면접 방식이 있을 수 있으며 상황에 따라서는 전화면접과 화상면접도 하며, 최근에는 AI면접, VR면접 등도 이루어질 수 있다.

면접 방식은 최근 우수 인재를 선발하기 위해 인성면접, 직무면접, PT발표면접, 그룹토론면접 등 다양한 형태의 면접을 기관의 성격에 따라 네 가지 방법 중 1~4가지 방식을 선택하고 중복하여 시행하기도 한다. 또한 실무자면접, 임원면접, 최고경영자면접을 시행하는 곳도 있다.

2) 인성면접 평가 이해하기

인성면접은 통상 20~30분 동안 이루어지며 1인당 5~10분 내외로 이루어진다. 통상 10가지 NCS 작업기초능력영역에서 질문 문항이 출제된다. 공통적이고 필수적인 평가항목은 의사소통능력과 커뮤니케이션능력, 직장 내외에서의 대인관계능력, 창의력과 문제해결능력, 조직문화이해와 직업윤리, 자기계발 및 미래발전 가능성 등이다. 이와 관련된 질문 유형들은 인터넷이나 시중에 나와 있는 서적에 많이 나와 있으니 참고하면 된다.

최근에는 면접관들의 편차를 줄이기 위하여 구조화된 질문지를 많이 사용하기 때문에 공통질문을 하는 경우가 많으니 준비와 연습이 많으면 많을수록 임기응변력이 좋을 것이다. 면접관이 바로 옆 지원자에게 질문하고 답변을 하고 있을 때 예상 답변을 머릿속에 미리 그려 놓는 것도 좋은 방법이다. 하지만 뜻하지 않게 다른 질문도 할 수 있으니 만반의 준비도 필요하다.

면접장에 따라서는 면접 시작 때 30~60초 동안 자기소개를 하는 경우와 면접이 끝날 때 30초 내외 마지막으로 꼭 하고 싶은 말을 하라고 하는 경우가 많으므로 이 멘트는 사전에 진정성 있게 면접관의 마음을 움직일 수 있는 내용으로 미리 준비해놓아야 한다. 초기효과와 최근효과에 의하면 첫인상, 첫 소개가 전체 면접에 전이되는 효과가 있으며, 마지막 멘트는 의지와 자신감을 확정 짓고 면접관이 최종 평가 점수를 결정하는데 영향을 미칠 수가 있으므로 철저히 준비하고 수많은 연습을 하여야 한다.

3) 직무면접 평가 이해하기

직무면접도 인성면접과 마찬가지로 통상 20~30분 동안 이루어지며 1인당 5~10분 내외로 이루어지는데 공공기관에 따라서 1시간 이상 심층면접을 하는 경우도 있으니 꼼꼼하게 준비하여야 한다.

직무면접의 평가항목은 전공분야의 이론과 실무 중심으로 질문이 이루어진다. NCS 기반의 직문면접 평가 기준은 '직무기술서'에 나와 있는 직무별 산업현장에서 직무를 수행하기 위해 요구되는 지식(Knowledge)·기술(Skill)·태도(Attitude) 등의 내용이 중심 평가요인이므로 해당 직무기술서를 통달해야 한다.

특히 직무면접에 있어서 역량면접(CBI, Competency Based Interview)과 경험행동면접(BEI, Behavioral Event Interview)을 중요시하는데 지원자가 실제로 겪은 과거의 성과나 경험을 질문함으로써 미래의 성과를 예측하는 기법이다.

역량면접은 지원자의 직무 역량을 묻는 질문 방식으로 면접관이 STAR 기법으로 질문하는 경우가 많은데 지원자가 겪은 경험이나 상황(Situation)에 대한 질문과 더불어 이 직무 상황에서 문제해결을 위하여 지원자의 직무(Task), 이러한 직무 목표를 달성하기 위하여 지원자가 취한 행동(Action), 그 행동 결과(Result)에 관한 질문이 많다.

또한, 역량면접에 추가하여 상황면접(SI, Situational Interview) 질문을 하는 경우도 있는데 가상의 상황을 주고 지원자가 어떻게 행동으로 대응할 것인가를 보고 미래 행동을 예측하는 질문도 있을 수 있다.

직무면접에서는 해당 '직무기술서'가 중요하므로 회계직무에 대한 블라인드 채용 직무기술서를 예를 들면 다음과 같다.

채용분야 사무행정	분류체계			
	대분류	중분류	소분류	세분류
분류코드	02.경영 회계 사무	03.재무 회계	01.재무	01.예산
				02.자금
			02.회계	01.회계 감사
				02.세무
능력단위	(예　산) 03.연간종합예산수립, 04.추정재무제표 작성, 05.확정예산 운영, 06.예산실적관리 (자　금) 04.자금운용 (회계 감사) 02.자금관리, 04.결산관리, 05.회계정보 시스템 운용, 06.재무분석, 07.회계감사 (세　무) 02. 결산관리, 05.부가가치세 신고, 07.법인세신고			
직무 수행내용	(예　산) 일정기간 예상되는 수익과 비용을 편성하고 집행하며, 통제하는 일 (자　금) 자금의 계획 수립, 조달, 운용을 하고 발생 가능한 위험 관리 및 성과 평가 (회계 감사) 기업 및 조직 내·외부에 있는 의사결정자들이 효율적인 의사결정을 할 수 있도록 유용한 정보를 제공, 제공된 회계정보의 적정성을 파악하는 일이다. (세　무) 세무는 기업의 활동을 위하여 주어진 세법범위 내에서 조세부담을 최소화시키는 조세전략을 포함하고 정확한 과세소득과 과세표준 및 세액을 산출하여 과세당국에 신고·납부 하는 일이다.			
지식	(예　산) 예산운영지침, 예산관리규정, 손익분기점 분석, 계정과목 분류와 정의, 현금 흐름에 관한 지식, 손익구조에 관한 이해, 회계 원리에 관한 이해, 예산 관련 중·장기 전략 (자　금) 금융거래에 관한 실무지식 (회계 감사) 대금의 지급방법 및 지급기준, 기업 실무에 적용되는 회계 관련 규정, 재무제표 상호연계성, 재무제표 및 재무분석, 각종 회계순환 과정의 이해, 재무비율에 관한 이해, 기업 내외부 환경분석기법, 감사 및 회계 등에 관한 규정 (세　무) 계정과목에 대한 지식, 재무제표 상호연계성, 표준 재무제표에 관한 지식, 세금계산서 발급 및 절차에 관한 사항, 과세되는 재화 및 용역의 범			

출처: www.ncs.go.kr

채용분야	분류체계			
사무행정	대분류	중분류	소분류	세분류
기술	(예　산) 회계프로그램 활용능력, 세부 예산수립기준 발표능력, 예산안 보고서 작성능력, 재무상태표 작성능력, 재무비율 분석능력, 예산운영지침 작성기술, 재무제표 분석능력, 보유자원 현황 분석 능력 (자　금) 자금 운용 기술 (회계 감사) 기업 자금사용계획 활용 능력, 계정과목별 명세서 작성능력, 손익산정 능력, 자산 부채에 관한 평가 능력, 회계프로그램 운용 능력, 원가계산 능력, 재무정보 작성 및 보고능력, 내부감사 결과보고서 작성능력 (세　무) 계정과목 분류 능력, 재무제표 작성과 표시 능력, 세금계산서 발급 및 수령 능력, 세무회계처리시스템 운용 능력			
태도	(예　산) 정확성, 분석적 태도, 논리적 태도, 타 부서와의 협조적 태도, 설득 (자　금) 분석적 사고력 (회계 감사) 합리적 태도, 전략적 사고, 정확성, 적극적 협업태도, 법률준수 태도, 분석적 태도, 신속성, 책임감, 정확한 판단력 (세　무) 규정 준수 의지, 수리적 정확성, 주의 깊은 태도			
우대 자격증	공인회계사, 세무사, 컴퓨터활용능력, 변호사, 워드프로세서, 전산회계운용사, 사회조사분석사, 재경관리사, 회계관리 등			
직업 기초능력	의사소통능력, 문제해결능력, 자원관리능력, 대인관계능력, 정보능력, 조직이해능력			

출처: www.ncs.go.kr

4) PT발표면접 평가 이해하기

　PT발표면접은 면접시간이 짧은 인성면접과 직문면접의 한계를 극복하고 직무의 전문성을 검증하기 위해 많이 활용되는 면접 방식이다. PT발표면접은 직무 등 특정 주제와 관련하여 주어진 주제를 주고 짧은 시간에 자신의 생각을 정리하고 발표하게 한 뒤, 그 이면의 생각들에 대해 질의응답 시간을 가짐으로써, 지원자의 전문성, 사고력, 논리력, 문제해결력, 의사소통능력, 창의력 등의 능력을 평가하는 면접기법이다.

지원자가 미래 수행해야 할 실제 직무상황 및 조건을 반영한 가상의 문제 상황을 제시하고, 문제해결 과정에서 노출되는 행동이나 반응, 응답 등을 관찰, 기록하여 문제해결과 함께 종합적으로 지원자를 평가하도록 설계된 평가 도구다.

평가핵심사항은 주제를 통한 직무전문성, 전공지식, 실무능력을 파악하는 데 있다. 신입사원의 경우는 직무 및 전공 관련 주제를, 경력사원의 경우에는 전문분야, 업무계획, 성과달성계획 등을 주제로 생각을 정리하고 발표하게 한다.

PT발표면접에서는 지원자의 분석력, 사고력, 논리력, 문제해결력, 의사소통능력, 창의력 등을 평가하기 위해 질문기법을 살펴보면 통상 2W1H 원칙을 이용하여 이유, 과정, 목적, 방법 등에 대해 개방형으로 질문을 많이 한다.

2W1H 원칙에서 'What'은 "어떤 목적인가?", "어떤 결과를 예상하는가?" 등이며, 'Why'는 "그렇게 판단한 이유는?", "무엇을 고려했는가?" 등이다. 'How'는 "성공을 위한 전략은?", "어떻게 할 것인가?" 등이다.

면접관의 평가 포인트는 "유연한 태도와 긍정적이고 적극적인 사고방식을 가졌는가?", "주어진 시간 안에 발표하는가?", "정확한 자료나 데이터에 근거하는가?", "논리적이고 합리적인 결론을 도출하는가?" 등이며 주제의 의도 파악(전문성, 조직적응력, 성장가능성, 고객친화성 등), 자신의 전공과 지원 직무와 최대한 연결 여부, 자신의 특장점 및 경험 반영 여부 등이다.

5) 그룹토론면접 평가 이해하기

그룹토론면접은 면접관과 피면접자 간의 질의와 응답 형식이 아니라 지원자들이 주어진 주제에 대해 토론을 벌이고 면접관들이 관찰 및 평가하는 방식이다. 일반적으로 면접관들은 토론이 시작되면 절대로 개입하지 않는다. 기업에 따라 면접관이 토론에 함께 참여하여 질문하는 등 변형된 형태의 토론면접을 진행하기도 한다.

찬반양론의 주제를 주고, 지원자 본인의 의견에 상관없이 찬성과 반대를 미리 지정해 토론을 벌이는 경우도 있으므로 순간적인 임기응변력이 중요하다. 또는 특정 주제를 주고 토론을 벌이는 과정을 면접관들의 개입 없이 관찰, 평가한다.

면접관들의 평가 포인트는 논리력, 사고력, 협조성, 판단력, 표현력, 조직적응력, 문제해결능력, 창의력, 의사소통능력, 지도력 등을 해당 공공기관의 제공한 평가표로 평가가 이루어진다.

특히 자기주장을 독단적으로 내세워 그룹 안에서 튀기보다는 그룹원들과 융화되어 토론 주제에 대한 명확한 결론을 함께 이끌어나갈 수 있는 조직력과 리더십을 보여주어야 한다.

평가 핵심은 '자기중심적 의견'보다, '상대방 의견을 경청하는가?', '실행 가능한 대안을 중심으로, 결론으로 가는 과정이 있는가?', '위축되거나 또는 흥분하여 자기 발언만 고집하고 있지 않은가?', '의사소통 조정능력이 있는가?', '더불어 함께하는 리더십이 있는가?', '결론 및 대안을 제대로 제시하는가?' 등이다.

참고문헌

- 정부의 NCS 통합센터(www.ncs.go.kr)
- 고용노동부 외, 『블라인드 채용 가이드북』, 2018.
- 김영기 외 21인, 『공공기관 합격 로드맵』, 렛츠북, 2019.
- 김영기 외 20인, 『공공기관 대기업 면접의 정석』, 브레인플랫폼, 2020.
- 김영기 외 20인, 『공공기관 채용의 모든 것』, 브레인플랫폼, 2021.
- 김영기 외 19인, 『공공기관 채용과 면접의 기술』, 브레인플랫폼, 2022.
- 이승철, 『블라인드 채용 평가매뉴얼』, 한국표준협회미디어, 2020.
- 기획재정부, 『공공기관 채용프로세스별 표준 매뉴얼』, 2018.
- 시너지컨설팅, 『2017년 민간자격(SPI·PI) 취득을 위한 전문면접관 양성과정』, 2017.
- 한국인재평가연구소, 『직무전문 면접관 양성 기본교재』, 2018.

저자소개

조차란 CHO CHA RAN

학력
· 한국방송통신대 관광학과
· 서울사회복지대학원대학교 사회복지학과
· 몽골 이데르대학원대학교/예명대학원대학교 박사 과정

경력
· 별초롱어린이집 보육교사 및 원장
· 한국스카우트연맹중앙훈련원 지도자 강사
· 한국사회적코칭협회 코칭강사
· 참사랑행복드림나무센터 강사
· 랜드마크에듀케이션 상담코칭강사
· 서울사회복지대학원대학교 사회복지방과후 아동지도자과정 지도교수

자격
· 사회복지사2급
· 평생교육사2급
· 보육교사1급 시설장
· 진로코칭상담사1급

- 인성교육지도사 1급
- 성폭력예방전문강사
- 가정폭력예방전문강사

수상
- 대한민국청소년대상지도자상(2022)

14장

공정 채용과 블라인드 채용

송봉연

1. 공정 채용, 인사혁신처 공정 채용 가이드북

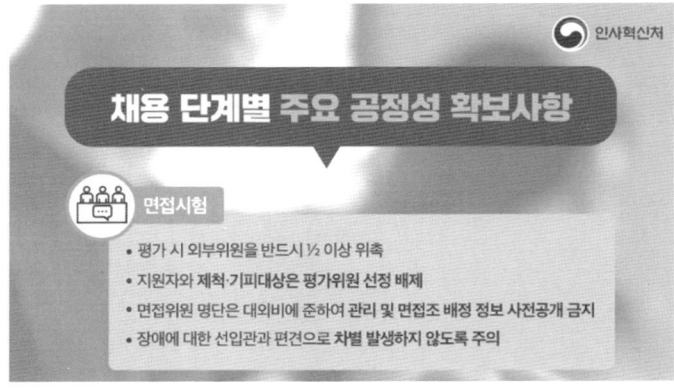

출처: 인사혁신처 「공정 채용 가이드북」 요약, 인사혁신처 홈페이지 캡처

공공기관의 채용프로세스는 기관마다 다를 수 있으므로 이 책에서는 정부 인사혁신처의 「공정 채용 가이드북」과 「블라인드 채용 가이드북」 중심으로 소개하려고 한다.

정부의 인사혁신처는 정부부처·공공기관 등 공공부문이 채용을 진행할 때 편견을 배제하고 공정성을 확보하기 위해 참고할 수 있는 가이드북을 마련했다. 인사혁신처는 그간 공무원시험을 시행하면서 축적한 엄정한 관리 노하우를 바탕으로 채용 시 각 단계별로 공정성을 확보하기 위한 핵심내용을 간추려 발간하였으며 「공정 채용 가이드북」의 구성은 다음과 같다.

첫째, 채용공고 및 원서접수, 서류전형, 필기시험, 면접시험, 합격자 결정 각 단계에서 공정성을 확보하기 위한 방안을 제시하고, 실수하기 쉬운 사례, 자주 묻는 질문과 답변도 정리했다.

둘째, 기관 채용담당자 등이 실제 채용을 진행하면서 공정성 확보 여부를 스스로 점검할 수 있도록 체크리스트를 마련하는 한편, 공정한 채용의 대표적 사례인 배경 블라인드 채용을 실제로 진행·경험한 부처 인사담당자 및 지원자 인터뷰, 공공부문의 블라인드 채용 우수사례를 수록했다.

출처: 인사혁신처 홈페이지 캡쳐

인사혁신처는 「공정 채용 가이드북」을 중앙부처와 공공기관, 지방 공기업 등에 배포하고, 홈페이지에서도 내려받을 수 있도록 제공하며, 이는 공정 채용에 대한 이해를 돕고 채용 시 참고자료로 폭넓게 활용되도록 하고 있다. 또한 정부의 NCS 통합센터(www.ncs.go.kr)에서 NCS 기반의 블라인드면접에 대하여 상세하게 설명하고 있어 이 사이트를 참고하면 된다.

인사혁신처는 국가·지방자치단체·공공기관 등 공공부문이 채용의 공정성 확보를 위해 준수해야 할 내용을 담은 「공정 채용 가이드북」 증보판을 2019년 11월 21일 발간했다. 「공정 채용 가이드북」은 채용공고, 원서접수, 서류전형, 필기시험, 면접시험 등 채용 각 단계별 공정성 확보방안을 제시한다. 또 놓치거나 실수하기 쉬운 사례와 체크리스트 등이 담겨있다.

2. 블라인드 채용

1) 블라인드 채용의 의의

고용노동부 주도로 출간한 「블라인드 채용 가이드북」에 따르면 블라인드 채용이란 다음과 같다.

(1) 블라인드 채용이란?

채용과정에서 편견이 개입되어 불합리한 차별을 야기할 수 있는 출신지, 가족관계, 학력, 외모 등의 편견 요인은 제외하고 실력(직무능력)을 평가하여 인재를 채용하는 방식을 의미한다. 블라인드 채용은 첫째, '편견이 개입되는 차별적인 요소를 제외'하고, 둘째, '직무능력을 중심으로 평가'하는 것으로 구분할 수 있다.

출처: 고용노동부 외, 「블라인드 채용 가이드북」, 2018.

(2) 블라인드 채용의 필요성

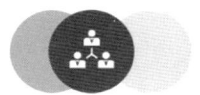

기존 채용제도의 불공정 해소
- 기업의 불공정 채용관행에 관한 사회적 불신해소
- 차별적 채용은 기업 경쟁력 저해요소라는 인식유도
- 직무중심 인재선발을 통한 공정한 채용제도 구축

직무중심 채용을 통한 사회적 비용 감소 필요
- 직무 관련한 채용을 통한 지원자의 취업준비 비용감소
- 기업 역시 직무재교육, 조기퇴사율 등 감소를 통한 채용 비용 감소실현
- 불공정 채용관행에 의한 사회적 불신 해소

출처: www.ncs.go.kr

① 채용의 공정성에 대한 사회적 요구

사회에 첫발을 내딛는 청년이라면 누구나 당당하게 실력으로 경쟁할 수 있도록 균등한 고용기회를 제공해야 하나, 아직도 채용과정의 공정성에 대한 불신이 존재한다. 채용상 차별 금지에 대한 법적 요건이

권고적 성격에서 처벌을 동반한 의무적 성격으로 점차 강화되는 추세다. 채용과정에서의 차별 금지를 위한 다양한 법안들이 발의되고 있으며, 시민의식과 지원자의 권리의식 성숙으로 불합리한 차별에 대한 법적 대응 가능성도 증가하고 있다.

② 우수 인재채용을 통한 기업의 경쟁력 강화 필요

직무능력과 무관한 학벌, 외모 위주의 선발은 기업의 우수 인재 선발 기회를 빼앗아 기업 경쟁력을 약화시킨다. 기업이 채용과정에서 차별을 없애고 직무능력중심으로 선발하여 우수 인재를 확보할 수 있도록 블라인드 채용을 도입·확산할 필요가 있다.

③ 공정한 채용을 통한 사회적 비용 감소 필요

편견을 유발하는 차별적 채용은 우수 인재의 선발을 저해하고, 외모지상주의, 학벌주의 등을 심화시켜 불필요한 사회적 비용을 증가시킨다. 학연, 지연, 혈연에 의한 채용 관행에서 벗어나 채용에서의 공정성을 높여 사회의 신뢰 수준을 제고할 필요가 있다.

(3) 블라인드 채용의 발전과정

블라인드 채용은 기존의 직무중심 채용방식에서 차별적인 요소를 제외하는 한 걸음 더 발전된 채용방식이다. 직무중심의 채용은 일부 대기업에서 90년대 역량기반채용이 도입되면서 시작되었다. 이후 무서류 전형, 입사지원서 간소화, 블라인드면접, 블라인드 오디션 등 다양한 형태로 블라인드 채용 방식이 확산되고 있다. 그러나 중소기업 등 기업규모에 따라 도입에 한계가 있으며, 사회적 편견에 의한 불이익이 여전히 존재하고 있어, 채용 공정성에 대한 요구가 지속되고 있다.

국내 채용방식의 변화

시기	주요내용
1980년대	직무와 관계없는 기업단위 모집, 대기업 중심의 대규모 공채
1990년대	대기업 중심으로 역량기반 채용 실시, 직무 인·적성검사 도입
2000년대	대기업 중심의 역량기반 채용과 과학적 평가기법의 확산 입사지원서 간소화 추세 확산
2010년대	직무능력중심 채용 확산(NCS기반, 역량기반) 대기업을 중심으로 다양한 유형의 블라인드 채용방식 등장
2017년	대통령 지시사항으로 공공기관 블라인드 채용 전면 도입 민간 기업으로 확산

출처: 고용노동부 외, 「블라인드 채용 가이드북」 2018.

공공부문에서의 평등한 기회를 부여하기 위한 노력

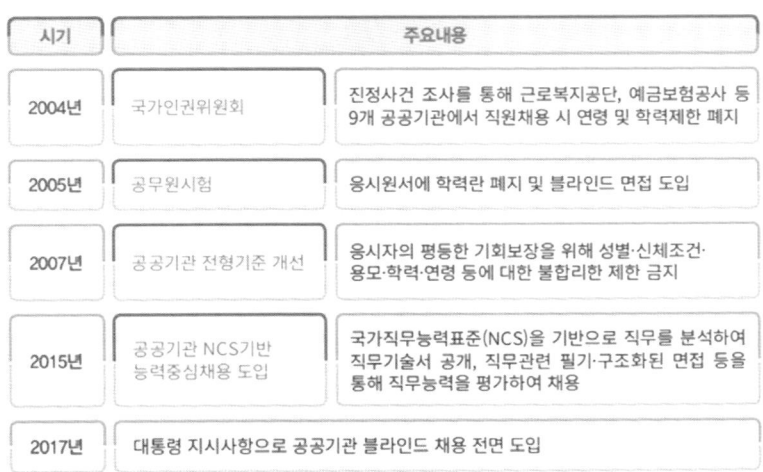

시기		주요내용
2004년	국가인권위원회	진정사건 조사를 통해 근로복지공단, 예금보험공사 등 9개 공공기관에서 직원채용 시 연령 및 학력제한 폐지
2005년	공무원시험	응시원서에 학력란 폐지 및 블라인드 면접 도입
2007년	공공기관 전형기준 개선	응시자의 평등한 기회보장을 위해 성별·신체조건·용모·학력·연령 등에 대한 불합리한 제한 금지
2015년	공공기관 NCS기반 능력중심채용 도입	국가직무능력표준(NCS)을 기반으로 직무를 분석하여 직무기술서 공개, 직무관련 필기·구조화된 면접 등을 통해 직무능력을 평가하여 채용
2017년		대통령 지시사항으로 공공기관 블라인드 채용 전면 도입

출처: 고용노동부 외, 「블라인드 채용 가이드북」 2018.

(4) 블라인드 채용의 특징

블라인드 채용은 편견요인을 요구하지 않는 대신 실력(직무능력)을 평가한다. 공공 및 민간 부문에서 직무중심 채용이 확대되고 있으나, 여전히 관행적인 편견에 입각한 차별요인이 남아있다. 이러한 편견요인을 제외하고, 직무능력중심으로 평가하는 것이 블라인드 채용이다.

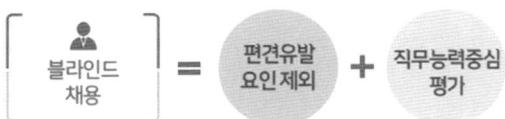

※ 직무능력중심 채용 = 기업의 역량기반 채용, NCS기반 능력중심채용과 같이 직무수행에 필요한 능력과 역량을 평가하여 선발하는 채용방식을 통칭한다.

출처: 고용노동부 외, 「블라인드 채용 가이드북」 2018.

블라인드 채용의 평가요소(평가항목, 평가기준)는 직무를 수행하는 데 필요한 역량이다. 직무 수행에 필요한 지식, 기술, 인성(태도) 등을 과학적인 선발기법을 통해 평가한다.

※ 과학적 선발기법 = 직무분석을 통해 도출된 평가요소를 서류, 필기, 면접 등을 통해 체계적으로 평가하는 방법으로 평가도구로는 입사지원서, 자기소개서, 인·적성검사, 구조화 면접 등이 대표적이다.

출처: 고용노동부 외, 「블라인드 채용 가이드북」 2018.

기업의 여건에 맞게 도입할 수 있다. 채용에서 편견이 개입되는 요소는 요구하지 않되, 기업의 여건에 맞게 서류·필기·면접 등 선발단계별로 블라인드 채용을 도입할 수 있다.

2) 블라인드 채용의 이해

(1) 블라인드 채용프로세스

블라인드 채용은 기존채용 방식에 공정성을 더하며 편견이 개입되는 요소는 배제하는 채용 방식이다. 일반적인 채용 절차는 '채용설계 → 모집 → 선발' 순으로 진행되며, 블라인드 채용은 각 단계에 편견요소를 제외하는 활동이 추가된다.

❶ 채용설계(채용계획 수립, 직무능력 정의, 전형설계 + 편견요소 정의)
❷ 모집(채용공고, 지원서 접수·관리 + 편견요소 검토·제외)
❸ 선발(서류전형, 필기전형, 면접전형 + 편견요소 검토·제외)

블라인드 채용은 기존 직무중심채용 프로세스와 동일 (단, 모든 과정에서 차별적인 요소를 제외하는 활동이 추가)

채용설계	모집	선발
·채용계획 ·직무능력 정의 및 직무기술서 개발 ·전형설계 ·차별요소 결정	·채용공고 ·모집과정 차별요소 삭제 ·지원서 접수 관리	·서류, 필기, 면접 등 ·채용과정을 통한 직무적합 인재선발 ·구조화된 면접도구

출처: www.ncs.go.kr

블라인드 채용 프로세스 예시

프로세스	세부 프로세스	주요 활동
채용설계	채용계획 수립 등	채용 일정, 비용 등의 채용계획을 수립한다.
	직무능력 정의	채용 직무에 필요한 직무능력을 도출·정의한다.
	전형설계	평가요소, 평가기법을 설계하고, 평가기준을 정한다.
	편견요소 정의	채용단계별 편견요소를 도출·정의한다.
모집	편견요소 검토	모집과정에서 편견요소를 검토하여 제외한다.
	채용 공고	모집 직무내용과 직무능력 등을 사전 공고한다.
	지원서 접수·관리	지원서를 접수하고 관리한다.
선발	편견요소 검토	선발전형별로 편견요소를 검토하여 제외한다.
	서류전형	입사지원서 등으로 지원자를 평가한다.
	필기전형	직무관련성 높은 필기시험으로 지원자를 평가한다.
	면접전형	구조화된 면접도구 등으로 지원자를 평가한다.
채용 의사결정		

※ 선발절차는 서류, 필기, 면접이 가장 일반적이나, 이 외에 기업의 특성에 맞는 다양한 전형을 적용할 수 있음

출처: 고용노동부 외, 「블라인드 채용 가이드북」 2018.

(2) 블라인드 평가요소(기준)

우선, 직무에 필요한 직무능력(역량)을 평가요소로 도출·정의한다. 채용 시 평가요소는 기업의 '인재상'과 채용직무에 대한 내부자료(직무기술서, 직무명세서, 역량사전 등) 또는 국가직무능력표준(NCS) 등을 활용하여 '직무능력과 관련된 것'으로 구성한다.

채용의 각 단계별로 직무능력 관련 평가항목을 결정하고, 객관적 평가를 위한 평가기준을 설정한다. 채용설계 단계에서 편견요소를 도출·

정의한다. 서류, 필기, 면접 등 선발의 각 단계별로 편견이 개입되는 평가요소를 검토하여 제외한다.

직무능력(역량, Competency)은 지식(Knowledge), 기술(Skill), 인지능력(Cognitive ability), 태도(Attitude), 인성 등을 포괄하는 개념이다.

블라인드 채용 평가요소

선발 단계	직무능력과 평가요소 평가 방법	
	직무능력중심 채용 평가요소	편견요소 제외
서류전형	• 서류를 평가하지 않는 전형(무서류 전형) • 직무와 관련 있는 요소들만 평가 ex. 교육사항, 경험사항, 자격사항 등	채용단계별 편견이 개입되는 요소, 직무와 관련없는 항목과 질문 등 배제
필기전형	• 직무와 관련된 지식, 기술, 인성(태도) 등을 주로 평가 ex. 조직적합성, 인지능력, 전공지식 등	
면접전형 (실기포함)	• 직무수행에 필요한 전문성, 인성(태도), 기술 등을 주로 평가 ex. 비판적 사고, 창의력 등	

출처: 고용노동부 외, 「블라인드 채용 가이드북」 2018.

(3) 편견이 개입되는 요소 판단 기준

현행 법령의 규정 및 차별에 대한 사회적 인식과 채용직무에 필수적인 조건인지 여부, 사업상의 필요성 등을 고려하여 채용평가 시 제외할 요소를 결정한다.

편견이 개입되는 요소 판단의 일반적 기준

'법령 등에 의한 차별적인 항목'인지 '직무상 필요한 조건'인지 등을 고려하여 결정한다. '차별적 항목'은 법령에서 규정하고 있거나, 사회적으로 차별로 인식하는 요인인지 등을 바탕으로 판단한다.
- 예시
「고용정책기본법」 제7조 "성별, 신앙, 연령, 신체조건, 사회적 신분, 출신 지역, 학력, 출신학교, 혼인·임신, 병력 등"

직무상 필요한 조건인지 여부는 그 조건에 따라 직무의 본질적인 의무를 수행할 수 있는지에 따라 판단한다.
- 예시(성별)
(직무상 필요조건인 경우) 환자 도우미, 기숙사 사감 등
(직무상 필요조건이 아닌 경우) 육체노동이 상당한 경우 여성 배제, 섬세함이 필요하여 남성 배제 등

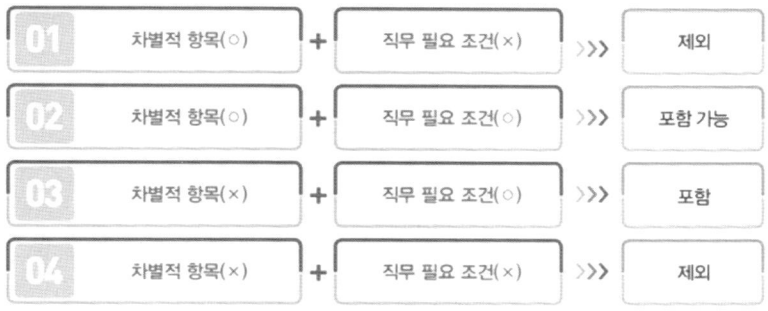

출처: 고용노동부 외, 「블라인드 채용 가이드북」 2018.

(4) 채용단계별 주요 편견요소

효과적인 블라인드 채용을 위해서는 각 채용단계별로 편견을 유발하는 요소들을 검토하여 제외한다.

권장사항

1) 출신 지역(본적), 가족관계: 모든 단계에서 제외
2) 사진: 서류전형 이후 필기 또는 면접 단계에서 본인 확인을 위해 필요한 경우 요구
3) 성별, 신앙, 연령, 신체조건, 사회적 신분, 학력, 출신 학교 등: '직무에 필수적인 조건' 여부를 기준으로 채용단계에 포함여부 결정
4) 이미 존재하는 차별 개선, 지역균형발전 등 사회적 목적을 위해 특정 성(여성), 지역(지역인재), 학력(고졸) 등을 가진 자를 우대*하기 위한 개인정보 요구는 가능

* 단, 해당 정보 요구 시 관련 법령 및 목적을 입사지원서에 분명하게 명시

채용단계별 주요 편견 요소

구분	채용공고	입사지원서	면접전형
성별	• 지원자격을 특정 성별로 제한	• 입사지원서에 성별에 따라 다른 양식, 기재항목, 구비서류를 요구	• 면접과정에서 성별에 따라 질문사항을 달리하거나, 별도의 질문시간을 할애
신앙	• 지원자격을 특정 종교로 한정	• 입사지원서에 종교를 요구	• 면접과정에서 종교관련 사항(종교관, 종교유무 등) 질문
연령	• 지원자격을 일정 연령 이하 또는 이상으로 제한	• 입사지원서에 연령을 식별할 수 있는 생년월일, 학교 입학년도, 졸업년도를 요구	• 면접과정에서 연령을 묻거나, 연령에 대해 부정적으로 언급
신체조건	• 지원자격을 직무관련성이 없음에도 신장, 체중 등의 신체조건을 이유로 제한	• 입사지원서에 사진 부착을 요구하거나 직무에 필수적인 조건이 아님에도 신장, 몸무게, 색맹여부 등 신체조건을 요구	• 면접과정에서 용모 및 신체조건에 대해 질문
사회적 신분	• 지원자격을 직무관련성이 없음에도 전과 등을 이유로 제한	• 입사지원서에 전과자, 탈북자 등 사회적 신분을 요구	• 면접위원들에게 지원자에 대한 신원조회 결과 등을 제공하는 경우
출신지역	• 지원자격을 출신지역으로 제한	• 입사지원서에 출신지, 본적 등을 요구	• 면접과정에서 출신지역에 관한 질문을 하는 경우
학력·출신학교	• 지원자격을 특정 학력 이상 또는 이하로 제한	• 입사지원서에 직무에 필수적인 조건이 아님에도, 학력, 출신학교 등을 기재토록 하는 경우	• 면접과정에서 직무에 필요한 조건이 아닌 경우 학력, 출신학교 등을 질문하는 경우
혼인·임신	• 지원자격을 결혼 여부 등을 이유로 제한	• 입사지원서에 결혼여부, 자녀유무, 임신여부 등의 개인정보를 요구하는 경우	• 면접과정에서 결혼여부, 임신여부 등을 질문하는 경우
가족관계		• 입사지원시에 가족관련 사항을 요구	• 면접과정에서 가족사항(관계, 출신지, 직업 등)에 대해 질문하는 경우

* 출처 : 박귀천 외 4인, 「채용상 차별에 관한 해외사례 및 실태조사 연구」, 고용노동부, 2015. 9

출처: 고용노동부 외, 「블라인드 채용 가이드북」, 2018.

(5) 블라인드 도입 유형

블라인드 채용의 도입방식은 채용규모, 기업 및 직무의 특성 등에 따라 다양하나 선발전형의 각 단계별로 아래와 같이 유형화할 수 있다.

- ❶ 서류전형: 무서류 전형, 블라인드 지원서 등
- ❷ 필기전형: 필기전형은 응시자의 인적특성 식별이 어려워 대체로 블라인드 채용의 요소를 내포
- ❸ 면접전형: 블라인드면접, 블라인드 오디션 등

블라인드 채용의 유형

채용 단계	유형	주요 내용
서류전형	무서류전형	채용절차 진행을 위한 최소 인적사항(이름, 연락처 등)만 포함한 입사지원서를 접수하고 평가를 진행하지 않는 방식
	블라인드 지원서	입사지원서와 자기소개서에서 불합리한 차별을 유발할 수 있는 항목(출신지, 가족관계, 사진, 성별, 연령, 학력, 출신학교 등)을 요구하지 않고 직무관련 사항만으로 평가하는 방식
면접전형	블라인드 면접	면접위원에게 입사지원서, 자기소개서 등 일체의 사전자료를 제공하지 않거나, 사전 자료를 제공하되 불합리한 차별을 유발할 수 있는 항목을 포함하지 않는 방식 ※ 면접 도중에도 차별을 유발할 수 있는 개인신상 등을 질문하지 않아야 함
	블라인드 오디션	일체의 사전 자료나 정보 없이 오디션 방식으로 지원자의 재능을 자유롭게 보여주도록 하고, 평가자는 그 과정을 관찰하여 직무능력을 평가하는 방식

* 출처 : 대한상의,「주요국 차별 요인 및 입사지원서 항목 조사」, 2017. 8

출처: 고용노동부 외,「블라인드 채용 가이드북」, 2018.

(6) 블라인드 도입의 효과성

구성원의 다양성과 창의성이 높아져 기업 경쟁력이 강화된다. 블

라인드 채용은 편견을 없애고, 직무능력을 중심으로 선발하므로 직원들의 구성이 이전에 비해 다양해진다. 예시로 뉴욕 필하모닉 오케스트라 단원 선발 블라인드 채용 시 기존 10% 미만이었던 여성단원 비율이 50%까지 증가했다.

다양한 생각과 의견을 통하여 기업의 창의성이 높아지면 기업 경쟁력이 강화된다. 미국의 대기업 127개를 조사한 결과 이사회 내 성별, 인종 다양성이 높을수록 기업의 성과(ROA, ROI)가 증가했다(Erhardt, Werbel, and Shrader. Corporate Governance, 2003).

제니퍼소프트는 블라인드 채용이 회사의 장기적인 성장을 위한 투자라고 판단, 회사 창립 당시부터 스펙이 아닌 직무역량을 평가하는 블라인드 채용을 시행하고 있다.

직무에 적합한 인재를 선발하여 이직률이 줄고, 만족도가 제고된다. 사전에 지원자들에게 구체적이고 상세한 직무요건을 제시하므로 허수지원이 낮아지고, 직무에 적합한 지원자를 더 많이 모집할 수 있다. 직무에 적합한 인재가 선발되다 보니 직무에 대한 이해도가 높아 업무효율이 증대되고, 만족도가 높아진다. 개인-직무 간 부합(P-J fit)은 직무만족과 직무몰입, 이직의도와 관련이 있다(유태용 등, 2003).

전력거래소는 블라인드 채용 도입 초기 새로운 방식의 도입에 대한 두려움이 있었으나, 도입 후 조기퇴사율이 80% 이상 감소하는 등 성과가 나타나고 있다.

채용의 공정성과 기업 이미지가 제고되었다. 블라인드 채용은 사회적 편견을 줄인 직원 선발 방법으로 기업에 대한 사회적 인식이 제고된다. 채용과정에서 불합리한 차별을 받지 않고 실력에 의해 공정하게 평가받을 것이라는 믿음을 제공하고, 지원자들은 평등한 기회와 공정한 선발 과정을 경험하게 된다.

취업준비생의 66.8%, 인사담당자의 69.1%가 '블라인드 채용이 선입견과 편견에서 벗어나 공평한 평가의 기회를 제공해줄 것이라는 의견에 동의'했다(잡코리아 설문조사).

KT는 2013년부터, 서류심사 없이 직무역량을 바탕으로 선발하는 'KT스타오디션'을 선도적으로 도입하는 등 공정한 채용문화 형성에 기여해왔다.

3) 블라인드 채용의 실천과제

기업이 블라인드 채용을 도입하기 위해서는 채용설계 단계부터 지원자 모집, 선발에 이르는 각 단계별 실천 사항들이 무엇인지 정확히 이해하고 체계적으로 관리해야 한다.

(1) 채용설계 – 직무내용 및 직무능력의 구체화

기업 규모, 특성 등을 감안하여 전형을 설계하고, 전형별로 편견이 개입되어 배제해야 할 평가요소를 도출·정의한다. 채용대상 직무의 내용 및 직무수행에 필요한 능력을 도출·정의하고, 지원자가 이해하기 쉬운 형태로 직무설명자료(직무기술서)를 제작한다. 직무설명자료는 직무내용, 필요지식, 기술, 자격 등을 서술한다.

(2) 모집공고 – 채용직무에 대한 설명자료 사전 제공

모집공고에서 편견요소를 기준으로 지원 자격을 제한하는 문구를 기재하지 않는다. 모집공고에서 채용직무에 대한 구체적인 직무내용 및 직무능력(역량)을 사전에 공개한다. 성별, 연령, 신체조건, 학력 등에 대한 정보가 직무수행에 반드시 필요한 경우에는 그 이유를 모집공고문 및 입사지원서 등에 명시한다.

(3) 서류전형 – 직무와 무관하게 편견이 개입되는 항목은 제외

입사지원서에 편견이 개입되어 불합리한 차별을 야기할 수 있는 인적사항(출신지, 가족관계, 사진, 성별, 연령, 학력, 출신 학교 등)은 요구하지 않는다.

입사지원서는 직무와 관련된 교육·훈련, 자격, 경험(경력) 중심으로

'직무능력'과 관련된 항목으로만 구성한다.

사회형평적 채용을 위해 국가유공자, 장애인, 지역인재 등에 대한 정보가 필요한 경우에는 입사지원서에 요구 가능하다.

(4) 필기전형 – 직무관련성을 기반으로 한 필기전형 실시

편견유발 항목을 기준으로 응시자격을 제한하지 않는다. 직무 수행에 반드시 필요한 지식, 기술, 인성(태도) 등을 필기시험으로 구성하여 실시한다. 필기전형의 공정성 확보를 의해 사전에 평가과목을 공개한다.

(5) 면접전형 – 구조화면접 활용

편견을 유발하는 항목을 포함한 개인의 신상정보를 사전에 면접관에게 제공하지 않는다. 지원자에게 면접관의 편견에 입각한 질문을 하지 않는다. 직무능력 평가를 위한 구조화면접(경험·상황·토론·발표면접 등)을 실시하고 공정한 평가를 한다. 면접관에게 블라인드면접에 대한 사전 교육을 실시한다.

:: 블라인드 채용의 기업 실천과제

 채용설계

직무내용 및 직무능력의 구체화
- 기업규모, 특성에 적합한 전형설계 후 전형 별 평가요소 도출
- 채용대상 직무설명자료 제작

 모집공고

채용직무 설명자료 사전제공
- 직무와 무관한 평가요소 원칙 삭제
- 채용직무의 직무내용 및 직무능력 구체화 후 사전공개
- 단, 차별적 요소가 직무 수행상 반드시 필요한 경우 예외사항으로 규정

 서류전형

차별적이고 직무무관 항목 삭제
- 편견이 개입되어 차별을 야기할 수 있는 인적 사항 요구 금지
- 입사지원서에는 직무와 관련한 교육·훈련, 자격 경험(경력) 중심으로 항목 구성

 필기전형

직무관련성 기반의 필기전형실시
- 직무수행에 반드시 필요한 지식·기술·능력·인성 등을 필기시험화
- 채용공고를 통한 필기평가 과목 공개(공정성확보)

 면접전형

개인신상정보 면접위원 제공 금지
- 면접위원에게 지원자 인적사항 제공 금지
- 체계화된 면접을 통한 공정평가 실시
- 공정한 평가
- 면접 전 블라인드 면접위원 교육을 통한 사전 안내 필수

출처: www.ncs.go.kr

참고문헌

· 정부의 NCS 통합센터(www.ncs.go.kr)
· 고용노동부 외, 「블라인드 채용 가이드북」, 2018.
· 인사혁신처, 「공정 채용 가이드북(증보판)」, 2019.
· 기획재정부, 「공공기관 채용프로세스별 표준 매뉴얼」, 2018.
· 김영기 외 19인, 「공공기관 채용과 면접의 기술」, 브레인플랫폼, 2022.
· 시너지컨설팅, 「2017년 민간자격(SPI·PI) 취득을 위한 전문면접관 양성과정」, 2017.
· 한국인재평가연구소, 「직무전문 면접관 양성 기본교재」, 2018.

저자소개

송봉연 SONG BONG YEOUN

학력
· 성화대학교 사회복지
· 호원대학교 중국관광학과
· 칼빈대학교 상담심리치료 전공

경력
· 민주평통 강서구 수석부회장(6년 역임)
· 민주당 강서을지역위원회 아동청소년복지분과위원
· 강서구 어린이집연합회 고문
· 고양시 어린이집연합회 임원

자격
· 사회복지사
· 노인심리상담사1, 2급
· 미술심리상담사1급
· 분노조절상담사1급
· 가정폭력상담사

저서

· 「가정폭력 경험이 아동의 사회적응에 미치는 영향」,· 한국비전연구, 2020.(공저)

수상

· 서울기자연합회지방자치사회공헌대상(2018)
· 전국사회복지대학원총연합회(2020)
· 진성준국회의원공로상(2015)

15장

구조화면접

경현호

1. 서문

　필자는 에너지/석유화학기업에서 정년퇴직 후, 자동차회사, 제철회사 등 대기업 은퇴자 재취업 상담을 진행하고 있다. 2022년도에는 청년고용지원단 사업의 전문위원으로도 근무하여, 참여자들의 면접 준비를 도와주며 많은 사례를 겪었다. 지방의 중소기업 채용부터 대기업 공채 채용까지 다양한 참여자들이 있었고, 면접 대비를 위해 모의면접 또한 수십 번 진행하게 되었다. A 참여자의 경우, 국내 대기업 공채 준비생이었으며 모 석유화학기업체를 목표로 모의면접을 여러 차례 진행하였다. 참여한 4명의 면접위원들은 이구동성으로 본 면접의 통과를 예상하였으나, 불합격하였다. 같은 기간에 치러진 L그룹에는 예기치 않게 당당히 합격하여 면접관들도 당황스러움을 감출 수 없었다.

　또한, 필자가 담당하게 된 B, C 참여자 중 C는 두 사람 중 상대적으로 의사소통, 열정, 경험 등 전반적으로 역량이 부족하다고 판단되었다. 나는 C에 대해 신경이 많이 쓰였고, 첫 번째 응시한 면접에서 예상대로 B만 합격하였다. 실의에 빠진 C를 격려하며 지속적인 도전을 주문했다. 그 후 중소기업에 입사했고, 한 달 후 모 그룹 정규직으로 합격했다고 전화가 왔다.

　이러한 사례를 바탕으로, 결혼운, 관운, 취업운, 면접운 등을 생각하며, 기업체 채용담당자와 면접 평가자의 구조화면접에 대한 관심과 연구가 필요할 것 같아, 그에 대한 내용을 정리하고자 펜을 들게 되었다.

2. 비구조화면접과 구조화면접의 정의

1) 비구조화면접

비구조화면접(Unstructured Interview, 非構造化面接)은 전통적 면접 방식으로 사전에 정해진 지침 없이 면접관이 중요하다고 여기는 내용을 지원자에게 질문하는 면접 형태다. 비구조화면접은 면접관의 방향성에 따라 지원자 응답에 대한 평가가 이루어지기 때문에 고도로 훈련된 면접관이 필요하다. 일련의 표준화된 질문들이 미리 정해져 있는 구조화면접(Structured interview)에 비해 지원자에 대한 광범위한 정보를 수집할 수 있고 지원자에게 의사 표현의 자유가 많이 허용된다는 특징이 있다. 그러나 구조화면접에 비해 신뢰도와 타당도가 떨어지는 것으로 평가된다(네이버 지식백과, 두산백과).

2) 구조화면접

구조화면접(Structured Interview, 構造化面接)은 일련의 표준화된 질문들이 모든 지원자에게 동일한 순서로 적용되는 면접 방식이다. 질문의 방법과 내용이 사전에 정해져 있으므로 면접 과정에서의 유연성은 떨어지지만, 기업이 지원자로부터 알고자 하는 정보에 초점을 둘 수 있다는 이점이 있다. 또한 비전문가도 면접을 수행할 수 있으며 지원자를 비교, 분석하는 것이 수월하다는 이점도 있다. 일반적으로 구조화면접은 비구조화면접보다 신뢰도와 타당도가 높은 것으로 평가된다(네이버 지식백과, 두산백과).

3. 비구조화면접과 구조화면접의 비교

비구조화면접	구조화면접
- 특징 　· 일상적이고 단편적인 대화 　· 인상, 외모 등 다른 외부 요소의 영향 　· 주관적인 판단에 의존한 총점 부여 - 비구조화면접의 문제점 　· 면접 내용의 일관성 결여 　· 직무 관련 타당성 부족 　· 주관적인 채점으로 신뢰도 저하	- 구조화 　· 면접 진행 및 평가 절차 체계적 구성 표준화 　· 평가 타당성 제고를 위한 Matrix 구성 척도에 따라 항목별 채점, 개인 간 비교 - 일관성 　· 직무 관련 역량에 초점을 둔 구체적인 질문 　· 지원자별 동일 질문 적용 - 신뢰성 　· 매뉴얼에 따라 면접위원 교육 및 실습 　· 면접위원 간 신뢰도 확보 - 구조화면접의 보완사항 　· 복수 면접시, 동일질문을 동일하게 하는 경우, 답변의 순서에 따라 형평성의 문제 대두 　· 오픈되어있는 질문에 대한 준비된 답변의 진실성 여부 파악 어려움 　· 면접관 사전교육 필요

필자가 근무했던 석유화학 기업에서도 과거와 현재의 면접이 비구조화 및 반구조화 형태에서 구조화면접으로 바뀌고 있다. 비구조화면접의 형태가 구조화면접의 형태로 바뀔 때의 예시를 들어보고자 한다.

	비구조화면접	구조화면접	개선 포인트

평가
기준
	- 기업 가치
	- 패기
	- 실천 역량
	- 리더십
		- 기업 가치
		  · 기업 가치 1
		  · 기업 가치 2
		- 잠재적 성공역량
		  · 문제해결 방법
		  · 전문성
			· 가치 타이틀 및 정의, 행동 등의 변경

면접
도구
	- 일반 면접
	  · 평가요인: 기업 인재상, 강조역량
	  · 면접형식: 반구조화
	
	- 분석과제
	  · 형식: 비구조화 Short Case
	  · 발휘역량: 지원자 기존지식 활용
	  · 평가: 일반행동지표
	- 그룹 토론
	  · 형식: 비구조화 그룹 토론
	  · 발휘역량: 지원자 기존지식 활용
	  · 평가: 일반행동지표
		- 기업 가치 면접
		  · 평가요인: 기업 가치별 답변
		  · 면접형식: 구조화(질문, 평가지표 수준별 정의)
		
		- Simulation Exercises
		- Business Case & In-Basket
		  · 형식: 구조화 Long Case
		  · 발휘역량: 제공된 복합 정보 분석능력
		  · 평가: Case 별 기대 행동 및 행동지표
		- Simulation Game & Group Planning
		  · 형식: 구조화된 집단문제해결 과제
		  · 발휘역량: 집단문제해결
		  · 평가: 단계별 기대 행동 및 행동지표
			· 기업 가치 관련 질문
			· 평가 포인트 및 수준별 정의
			
			· 잠재적 성공 역량 평가를 위해 구조적으로 설계된 과제
			· 제공된 정보에 대한 빠른 학습력 평가

4. 구조화면접의 프로세스 및 구성요소

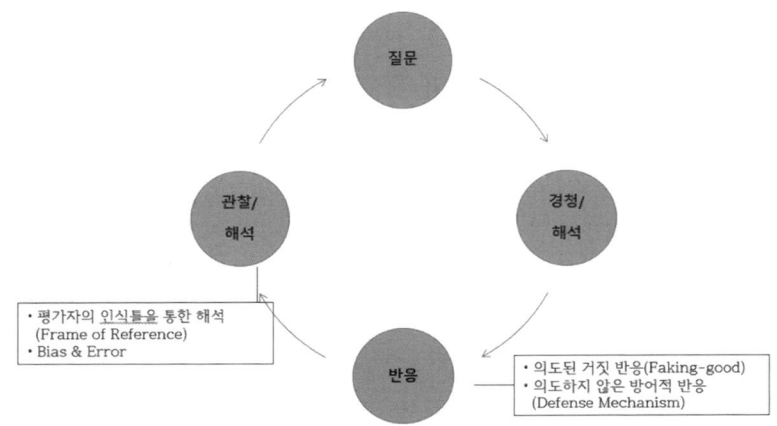

구조화면접은 지원자와 평가자 간의 상호작용으로, 평가자는 지원자에 대한 표준적인 질문과 구조화된 관찰을 하게 된다.

1) 질문

평가자는 구조화된 질문을 통해서 지원자의 핵심 의도, 생각, 행동, 감정을 끌어낸다.

- 상황 명확화
  · "그때 상황에 대해서 좀 더 구체적으로 얘기해보세요."

→ Value 관련된 경험에 대한 상황에 대해서 명확하게 이해

- 대응 행동 명확화

· "그래서 그때 어떻게 행동(대응)했습니까?"

 "누구에게 뭐라고 얘기했습니까?"

 "구체적으로 어떤 행동을 취했습니까?"

→ 그 상황에서 어떻게 대응했는지 행동을 구체화

- 관련 생각 명확화

· "어떤 생각으로 그렇게 행동했습니까?"

 "어떤 의도로 그렇게 대응했습니까?"

 "그때 무슨 생각이 들었습니까?"

→ 그 상황을 어떻게 인식했는지, 또는 대응 행동을 하면서 어떤 생각을 했는지 등을 통해 사고 패턴이나 의도를 파악

- 관련 감정 명확화

· "그때 어떤 감정이 들었습니까?"

→ 그 상황에서 어떤 감정이 들었는지를 파악함으로써, 해당 경험에 대한 몰입도와 진실성 등을 파악(감정을 정확히 얘기하지 못하는 경우 몰입도가 낮거나 거짓일 가능성 있음)

- 해당 경험 중 중요사안 재평가

· "과정 중에 가장 어려운 점은 무엇이었습니까?"

 "어떻게 대응했습니까?"

 "어떤 생각으로 그렇게 행동했습니까?"

→ 경험 중에 어려웠던 사건을 떠올리도록 해서 '중요 경험'을 재확인하고, 그때 했던 행동, 사고, 정서 패턴을 파악

2) 반응

평가자는 구조화된 질문을 통해서 드러난 지원자의 행동, 생각, 감정, 핵심의도 반응을 관찰한다. 기록하면서 지원자 응답과 관련된 항목을 체크한다.

- 행동: 해당 질문 상황에서 취했던 구체적인 행동
- 생각: 해당 질문 상황에서 했던 생각과 사고 패턴
- 감정: 해당 질문 상황에서 느꼈던 주관적인 감정과 정서(지원자 응답의 자발성, 몰입도 정도 확인)
- 핵심의도: 자발성의 포인트, 그 상황을 어떻게 주도적으로 인식했는지에 대한 핵심적인 의도와 동기

평가 시 중요 판단 기준은 '자발성 및 주도성'이다. 상황에 의해서 만들어진 것이 아니라 지원자 스스로가 주도적, 자발적으로 인식한 것이어야 한다.

5. 구조화면접의 평가 방법

평가 단계에서는 평가 기준 및 수준별 행동지표 평가를 통해 개별 평가하며, 평가자 합의를 거쳐 최종 평가한다.

1) 평가자 개인 평가

평가기준 및 수준별 행동지표를 통해 평가한다.

· 평가기준: 상황에 대한 지원자의 주요 반응(의도, 행동, 생각, 감정)과의 관련성에 근거해서 판단
· 수준별 행동지표: 지원자의 주요 반응 내용의 수준을 근거해서 평가

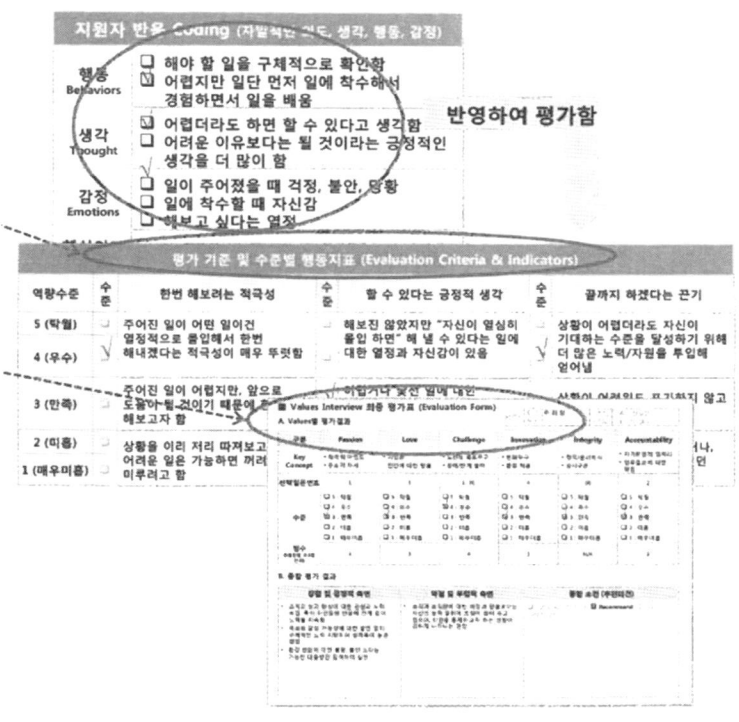

2) 평가자 합의 후 최종 평가

질문별로 면접 기록 및 개별 평가 결과를 공유하고 각 Value 별 수준을 평가하여 최종 평가표에 기록한다.

6. 구조화면접의 대표 예시

1) 경험행동면접(BEI)

과거의 행동은 미래의 행동을 타당하게 예측할 수 있으며, 개인의 성격, 특성은 쉽게 변하지 않는다는 전제하에 면접이 진행되므로, 역량 중심 면접의 질문 내용은 과거에 수행했던 내용들을 중심으로 접근하게 된다. 따라서 질문의 형태는 과거형으로 질문하게 되고, 지원자의 답변으로 과거의 경험 및 그 경험에 따라 미래 역량 가치를 평가하게 된다. 또한, 경험의 진실성 여부 파악을 위한 추가 질문을 하게 된다.

과거 성과(Past Performance)	미래 성과(Future Performance)
· 과거의 행동으로 미래의 행동을 예측 · 기술, 지식, 능력을 포함한 역량 행동에 초점 · 구체적인 상황에서 취한 조치 및 대응, 접근 방법에 대해 질문	· 역량 중심 면접(Competency Based Interview)은 지원자의 Skill/역량에 관한 증거가 될 수 있는 과거의 사건/상황에 대해 단일의 내용을 포함한 개방형 질문을 하는 구조화면접

경험행동면접의 비구조화 및 구조화면접질문의 예시

비구조화면접질문	구조화면접질문
팀 과제를 해야 하는데 동료들 간에 갈등이 생기면 어떻게 하시겠습니까?	동료들과 함께 팀 과제를 수행하는 과정에서 갈등을 경험했던 사례가 있으면 이야기해주십시오.
과중한 업무 부담이 있을 때는 어떻게 하시겠습니까?	과제가 과중했던 때에 대해서 말씀해주십시오. 어떻게 그 상황을 헤쳐나갔습니까?
리더는 어떻게 행동해야 한다고 생각하십니까?	리더 역할을 했던 경험에 대해서 말씀해주십시오. 구성원들의 팀워크 증진을 위해 어떤 노력을 했습니까?
어려운 상황이 닥친다면 어떻게 하시겠습니까?	최근에 당신이 관리하기 어려웠던 상황을 어떻게 극복했는지에 대해 말씀해주십시오.

2) 스타(STAR) 질문 기법

- 구체적인 질문

· S(Situation): 당신이 처해 있던 상황에 대해서 말씀해보십시오.

· T(Task): 당신이 수행한 과제/과업은 무엇이었습니까?

· A(Action) : 어떻게 대응했습니까? 취한 행동에 대해 말씀해보십시오.

· R(Result): 그 행동의 결과는 어땠습니까?

- 평가요소

· Situation & Task: 행동이 발생했던 상황의 맥락

· Action: 문제를 해결했거나 문제해결 접근과정을 단계별로 논리적으로 설명하고 있는지 파악

· Result: 성공 여부와 관계없이 결과와 영향에 대해 이해하고 있는지, 또는

이후 활용 및 개선 방향에 대한 연계가 있는지 파악

STAR 질문의 예시

	일반적인 STAR 질문	거짓 파악을 위한 STAR 질문
S	· 당시 상황을 설명해주십시오. · 왜 상황이 발생했습니까? · 당시의 주위 상황은 어떠했습니까?	· 그 당시 상황 중 아직도 기억에 남는 것은 무엇입니까? · 그와 유사한 일이 최근에 일어났던 사례는 없었습니까?
T	· 구체적으로 어떤 일들이 있었습니까? · 어떻게 그 상황에 대처했습니까? · 어떤 단계들을 거쳤습니까? · 구체적으로 취한 조치들은 무엇입니까?	· 각 단계를 구체적으로 이야기해주십시오. · 그때 취한 조치 중 다르게 했으면 좋았을 조치는 무엇입니까?
A	· 당신이 맡은 역할은 무엇이었습니까? · 당신은 그때 무엇을 했습니까? · 당신은 그때 무슨 말을 했습니까? · 그 일을 하기 위해 어떤 노력을 했습니까?	· 당신이 취한 행동을 구체적으로 설명해주십시오. 우선 무엇을 했고, 다음에는 무엇을 했습니까? · 왜 그런 행동을 취했습니까?
R	· 그 결과로 어떤 일이 일어났습니까? · 다른 사람들의 반응은 어떠했습니까? · 그로 인해 얻은 성공/실패는 무엇입니까? · 어떤 피드백을 받았습니까?	· 그 일은 누가 알고 있습니까? 그 일이 누구에게 영향을 미쳤습니까? 그 사람으로부터 어떤 피드백을 받았습니까? · 구체적으로 누구에게 그런 피드백을 받았습니까?

필자는 학토재 면접 STAR 카드를 추천한다. 이 카드는 상황(Situation) 카드, 과제(Task) 카드, 목표(Target) 카드, 문제(Trouble) 카드, 행동(Action) 카드, 결과(Result) 카드로 구성되어있으며, 앞면에는 한국어 및 영문 질문, 뒷면에는 질문 의도 및 답변 가이드로 되어있다(구입처: https://www.happyedumall.com/goods/view?no=506).

자세히 보기

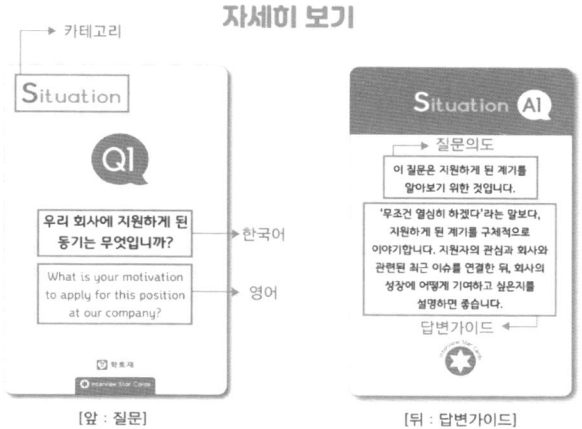

[앞 : 질문]   [뒤 : 답변가이드]

7. 구조화면접 대비 방법 및 주의사항

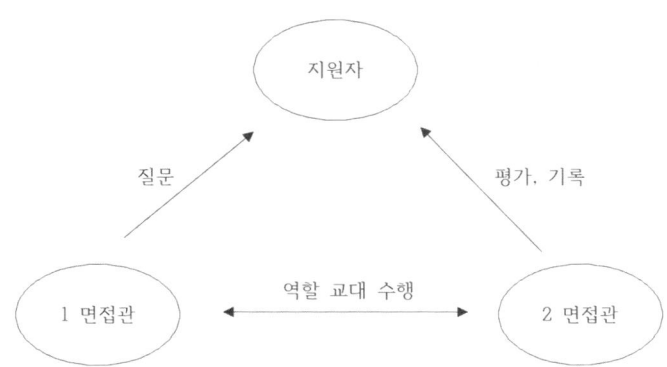

구조화면접에서는 평가자의 면접에 대한 이해 및 스킬이 중요하다. 따라서 관련 교육을 받는 것은 필수다.

1) 평가요소면접 진행: 평가자 역할 분담

평가요소(Values)면접에서는 두 명 이상의 평가자가 상호 합의로 진행하는 것이 원칙이다.

- **Values 질문을 먼저 선택함**
· 사전에 면접위원 상호의 논의를 통해 Values 별 몇 개의 문항을 선정함
- **역할 및 진행 순서를 결정**
· Introduction 및 첫 번째 Values 질문
· 마지막 질문 및 Closing
- **질문자와 메모/기록 평가자를 구분**
· 질문을 하면서 동시에 평가하기는 매우 어려움
· 질문하는 동안 다른 평가자가 기록 및 평가
· 순서를 정해서 진행하는 것이 바람직함. 진행 순서는 번갈아 가면서 한 번씩 하거나, Introduction, 질문 1·2·3을 연속으로 하고 4·5·6, Closing을 하는 등 평가자 간 상호 합의
- **합의 후 최종 평가**
· 질문별로 면접 메모 및 개별 평가 결과를 공유
· 각 Values 별 수준을 협의와 합의를 거쳐 평가
· 최종 평가표에 기록

2) Values 면접 진행 중 특이상황 발생 시

(1) 지원자가 자기 임의로 답변을 길게 이어가는 경우

짧은 시간 동안 일단 들어주는 것이 필요하다. 그러나 자발적인 응답의 경우 평가자의 질문 의도와 달리 피상적이고 의도된 내용으로 일관할 가능성이 크다. 따라서 최소한만 듣고, '잠깐만요' 혹은 '아, 무슨 얘기인지 알겠는데요' 등의 중립적인 말로 멈추도록 한 뒤, 그 경험 속의 Values 관련 핵심 의도와 생각, 행동, 감정을 파악하기 위한 probing을 질문 가이드를 보면서 계속해나가야 한다.

(2) 지원자가 소신이나 가정적 얘기로 일관할 경우

Values 경험에 대한 핵심 의도나 생각을 표현하기 위한 경우는 꼭 필요하다. 그러나 행동이나 감정을 직접 질문할 때도 그런 응답으로 일관할 경우, 반드시 바로 중단시키고, '아, 그 뜻은 알겠습니다. 그런데 내가 질문했던 것은 ○○○ 씨가 그래서 구체적으로 어떻게 행동했는지 얘기해 달라는 것입니다'라고 평가자의 요구를 다시 한번 확인해준다.

(3) 질문의 핵심과 무관한 응답이 지나치게 길어지는 경우

질문에 대한 답변이기는 하나 지나치게 주변적이거나 관계성이 적은 얘기로 확장되어갈 때는 반드시 빨리 중단시킨다. 평가자가 질문했던 내용을 다시 한번 또박또박 반복해준다. "잠깐, 나는 ○○○ 씨가 얘기하고 있는 이 경험과 직결되는 것을 더 듣고 싶습니다. 그래서 ○○○ 할 때…".

(4) 질문에 해당하는 경험이 없다고 응답할 경우

이런 응답을 하는 경우는 대개 두 가지가 있다. 경험은 있으나 답변에 자신 없는 지원자의 경우 먼저 '엄청난 경험을 말하는 것은 아니고, 그런 행동이나 사고의 특징이 담겨있는 경험이라면 어떤 것이든 좋다'고 격려해주는 것이 좋으며, 그래도 답을 부담스러워 하면 다른 지원자의 응답 경험 예를 가볍게 언급하는 것도 가능하다. 그런 경험조차도 해당하는 경험이 없다고 할 경우는 동일 역량에 관련된 다른 질문을 시도하는 것이 좋다. 그런데도 계속해서 특별한 관련 경험이 없다고 할 경우 해당 Value가 없다고 판단할 수밖에 없다.

(5) 평가자들이 유연하게 질문을 진행해나가는 데 어려움이 있는 경우

평가자 조별 미팅에서 정한 주 질문자가 질문에 주어진 Triggering question과 Probing question을 모두 진행한 후 다른 평가자에게 더 질문할 게 있으면 하도록 시간을 주는 방식이 좋다. 다른 평가자가 임의로 끼어들어 질문하는 것은 바람직하지 않다.

(6) 충실하게 probing을 실시하면서 추궁의 형태가 되는 경우

구체적인 Values의 근거를 찾기 위해서는 심도 있는 probing이 필요하며, 때로 추궁하는 듯한 인상을 줄 수도 있다. 다만 'No'라는 표현이나 강압적인 분위기를 보여서는 안 되며, 지원자의 Values를 확인하고 점수를 부여해주려는 선한 의지를 확신시켜 줄 수 있어야 한다. 그래서 주어진 질문 흐름을 지켜나가는 게 중요하고, 또 Opening 시 rapport 형성에 유의해야 한다.

(7) Value의 행동 모습은 평가척도 상에 해당하나, 주위의 도움과 상황이 모두 강하게 영향을 미쳐서 쉽게 그렇게 행동할 수 있었을 경우

평가척도 상의 가장 핵심적인 점수 부여 기준 중 하나는 자발성과 주도성이다. 즉, 상황의 도움으로 그러한 Value 행동을 손쉽게 한 경우와 어려운 상황을 극복해 가면서 그러한 행동을 해낸 경우는 서로 다른 평가를 받아야 한다. 따라서 다양한 probing 질문을 통해 상황의 난이도를 확인하고, Value 수준을 조정해야 한다. 즉, 최상에 해당하는 행동을 보였다 해도 자발성과 주도성의 수준에 따라 하위 점수를 부여할 수도 있다.

(8) Value 점수의 평균은 3점(5점 만점의 경우)인가?

지원자에 대한 평가는 상대적인 기준이 아니라 평가척도에 따른 절대 기준에 따라야 한다. 따라서 특정 면접 일자의 상당수 지원자가 4점 이상일 수도 있으며 그 반대의 경우도 가능하지만, 선발의 기준 결정은 개인별 점수의 분포 현황이 아니라 채용 전략에 따라 담당팀이 결정한다.

8. 맺음말

평가자로서 지원자를 평가하기 위해서는 평가자 자신에 대한 이해가 꼭 필요하다. 나에 대한 충분한 고민, 객관화된 검사지를 통한 자신에 대한 이해와 자기 수용을 통해 평가자 자신의 객관화 단계를 꼭 거쳐야 한다. 먼저 자기이해와 수용이 있어야 지원자들을 보다 확실히 이해하고 평가할 수 있다. 평가자라는 자리는 해당 기업의 귀중한 인적자원을 선발하는 중요한 자리임과 동시에 지원자의 취업 당락을 통해 그 지원자의 인생에 큰 영향을 준다는 것을 항상 명심하고, 구조화면접 진행을 위해 끊임없이 공부하고 자기성찰을 해야 할 것이다.

참고문헌

· 한국컨설팅사관학교, 「공공기관전문면접관 교재」, 2022.
· 한국기술대학교, 「면접코칭 솔루션 스킬업」, 2022.
· 에스케이홀딩스, 「통합면접교재」, 2010.
· 김영기 외 20인, 『공공기관 대기업 면접의 정석』, 브레인플랫폼, 2020.

저자소개

경현호 KYUNG HYUN HO

학력
· 인하대학교 화학공학과 학사 졸업

경력
· 청년취업상담 전문위원(나은내일연구원)
· 은퇴자 재취업/귀농귀촌 상담 전문위원 인지어스(유)
· 중장년 새출발 카운슬러
· 천년힐링농원 대표이사
· 대기업 및 공공기관 전문면접관 역임
· 데일카네기 사외강사, 영업지원이사 역임
· SK에너지 안전환경팀장 역임

자격
· 채용면접관1급, 직업상담사2급
· 데일카네기 강사(미국 데일카네기연구소 인증)

저서
· 『인생의 전환점에서 만난 카네기』, 창작시대, 2020.

16장

공공기관 채용프로세스 점검과 컨설팅 감사

이은상

1. 개요

필자는 지난 20여 년간 국내 주요 에너지 공기업의 인사와 감사 분야에서 근무하며, 채용 전반에 대한 다양한 경험과 지식을 쌓아왔다. 국내외 인사부서에서 근무하면서 직접 채용계획을 수립하며, 회사에 필요한 인재란 어떤 지원자이며, 어떻게 그런 지원자를 모집하고 선발하는 것이 효과적인지 동료들과 함께 연구했다. 감사실에 와서는 그런 경험을 바탕으로 회사에 적합한 인재를 공정하고 효과적으로 선발하기 위한 방법을 인사부 직원, 외부 채용전문가와 함께 치열하게 논의했다.

이 파트에서는 지난 몇 년간 채용프로세스를 점검하고, 컨설팅 감사를 진행하며 체득한 채용 전반에 대한 지식과 경험을 채용 관련 이해관계자(입사지원자, 채용담당자, 감사인, 내외부 면접관, 외부컨설턴트 등)와 함께 공유해보고자 한다(이 파트의 사례들은 2019년, 2020년에 각각 한국인사관리협회 '인사관리'와 한국감사협회 '감사저널'에 게재된 내용을 일부 반영했다).

2. 공공기관 채용프로세스 점검

2016년을 전후로 다양한 형태의 공공기관 채용비리가 발생하면서 취업난에 고통받는 청년뿐만 아니라 많은 국민들이 실망하고 분노하였다. 이후 기획재정부, 감사원, 국민권익위원회 등 정부기관들은 공공기관 채용실태 특별점검 및 전수조사, 특별감사 등을 통해 채용비리 연루자에 대한 엄중 징계와 채용제도의 제도개선을 추진해왔다.

이와 더불어 각 공공기관의 인사부, 감사실 등 채용 관련 부서는 채용과정의 공정성을 강화하여 국민들의 신뢰를 얻고자 다양한 노력을 하였다. 필자가 근무한 공기업에서는 전 채용프로세스에 걸쳐 감사 관리시스템을 도입하여 채용공정성을 획기적으로 고도화하였다. 주요한 특징은 다음과 같다.

1) 채용프로세스 리스크 분석

채용의 궁극적 목적이 회사의 비전, 전략과 인재상에 기반하여 필요역량을 갖춘 적합한 인재를 선발하고 적시적소에 배치하여 지속적인 성과를 달성하는 것이라면, 이러한 채용목적에 저해되는 모든 요소를 채용 관련 잠재 리스크라고 규정지을 수 있을 것이다. 채용관리 리스크는 인력계획, 선발활동 및 사후관리활동에서 발생한다(정학용, 2017).

(1) 인력계획 리스크

채용계획 수립 시 인력수요 및 공급계획의 오류로 인하여 과도하거나 부족한 인원을 채용할 수 있으므로 중장기 인력수급계획과 연간 채용계획을 수시로 점검해서 업데이트할 필요가 있다.

(2) 선발활동 리스크

채용 직무에 대한 필요역량, 자격요건 오류로 부적절한 인력을 선발하는 경우, 모집방법이나 시기가 잘못 설계되어 지원 인원이 적거나 지원요건을 갖춘 적합한 지원자의 비중이 떨어지는 경우, 채용전형별 평가 방법이 적합 인재를 선발하기에 부적절하게 설계되어 결과적으로 필요한 인재확보에 실패하는 경우가 해당된다.

(3) 사후관리 리스크

많은 기업들이 단기간에 집중적인 선발활동을 통해 힘들게 최종합격자를 확보하지만, 합격 후 사후관리를 적절하게 하지 못해 일부 인원이 합격 후 또는 입사 후 1년 이내 이탈하는 경우도 종종 있다.

퇴사 또는 이직으로 발생하는 비용은 결원에 대한 채용비용, 신규인력에 대한 교육훈련비와 같은 직접비용뿐만 아니라 장기적 손실 관점에서 성장률 저하, 경쟁력 감소, 기업 이미지 실추, 타직원 동요 등의 간접비용이 있다. 또한 업무 공백으로 인한 생산성 감소, 잠재적 고객 상실 등으로 이어지는 기회비용도 고려될 수 있다(김기태, 2003).

2) 채용점검(내부통제 활동)

과거 감사실의 채용점검 활동은 채용계획 수립 시 일상감사, 필기시험 감독, 최종 채용결과의 확인 수준에 그쳤다. 그러나 채용 전반에 걸쳐 잠재해 있는 다양한 리스크를 관리하기에는 한계가 있음을 인지하고, 채용계획 수립부터 최종합격자 결정까지 모든 채용전형에 걸쳐 감사부서가 전면적으로 점검활동을 수행하였다.

(1) 채용계획 수립 단계

채용대상 직무 및 인원이 조직 내 현업부서로부터 투명한 의견수렴 절차를 거쳐 파악되었는지, 채용계획이 일상감사나 인사위원회 등 내부통제 절차에 따라 적법하게 의사결정되었는지, 각 채용전형별로 적절한 인원 규모, 적합한 인력을 확보하기에 최적화되고 공정한 평가기준과 방법이 채용실시 전에 구체적으로 정의되어있는지, 법적 의무고용 및 우대사항(국가유공자, 장애인, 지역인재 등), 채용절차의 공정화에 관한 법률, 남녀고용평등과 일·가정 양립 지원에 관한 법률, 공기업·준정부기관의 경영에 관한 지침 등 채용 관련 법률 준수 여부 등이 주요한 체크포인트가 될 수 있다.

- Tip for 채용담당자
  · 채용 관련 법규는 수시로 개정될 수 있으므로 채용계획 수립 시 최근 법규를 국가법령정보센터 등에서 입수해 업데이트 사항을 확인할 필요가 있다.

(2) 모집공고 단계

모집공고 내용이 최종 확정된 채용계획과 동일한지, 모집공고는 충분한 기간을 갖고 공개적으로 이루어졌는지, 공고 매체는 공사 홈페이지를 포함하여 외부지원자들이 평소 용이하게 접근이 가능한 미디어인지가 주요 점검 사항이 될 수 있다.

(3) 서류심사 – 필기시험 – 면접전형 단계

각 전형별로 채용계획 시 수립된 평가기준을 준수하여 결과를 도출하였는지, 모집 분야별로 전문성을 겸비한 내부 및 외부 평가위원(공공기관의 경우 외부위원 절반 이상 구성) 선발 여부, 차별적인 평가요소를 배제하고 직무능력 중심으로 블라인드 채용원칙을 준수하고 있는지 여부, 평가점수의 조작·왜곡 등 부정행위 사전차단을 위한 전산평가시스템 도입 및 입회 감사인의 확인 절차 여부, 평가위원과 지원대상자 간 이해충돌 발생에 따른 제척·회피 절차 준수 여부, 평가위원 구성 시 사전 청렴·보안서약서 작성 및 평가 상세교육 실시 여부, 역량기반 구조화면접 설계 여부 등이 중요한 점검 사항이라고 할 수 있다.

특히 필기시험에서는 출제부터 인쇄, 이송, 필기시험, 답안지 이송, 답안지 채점까지 전 과정에 대한 보안대책의 적정성, 위탁업체의 보안관리 등이 주요 점검사항이다.

- Tip for 입사지원자
- 자기소개서를 포함한 입사지원서는 서류전형뿐만 아니라 최종면접전형까지 영향을 미칠 수 있는 중요서류다. 간혹 이전에 지원한 회사명을 실수로 기재한 다거나 똑같은 단락을 두 번 이상 반복하는 지원서를 볼 수 있었다. 본인이 최소 2번 이상, 지인을 통해 1번 이상 리뷰할 필요가 있다.
- 면접전형은 말 잘하는 직원을 뽑기 위한 과정이 아니다. 간혹 예상하지 못한 질문에 멘탈이 흔들려 그 질문뿐만 아니라 이후 질문까지 본인의 실력을 발휘하지 못하고 제대로 답변할 수 없는 상황에 처한 사례를 볼 수 있었다. 면접관은 완벽한 지원자를 찾는 게 아니다. 멘탈을 바꾸면 면접이 쉬워진다. 주눅들지 말고 당당하게 임하자(옴스, 2020).
- 면접 중간 예상치 못한 질문에 머릿속이 하얗게 될 수 있다. 그럴 때 심호흡을 천천히 다시 하고 본인의 경험과 생각을 차분하게 말하는 연습을 해보는 것도 실전에 도움이 될 수 있다.

- Tip for 채용담당자
- 요즘 공공기관의 채용비리는 고의적인 조작뿐만 아니라 단순 실수도 포함될 수 있다. 정신없이 바쁜 일정과 연일 계속된 야근 속에서 발생하는 단순실수가 자칫 중징계로 이어질 수 있다. 이러한 이유로 인사부서의 채용업무가 예전과 달리 기피업무가 되고 있어 인사업무 선배로서 심히 안타깝다. 이러한 실수로 인한 사고를 사전예방하기 위해서는 각 전형 시마다 크로스체크를 철저히 할 필요가 있다. 채용담당자, 채용담당부서 과장, 차장은 물론 가능하면 부장까지 모두 확인하도록 하고, 엑셀시트의 한계를 극복하기 위해 전산화를 통한 시스템 구축도 고도화의 방법일 수 있다.

체계적이고 구조화된 점검을 위해서는 채용전형별로 실무적으로 점검이 필요한 세부사항과 점검 방법을 각 채용프로세스의 시행순서 기준으로 정리하여 체크리스트를 작성·운영할 필요가 있다. 인사부서와 감사부서의 협업으로 시뮬레이션한 후 완성된 체크리스트는 매 채용 시 상시적인 피드백을 통해 업데이트함으로써 최적화된 점검 수단이 될 수 있다.

2018년 이후 수만 명의 입사지원자를 대상으로 아래와 같은 채용프로세스별 점검 시스템을 적용해오면서 채용절차의 공정·투명성을 강화하였다. 나아가 채용전형에 참여하는 회사직원, 채용대행업체, 입사지원자 등 채용 관련 다수의 이해관계자에게 채용업무의 책임감과 경각심을 상기시키면서, 상호 신뢰 가능한 채용관리체계를 갖춘 기업이라는 이미지를 제고시켰다.

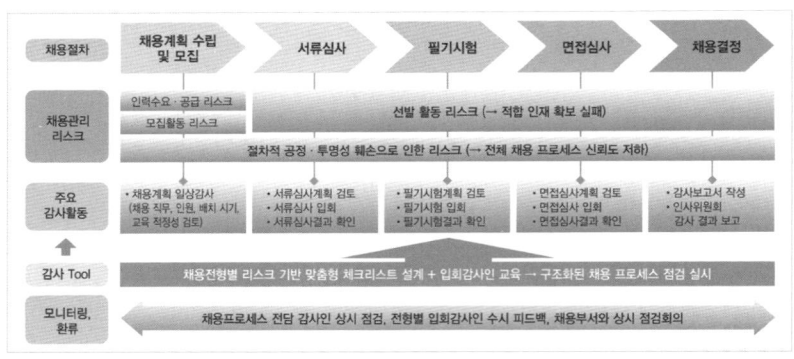

3. 채용적합성 컨설팅 감사 실시

기업이 경쟁력을 강화하여 성과를 극대화하기 위해서는 적합 인재

확보 및 활용이 매우 중요하다. 채용점검 및 감사의 방향도 이제 비리예방 활동을 뛰어넘어 기업의 성과를 지원하는 컨설팅 역할이 강화될 필요가 있다. 즉 '회사 조직 및 업무수행에 적합한 인재의 안정적 확보·유지'라는 인력관리 프로세스상 중요 핵심 기능을 지속해서 조직에 제공할 수 있도록, 인재채용의 적합성 측면에서 컨설팅 감사를 실시했다.

1) 컨설팅 감사 과정

컨설팅 감사는 기존의 합법성이나 합규성을 점검하는 감사와는 달라서 법률, 정부정책, 사규 등을 적용하기 어려운 불명확성이 존재한다. 그래서 다양한 내외부 전문 채널 활용과 대내외 이해관계자와의 소통 과정을 통해 감사 전문성 및 수용도를 제고할 필요가 있다. 특히 검증 기능에 충실한 지적 위주의 전통적 감사방식에서 벗어나, 피감사부서라는 수동적 객체가 아닌 컨설팅의 클라이언트로서 인사·교육·조직 부서와 상호 협조 관계를 형성하며 쌍방향 소통을 추진한다.

(1) 설문 및 인터뷰

최근 입사한 신입직원과 면접경력이 있는 직원 대상으로 채용프로세스 전반에 대해 설문조사하고, 심층 인터뷰도 별도로 실시하였다. 채용 관련 현안 이슈의 이해를 통해 감사 착안 사항을 발굴하는 데 큰 도움이 되었다.

(2) 전문 감사인 배치 및 교육

감사품질성을 제고하고자 인사노무 분야 근무경험이 있는 부장급을 감사반장으로 중용하고, 해외 MBA 출신 국내외 HRM 경험이 풍부한 감사실 직원을 감사주무로 발탁하였다.

감사 실시 전 예비감사 기간에 감사인과 채용담당자가 합동으로 한국인사관리협회에서 주관한 '채용프로세스 개선과정', 고용노동부와 산업인력공단이 주최한 'NCS 기반 채용모델 인사담당자/면접 교육'에 참석하여 채용분야별 전문지식과 최신 트렌드를 학습하였다.

(3) 교차·협력 감사 실시

실지 감사 기간 중에 타 공공기관과 채용 제도, 운영현황을 상호 공유하여 전문성 보완과 함께 공공기관의 다양한 의견을 들을 수 있었다.

(4) 외부 채용 전문기관의 컨설팅 실시

컨설팅 감사의 취약점인 객관성과 전문성을 최대한 보완하기 위해 외부 채용 전문기관인 '한국바른채용인증원'이 전문 컨설팅을 실시하여, 채용 국제표준 ISO 30405:2016 등을 기초로 주요 이슈 및 개선점을 도출하였다.

2) 컨설팅 감사 결과

앞서 언급한 과정을 통해 다양하고 전문적인 의견을 수렴하였다. 채용분야의 근본적인 체질개선을 위한 '채용관리 인프라 강화', 채용전형별 실질적 문제에 대한 구체적 솔루션 제공을 통한 '채용프로세스 개선', 이렇게 두 개 영역으로 나누어 감사 컨설팅 의견을 제시하였다.

(1) 채용 인프라 분석 및 효율화 방안 제시

① 채용의 원칙 강화

채용은 근본적으로 기업에 적합한 인재를 채용하기 위한 중요한 인사기능임에도 불구하고, 최근 들어 절차적 공정·투명성에 집중하다 보니, 채용의 적합성 관리가 상대적으로 약화되고 있는 경향이 있다. 대부분의 공공기관 인사규정에 '공정하고 차별 없는 공개경쟁시험'을 채용원칙으로 규정하고 있는데, 채용관리체계를 강화하기 위해 '채용 직위와 직무에 적합한 채용'이 채용원칙에 추가되도록 개선 조치할 필요가 있다(이러한 원칙 강화가 실무적으로 큰 의미가 없다고 생각할 수 있으나, 근본적인 제도개선을 위해서는 상위규정에서 대전제로 하고 있는 원칙이나 목적이 재정의될 필요가 있다).

② 채용관리 업무 재정립

채용관리는 인재의 유인, 모집, 선발, 유지(On-Boarding)의 과정으로 이해하고 체계적으로 관리하는 것이 타당하다(ISO, 2016). 그러나 이러한 채용 관련 전 과정에 대한 관리계획이 부재하므로 적합 인재의 안정적이고 효과적인 공급과 유지를 위해서 채용관리 업무를 인재유인, 선발, 유지프로세스별로 재정립할 필요가 있다.

> **- Tip for 채용담당자**
> · 중장기 채용계획이나 연간 채용계획에도 단순히 선발내용뿐만 아니라, 적합 인재의 적극적인 유인과 선발된 인재가 외부로 이탈되지 않도록 하는 유지에 대한 부분도 포함하여 유기적인 관리체계를 갖추도록 해야 한다.

③ 채용 관련 KPI 관리체계 개선

채용프로세스(유인, 선발, 유지)별 성과 측정 및 환류가 가능하도록 관련 KPI를 체계적으로 수립·운영할 필요가 있다.

④ 채용전담 조직 신설

채용업무는 채용시즌에만 수행되는 일시적 업무가 아니다. 즉 인력을 고용하는 한 시점만을 생각하는 것이 아니라 종합적인 프로세스의 관점에서 바라보고 관리를 하는 것이 인재확보를 위한 최적화된 채용을 위해 필요하다(한준기, 2017).

효과적인 인재 유인, 채용프로세스별 선발 도구의 타당도 및 신뢰도 제고, 신입사원의 안정적 조기 정착 등 다양한 채용이슈에 대해 프로세스 관리 관점에서 연중 끊임없는 연구와 프로그램 개발이 필요하다. 많은 회사에서 인사부의 부분적인 기능으로 채용인력을 배치하고 있으나, 보다 전략적으로 채용업무를 접근하기 위해서는 부서단위 조직으로 확대하여 편제할 필요가 있다(실제 필자가 근무한 회사에서는 감사실의 권고를 수용하여 '인재채용부'로 채용전담부서를 신설하여 운영하고 있다).

⑤ 채용업무 매뉴얼 제작

공공기관의 채용업무는 대내외 요구사항의 증가, 채용트렌드의 변화 등으로 생각보다 참고해야 하는 자료나, 전문지식 등이 많아지고 있다. 채용프로세스별 관계 법령, 사규, 내부방침, HR전문지식, 실무참조 사항 등 대내외 상세정보를 정리한 '채용실무 운영 매뉴얼'을 제작할 필요가 있다. 이렇게 제작된 매뉴얼은 불필요한 혼란이 발생하지 않아 실무적인 실수나 채용비리의 사전 방지에 효과적이며, 인수인계 시에도 긴요하게 활용될 수 있다.

(2) 채용프로세스 점검 및 개선사항 도출

① 고용브랜드 구축 및 운영

단순히 필요인력 구인으로 채용에 접근해서는 안 된다. 적합 인재를 적시에 확보하고 지속적으로 유지·성장시키기 위한 다양한 노력을 해야 한다. 특히 상당수의 공공기관이 지방으로 이전하며, 예전과 달리 우수 인재의 유입이 상대적으로 많이 줄었다고 우려하고 있다. 직원 가치 제안, 즉 EVP(Employee Value Proposition) 조사 등을 통해 고용브랜드를 정립하고 다양한 채널을 통해 홍보함으로써 회사에 필요한 적합 인재를 안정적으로 확보할 수 있다(에드 마이클스, 2002).

- **Tip for 입사지원자**
- 인크루트 조사에 의하면 보통 입사 후 6개월 이내 18.6%, 1년 이내 27.8%가 이직을 한다. 이는 신입사원 3명 중 1명이 퇴사하는 수준이다(김형섭, 2018). 아무리 고용안정성이 높은 대기업, 공공기관일지라도 본인에게는 맞지 않는 업무 또는 회사일 수 있다. 1년 이내의 기간으로 퇴사하면 경력으로 인정받기도 힘들다. 20~30대에 커리어를 형성할 귀중한 시간을 낭비하지 않기 위해서는 본인의 적성, 근무형태(통상, 교대 등), 근무지역 등을 고려하여 신중하게 입사지원을 할 필요가 있다.

② 채용비위행위 관리 강화

부정합격 관련자로 한정된 채용비위행위를 공무원 시험에 준하여 필기시험 부정행위자로 확대하여 비위행위 처벌을 강화하였다.

- **Tip for 입사지원자**
- 취업지원 스트레스로 나쁘게 마음먹고 작은 비위행위도 할 생각 말자! 공공기관의 경우 5년 동안 응시자격 제한 등 페널티가 더 강화되는 추세며, 운 좋게 입사하더라도 나중에 적발되면 즉시 면직처리 가능하다. 근본적으로 공공기관은 국민에게 봉사하는 직업인데 그런 마음으로는 오래 버티기 어렵다.

③ 면접전형 적정 소요시간 반영

면접 평가는 최종전형이다. 많은 회사에서 이전 전형의 점수를 포함하지 않는 제로베이스로 평가하므로 그만큼 중요한 절차다. 그러나 규모가 큰 채용인 경우 면접일정 관리를 위해 대부분 1인당 소요되는 면접시간이 10~15분이다. 다수의 면접위원이 참여하는 구조화면접을 공정성 시비가 발생하지 않도록 진행하기 위해서는 적정시간 확보가 필요하다(면접유형별 최소 20분 이상이 필요하다는 전문가 의견이 많았다).

④ 면접관 양성 교육 확대 시행

면접 평가에서 면접관의 전문성은 가장 먼저 선결되어야 하는 핵심적인 필요조건이다. 연구에 따르면 뛰어난 면접자의 평가는 후보자의 궁극적인 성과와 연결되는 반면, 그렇지 못한 면접자의 평가는 동전 던지기만도 못하다고 한다(아라오즈, 2019). 매년 전문면접관 양성 교육을 실시하고 있지만 실제 면접 투입 비율이 충분하지 않으므로, 승진자 필수 교육과정에 면접교육을 포함시켜서 보다 체계적이고 강도 높은 사내 전문면접관 육성 방법을 강구할 필요가 있다.

- **Tip for 채용담당자**
· 정부 주요 방침에 따라 면접전형 전체위원의 절반 이상을 외부위원으로 구성하여야 한다. 외부 면접위원의 구인을 채용대행업체에 의존하는 경향이 있는데, 일부 업체의 경우 전문성이 부족한 외부면접관이 포함된 풀을 촉박한 시점에 제출하여 곤혹스러운 상황이 발생하기도 한다. 채용담당자는 면접관 풀 교체 등을 감안하여 충분한 시간을 두고 외부면접관 선발 준비를 할 필요가 있다.

4. 맺음말

앞서 언급한 바와 같이, 채용과정에는 많은 이해관계자가 있다. 회사 내부에서는 채용담당자, 감사인, 사내면접관 등 관련 임직원, 외부에서는 입사지원자, 채용대행업체, 외부면접관, HR컨설팅사 등이 각자 다양한 역할과 책임을 갖고 있다.

그러나 궁극적으로는 '공정하고 투명한 절차를 통해 기업에 적합한 인재를 모집하고, 선발하고 유지하는 것'이라는 하나의 목표를 가지고 모두 활동하고 있다.

이 중요 목표에 대한 깊은 인식하에 지속적으로 채용프로세스를 발전시키기 위해서 주요 이슈와 해결방안을 다양한 채널로 소통하고, 공정성과 적합성이 조화롭게 공존하는 채용문화가 확산되도록 협력할 필요가 있다.

끝으로, 21세기 초 위대한 비즈니스 교과서에서 언급했듯이, 무엇을 하느냐보다 회사에 적합한 사람을 버스에 태우는 것(Get the Right People on the bus)이 단기적으로나 장기적으로 기업의 운명을 좌우할 가장 중요한 요소라는 것을 언제나 잊지 말자(짐 콜린스, 2002).

참고문헌

- 정학용·황규식, 『인사노무관리 리스크 매니지먼트』, 간디서원, 2017.
- 김기태, 「인재 유지, 이직 관리로부터 시작하라」, LG주간경제, 2003.5.21.
- 옴스, 『취업 끝판왕 옴스에게 배우는 스펙을 뛰어넘는 면접의 기술』, 원앤원북스, 2020.
- ISO, 『ISO 30405 - 「Human resource management - Guidelines on recruitment」』, 2016.
- 한준기, 「인재확보를 위한 채용프로세스, 어떻게 다시 정의할 것인가」, 『월간 인재경영』, 2017.3.
- 에드 마이클스 외 2인, 『인재전쟁(The War for Talent)』, 세종서적, 2002.
- 김형섭, 『HR의 비밀』, 생각비행, 2018.
- 리드 호프먼 외 18인, 『하버드 머스트 리드 인사 혁신 전략』, 매일경제신문사, 2019.
- 짐 콜린스, 『Good to Great』, 김영사, 2002.

저자소개

이은상 LEE EUN SANG

학력
· 고려대학교 노어노문학과 학사
· 미국 덴버대학원 경영학 석사(MBA)

경력
· 현) K-공정 채용··평가 연구소 대표
· 전) 한국가스공사 성과평가부장
· 전) 한국가스공사 감사실 수석감사인(주무차장)
· 전) 한국가스공사 인사부 과장
· 전) 한국가스공사 해외법인(두바이) 인사팀장
· 전) 이라크 주바이르 유전 프로젝트 HR Advisor

자격
· 내부통제평가감사사
· 채용전문면접관
· 정보처리기사

저서

- 『감사저널 – 「채용적합성 컨설팅 감사」』, 한국감사협회, 2020.
- 『인사관리 – 「채용 감사관리시스템」』, 한국인사관리협회, 2019.

수상

- 자랑스러운 감사인상(한국감사협회)
- 천연가스 전국배관망 건설 유공(한국가스공사)

채용과 면접 교과서

초판 1쇄 인쇄 2023년 01월 31일
초판 1쇄 발행 2023년 02월 07일

지은이 김영기, 김치상, 양석균, 전현주, 조은희, 김용국, 한모성, 김경숙,
       최여명, 김학운, 이범오, 차연신, 조차란, 송봉연, 경현호, 이은상
펴낸이 김민규

편집 배태두 | **디자인** 조언수

펴낸곳 브레인플랫폼(주)
주소 서울특별시 서초구 법원로3길 19, 2층 (서초동)
등록 2019년 01월 15일 제2019-000020호
이메일 iprcom@naver.com

ISBN 979-11-91436-21-1 13320

* 이 책은 저작권법에 따라 보호를 받는 저작물이므로 무단전재 및 복제를 금지하며, 이 책 내용의 전부 및 일부를 이용하려면 반드시 저작권자와 브레인플랫폼(주)의 서면동의를 받아야 합니다.

* 잘못된 책은 구입하신 서점에서 바꾸어 드립니다.